EXPERIÊNCIA ELEMENTAR EM DIMENSÃO RELACIONAL

fundamentos e atualidades

Miguel Mahfoud (Org.)

EXPERIÊNCIA ELEMENTAR EM DIMENSÃO RELACIONAL

fundamentos e atualidades

Suzana Filizola Brasiliense Carneiro (Prefácio)
Bernardo Bonowitz
Carmen Lúcia Cardoso
Costantino Esposito
Danillo Lisboa
Giancarlo Petrini
Jenifer Cortes Demeterco
José Eduardo Ferreira Santos
Maria Camila M. Marcoccia
Paulo Roberto de Andrada Pacheco
Pierluigi Bernareggi
Rodrigo Coppe Caldeira
Sergio Ishara
Tania Aiello Vaisberg

Artesã

Experiência elementar em dimensão relacional – fundamentos e atualidades

DIRETOR
Alcebino Santana

DIREÇÃO DE ARTE
Tiago Rabello

REVISÃO
Débora Andreza Zacharias

CAPA
Keille Lorainne

PROJETO GRÁFICO E DIAGRAMAÇÃO
Conrado Esteves

Catalogação na publicação
Elaborada por Bibliotecária Janaina Ramos – CRB-8/9166

M214e

Experiência elementar em dimensão relacional: fundamentos e atualidades / Organização de Miguel Mahfoud; Prefácio de Suzana Filizola Brasiliense Carneiro. – Belo Horizonte: Artesã, 2025.

272 p.; 16 x 23 cm

ISBN 978-8-57074-158-5

1. Fenomenologia. 2. Psicologia. I. Mahfoud, Miguel (Organizador). II. Carneiro, Suzana Filizola Brasiliense (Prefácio). III. Título.

CDD 142.7

Índice para catálogo sistemático
I. Fenomenologia

IMPRESSO NO BRASIL
Printed in Brazil

(31) 2511-2040 (31) 99403-2227
www.artesaeditora.com.br
Rua Rio Pomba 455, Carlos Prates - Cep: 30720-290 | Belo Horizonte - MG
/artesaeditora

Para Pigi Bernareggi

Sumário

PREFÁCIO

Um livro, um acontecimento: comunidade dando corpo ao ideal vislumbrado no coração de cada um

Suzana Filizola Brasiliense Carneiro

O encontro com este livro e com cada um dos autores, nas suas mais variadas formas de compreender, expressar e agir, em consonância com a "experiência elementar", foi, para mim, um acontecimento. Foi uma profunda experiência de reconhecimento e de pertencimento, que me levou a elaborar da seguinte forma o que se mostrou como eixo norteador desta obra: a tomada de consciência das exigências fundamentais do coração humano fecunda a nossa existência, ampliando a disponibilidade para dialogar com a realidade e para acolher os sentidos que se desvelam nessa relação, numa dinâmica formativa que transforma, ao mesmo tempo, a pessoa e a comunidade.

Conforme a leitura avançava, os textos iam me convocando a habitar o presente de um modo novo, com mais inteireza, vivacidade e com a esperança de que o que se apresenta no aqui e no agora anuncia um horizonte infinitamente maior e mais correspondente à dignidade humana. Nesse sentido, podemos dizer que se trata de uma obra pedagógica de educação do olhar. Uma obra que nos ajuda a "crescer dentro", a dilatar o coração, a abraçar a realidade e a agir no mundo com coragem (do latim *coractium*, ação do coração).

Vivemos em uma sociedade míope diante da perspectiva da totalidade, em uma sociedade que desconsidera a evidência de uma realidade transcendente e que se encerra nos limites da concretude. Essa visão deturpada coincide com a atrofia do coração, que se enfraquece e perde seu dinamismo, justificado pela crença de que "normalidade" e "saúde" seriam sinônimos de resignação.

Resignação é uma palavra que não cabe no vocabulário de Miguel Mahfoud, organizador deste volume. A sua pessoa e sua vida manifestam um dinamismo ímpar, uma capacidade de captar a grandiosidade dos acontecimentos, de se posicionar e de responder de modo criativo ao apelo do real. Este modo de ser e de se relacionar nos faz reconhecer nele um protagonista e um educador do protagonismo, conforme indicam suas próprias palavras: "podemos ser protagonistas porque a própria experiência nos confere uma missão, a de 'dar corpo' ao ideal que nela se apresenta, configurando nossa singularidade pessoal, construindo relações humanas e formando o mundo a um só tempo" (capítulo 6).

Experiência elementar em dimensão relacional: fundamentos e atualidades é fruto desse protagonismo e do encontro de Miguel Mahfoud com pessoas que comungam da mesma visão e que, juntos, abraçaram a missão de anunciar o ideal compartilhado. Cumprindo essa tarefa, a obra se inicia com os fundamentos da experiência elementar, segundo a formulação de Luigi Giussani. Os autores colocam em evidência a tensão existente entre contexto de vida e as exigências fundamentais, e abordam temas como a questão do conhecimento e da evidência, a liberdade, a confiança, o resgate do eu, a abertura ao outro, o senso religioso.

Em seguida avança para textos que narram experiências práticas em contextos como educação, saúde mental, juventude e família. Em seus relatos e reflexões, os autores ilustram o quanto "aprender a olhar" tem sido fundamental para responder aos desafios da atualidade, justamente pela mudança de paradigma que uma visão ampla e mais condizente com o humano provoca.

Enfim, é possível dizer que esta obra é a expressão de uma comunidade de pessoas que aprenderam a olhar e que, de forma criativa, "deram corpo" à paisagem enxergada, provocando uma abertura de horizonte ímpar, digna de ser chamada acontecimento!

Trata-se, enfim, da expressão de uma comunidade de amigos em festa que convida o leitor a celebrar com eles a evidência, segundo Mahfoud, "de que nossa realização como pessoa tem a ver com a vida se dando, tem a ver com o sentido de nossa presença na história, tem a ver com participação em uma construção para o mundo" (capítulo 6).

INTRODUÇÃO

Sujeito convocado pelo real: dimensão relacional da experiência elementar

Miguel Mahfoud

> *Ímpeto original com o qual o ser humano se lança na realidade, procurando identificar-se com ela por meio da realização de um projeto que imprima à própria realidade a imagem ideal que o estimula interiormente* (Giussani, 2017, p. 25).

A definição de experiência elementar, já bastante conhecida, continua a surpreender por sua enorme capacidade de nos convocar à autenticidade, por gerar olhares sempre novos e sempre mais enraizados na experiência pessoal e coletiva (Mahfoud, 2022). Em geral, enfatiza-se seu caráter de "ímpeto original" do sujeito, e, no presente volume *Experiência elementar em dimensão relacional: fundamentos e atualidades*, temos a ocasião de aprofundar a compreensão de tal ímpeto em seu despertar em íntima relação com real.

É neste sentido que se examina a *dimensão relacional* da experiência elementar. O real provoca o despertar da experiência elementar: com sua presença convoca o sujeito a se voltar com originalidade para o real, tomando-o de modo tal que renova sujeito e objeto no frescor da experiência autêntica.

Esse dinamismo característico permanece para sempre a chave do viver humano; e, por outro lado, ele toma as feições próprias dos dramas e desafios culturais de cada época e de cada cultura. Nossas sociedades ocidentais atualmente estão fortemente marcadas pelo afrouxamento dos laços interpessoais: viver as relações se torna uma urgência documentada pela ampla exposição de si, pela ânsia de ser visto para ter sua existência afirmada no campo interpessoal; ao mesmo tempo, paradoxalmente, o narcisismo se torna o campo próprio da autoafirmação. Essa característica do mundo da vida social e da decorrente composição das identidades acaba por gerar sujeitos dependentes de outros, sempre mais vagos. As alteridades são insistentemente tematizadas (até o extremo da polarização), mas para defender a si próprios. As sintonias interpessoais são apontadas como urgentes (chamando à empatia, por exemplo), mas frequentemente como acusação do outro, mantendo, assim, a falta de sintonia que buscaria superar. As frágeis interrelações resultam em sujeitos pouco disponíveis a construir relações estáveis com outros. Situações dramáticas vividas pelo sujeito se explicitam como dificuldade de edificar e manter relações afetivas ou laborais e os sujeitos solitários tendem a esperar dos psicofármacos algum alívio para a ansiedade e vivências na linha da depressão, e/ou esperam da adesão a ideologias um contorno à própria identidade, reafirmado, pela adesão, a posturas pré-definidas.

Dramaticamente, a psicologia tende a se adaptar ao tempo presente respondendo a novas demandas sem a necessária clareza do que esteja em jogo: a vivência própria do ser humano. Assim, as respostas dos profissionais também se tornam menos sintonizadas com a pessoa em seu mundo da vida e mais instrumentadas pela visão objetivada do sujeito: a subjetividade vai ficando sempre menos clara. A expressão "meu cérebro funciona assim" substitui mesmo a palavra "eu": a atenção à experiência e o acesso à subjetividade esvanecem (Gabriel, 2018). Assim, para o sujeito contemporâneo, permitir-se ir às compras para um "banho de loja" ou à terapia assemelham-se como autoafirmação narcísica. As defesas públicas de certas identidades são abraçadas pelo sujeito na urgência de visibilidade: a identidade pessoal modulada pela adesão a alguma causa coletiva substitui o dramático trabalho de forjar a própria singularidade. São alguns desafios para o sujeito contemporâneo, assim como para a psicologia de nossos tempos (Mahfoud, 2023).

O presente volume *Experiência elementar em dimensão relacional: fundamentos e atualidades* quer ser uma contribuição ao enfrentamento do desafio contemporâneo por parte dos psicólogos, apontando a conexão íntima entre relação com alteridades e processos de elaboração autêntica da experiência, para auxiliar o sujeito na ampliação da consciência da própria subjetividade e de sua presença no mundo da vida.

O enfrentamento desse problema não se dá sem dificuldades. Não raro, as propostas de compreensão do contexto presente e da intervenção psicológica comungam a mesma dificuldade de apreender a pessoalidade em relação íntima com a intersubjetividade: ora focando a pessoa como indivíduo, buscando defender o indivíduo das intervenções do coletivo sobre o sujeito, ora focando processos coletivos que concedem identidade pela adesão a certas causas públicas que se refiram à subjetividade. Ambas as alternativas resultam em frágil consciência dos processos de formação da autenticidade pessoal e do lugar fundamental que a relação com alteridades ocupa em sua constituição. (Donati, 2024; Donati; Archer, 2015).

De fato, a ênfase na comunidade é claramente assumida por Giussani (2017, 2019, 2024) ao focar a formação do sujeito e sua presença no mundo. No entanto, ele mesmo insiste em forte crítica a posturas que esperam que o corpo comunitário e suas estruturas organizativas substituam o posicionamento do sujeito em sua presença no mundo, com graves deformações para a formação da pessoa (Giussani, 2024). O autor enfrenta o problema explicitando a íntima relação entre consciência de si próprio e consciência do mundo:

> Autoconsciência, humanamente falando, é o centro da visão global do mundo — autoconsciência de mim e autoconsciência do mundo. [...] Reconhecimento da estrutura nova em mim é reconhecimento da unidade contigo, coincide (p. 174).

Assim, Giussani aponta que a consciência de si é consciência também de outros com os quais cada um se posiciona diante da vida mesma. Trata-se, então, de dar ênfase à *dimensão relacional* da experiência propriamente humana mais do que esperar em estruturas sociais ou entes comunitários para estruturação do sujeito. É nesse sentido que Giussani (2024, p. 175) critica fortemente o "grupo-refúgio" ou a "comunidade própria como o próprio espaço no qual se expressar e governar", apontando a "urgência de personalização".

Trata-se, pois, de reconhecer a autoconsciência com a complexidade e centralidade que a caracteriza:

> Crescendo, a adequada autoconsciência investe lentamente todo o horizonte de nossa cabeça, de nosso coração, o fundo de nossas decisões, o horizonte de nossos programas, estabelece lentamente uma fonte alimentadora de energia à nossa ação. Isso porque a autoconsciência investe todos os átomos (Giussani, 2024, p. 177).

Com sua dimensão relacional, a autoconsciência está na origem da consciência da própria singularidade original, sempre habitada por tantos outros significativos. A autoconsciência, pela qual os gestos da pessoa carregam a originalidade amadurecida nas relações interpessoais não alienadas, é consciência de si ao acolher o mundo e ao se posicionar nele. "Eu sou a minha vida, e minha vida é tudo, todos os meus relacionamentos. [...] Ao viver com autoconsciência, transformo, dou uma forma nova ao que faço, tendencialmente" (Giussani, 2024, p. 183). A tarefa de se posicionar autenticamente no mundo de modo a modular as relações é tão importante que Giussani (2024, p. 184) a identifica como *missão* de todo sujeito humano. Missão esta que favorece a criação de relações humanas significativas, assim como de estruturas sociais moduladas pela pessoalidade, ficando claro que estas estruturas sociais e comunitárias não têm condições de substituir a centralidade do sujeito nos processos humanos de renovação do sentido, nem tomar para si a missão que é pessoal. Aquelas estruturas são criadas pela pessoa em missão e auxiliam-na na manutenção de sua tarefa fundamental e constante ao longo da vida.

> Se não há vida social nova entre nós [...] é por sua vida pessoal não estar empenhada com aquela missão. E não é empenho missionário se reconstituir continuamente a autoconsciência não for sua preocupação primeira (Giussani, 2024, p. 185).

Na percepção de si a partir de relações, a autoconsciência leva ao *senso da história* pelo qual o sujeito relê continuamente seu percurso pessoal ligado ao presente significativo. Cada um pode "descobrir que a própria personalidade é uma história [...], que a autoconsciência envolve todas as pessoas como unidade real na história, que aguarda se manifestar". A autoconsciência implica "a unidade com todos" e implica paciência como "repercussão psicológica-moral do valor do tempo". "É esta paciência que dá sabedoria e magnanimidade ao nosso rosto, assim como capacidade de julgar" (Giussani, 2014, p. 179).

> Trata-se de, inicialmente, ficar diante de palavras recebidas e admiradas; com o tempo elas começam a ser produto vivo de mim, expressão de meu ser. E nisso não devemos ser impacientes, pretenciosos: certamente — e sobretudo — é dom: acontece e você se dá conta depois" (Pierlugi Bernareggi citado por Giussani, 2024, p. 191).

* * *

A presente obra nasce de relacionamentos pessoais e profissionais mantidos por anos, que se manifestaram significativos para muitas pessoas em cursos sobre experiência elementar em psicologia na Universidade Federal de Minas Gerais. São agora divulgados ao grande público com o desejo de semear a contribuição original dos diversos autores.

Trata-se, então, de um fruto de trabalho de psicólogos, sociólogos, teólogos, filósofos, psiquiatras etc., ancorados na perspectiva da experiência elementar segundo as contribuições de Luigi Giussani para a área da psicologia.

Registro um agradecimento especial ao Abade do Mosteiro Nossa Senhora do Novo Mundo, Dom Estevão Nery Fantésia Pinto, por autorizar a publicação póstuma do texto de Dom Bernardo Bonowitz. E, igualmente, agradeço Rosetta Brambilla por autorizar a publicação póstuma do texto de Pierluigi Bernareggi. Agradeço também à Fraternità di Comunione e Liberazione por autorizar a publicação em português do texto *Luigi Giussani e la legge dell'io*, de Costantino Esposito, e de *Generare un mondo umano: il protagonismo secondo Luigi Giussani*, de Miguel Mahfoud, publicados anteriormente em italiano na coleção que celebra o centenário do nascimento de Luigi Giussani.

Este livro se torna realidade graças ao apoio de diversas pessoas que trabalharam com afinco sobre os textos. A cada uma delas, meu agradecimento especial: Amanda Carvalho Padilha, Andréia Persico Mahfoud, Bernardo Teixeira Cury, Camila F. Canielo e Yuri Elias Gaspar.

Referências

DONATI, P.; ARCHER, M. S. *The Relational Subject*. Cambridge: Cambridge University Press, 2015.

DONATI, P. *Una cultura che trasforma il mondo*: la vita come relazione. Milano: Ares, 2024.

GABRIEL, M. *Eu não sou meu cérebro*: filosofia do espírito para o século XXI. Tradução: Lucas Machado. Petrópolis: Vozes, 2018. Título original: *Ich ist nicht Gehirn: Philosophie des Geistes für das 21 Jahrhundert.*

GIUSSANI, L. *O senso religioso*. Tradução: Paulo Afonso E. Oliveira. Jundiaí: Paco, 2017. Título original: *Il senso religioso*.

GIUSSANI, L. *Educar é um risco*: como criação de personalidade e de história. Tradução: Neófita Oliveira. São Paulo: Companhia ilimitada, 2019. Título original: *Il rischio educativo: come creazione di personalità e di storia.*

GIUSSANI, L. *Una rivoluzione di sé*: la vita come comunione (1968-1970). Milano: Rizzoli, 2024.

MAHFOUD, M. *Experiência elementar em psicologia*: aprendendo a reconhecer. 2. ed. Belo Horizonte: Artesã, 2022.

MAHFOUD, M. Uma nova psicologia para um novo mundo: o dinâmico fazer de uma ciência essencialmente humana. In Conselho Regional de Psicologia Minas Gerais. *Congresso Mineiro Psicologia, Laicidade, Espiritualidade, Religião e outros saberes tradicionais*: reflexões contemporâneas. Belo Horizonte: Conselho Regional de Psicologia Minas Gerais, 2023, p. 49-62. Disponível em: https://acervodigital.crp04.org.br/publicacoes/i-congresso-mineiro-psicologia-laicidade-espiritualidade-religiao-e-outros-saberes-tradicionais-reflexoes-contemporaneas-2023 . Acesso em: 25 jan. 2025.

PARTE I

FUNDAMENTOS

CAPÍTULO 1

Fundamentação filosófica de experiência elementar

Pierluigi Bernareggi

Minha contribuição está estritamente ligada à Filosofia e, mais ainda, à Metafísica, núcleo central da Filosofia.[1]

Deve-se levar também em consideração o fato que — embora não culturalmente relevante no contexto da cultura atual que vivemos no Brasil — o fundamento filosófico está na base de qualquer outro setor do saber. Se não, nós começamos a compreender a cultura como uma colcha de retalhos e, a partir daí, evidentemente, está aberto o caminho da arbitrariedade, da confusão. Dentro da hipótese que sustentamos, em que fomos formados, pelo contrário, há uma harmonia muito grande entre todas as formas de saber humano, a partir do fato de que são formas de saber que a pessoa tem. Sendo a pessoa humana portadora dessa forma de saber, não pode haver uma incoerência total, uma incomunicabilidade absoluta entre os vários campos do saber humano. Se é saber, se é humano, necessariamente procede de uma estrutura originária que é sintética, que é una. E é justamente em cima desta nossa fundamental estrutura humana que a Filosofia trabalha. Numa postura aberta a essa síntese, a essa comunicação de todos os setores do saber, procurarei mostrar, da maneira que me é possível, como a Metafísica percebe a estrutura fundamental da experiência humana.

Realmente, todas as ciências, sobretudo as ciências humanas, têm um leque de trabalho muito grande, ao passo que a Metafísica tem uma concentração total em cima do que é fundamental, do que é originário

[1] Edição e notas de Miguel Mahfoud.

em todas as formas de saber. Então o discurso metafísico não longo não é um leque enorme de assuntos. O discurso metafísico é muito sintético, mas, a partir desse posicionamento, a pessoa se encontra habilitada a fazer qualquer tipo de investigação dentro da infinita gama das ciências.

Este núcleo essencial que abordaremos é, por assim dizer, a matriz do saber, a matriz do exercício consciente da inteligência do ser humano. Nós temos de apostar na existência deste núcleo central justamente porque, de outro modo, nós não temos como preconizar e tentar viver uma unidade da pessoa, uma unidade do seu mundo espiritual e, se quiserem, científico. Então, pretendo dar uma contribuição, espero, válida para o seu modo de encarar o mundo.

Onde está o valor, onde está a riqueza da experiência humana? Na sua estrutura mais básica, na sua *estrutura elementar*. Ao contrário de todos os outros animais, que são dissipados, puxados de dentro para fora por todos os estímulos e reações às quais eles estão sujeitos, o ser humano é um ser concentrado, é uma realidade consciente. E, partindo do fato de que somos pessoas conscientes, focalizamos que tudo em nós brota de uma experiência originária a qual vivenciamos constantemente.

Essa nossa *experiência originária* nos acompanha, nos fundamenta, nos sustenta, nos motiva sempre, constantemente. Existe um núcleo fundamental de experiência que representa a continuidade da nossa pessoa e justifica o fato de que nós somos uma pessoa, não somos um conjunto de ações, reações etc.

Procuremos, então, estudar em que consiste este *núcleo permanente essencial*, fundamental, em cima do qual se alicerça toda a atividade humana enquanto humana.

O nosso ponto de partida, qual é? Como podemos iniciar uma tomada de consciência de nossa experiência humana elementar? Basta abrir os olhos; esta é a observação fundamental: basta abrir os olhos.

É como se estivéssemos dormindo e, tocando o despertador, despertássemos, abríssemos os olhos. Naquela fração de segundo se estabelece o fator básico de toda a nossa experiência: num abrir de olhos — aparentemente uma coisa banal, passageira —, na realidade, é nesse abrir os olhos originário que está toda a riqueza, toda a razão de ser da nossa humanidade. A experiência que se encerra neste instante de abrir os olhos tem uma riqueza, uma complexidade muito grande.

Analisada do ponto de vista de quem se sinta atraído, fascinado pelo seu conteúdo, já no relance de abrir os olhos se torna presente para nós toda a estrutura fundamental, a estrutura originária da nossa vida. O fato de abrir os olhos, tomar conhecimento, é um manancial onde pesquisar o conteúdo fundamental da nossa experiência. Abrir os olhos é encontrar-se imediatamente envolvido numa estrutura de vida complexa que, porém, apesar de sua complexidade, é muito simples, porque a realidade está *presente*[2].

É a diferença entre sonho e realidade. O sonho é, por assim dizer, uma espécie de necessário processo de purificação, como se fosse o esgoto da consciência. Mas a consciência em si é caracterizada por esse fato: não é sonho, é realidade. Então, seja qual for o tipo de coisa que percebermos ao abrir os olhos, nos deparamos com a realidade. A realidade está presente.

O que quer dizer que a realidade está presente? Meramente, quer dizer que existe um *horizonte da presença*. Tudo o que vemos está presente, está aí; mas por que está aí e não é um sonho? Está aí porque participa desta misteriosa realidade que se chama *o ser*. O ser é, existe. Se existe, é porque pertence ao horizonte do ser. Atesta-se e prevalece por estar solidamente encaixado dentro da realidade do ser, dentro do mundo.

Então a primeira coisa importantíssima e fundamental que devemos levar em consideração ao abrir os olhos é que isso nos desvenda, nos coloca face a face com o núcleo do ser. (Ao contrário do sonho, que não nos coloca face a face com nada). Este é o plano do existente. E a Metafísica se sente atraída para além de todas as possíveis e determinadas formas de realidade que estejam presentes para este pano de fundo, para este *horizonte último do ser* que está, por assim dizer, sempre além de tudo o que você possa experimentar como existente. Esse horizonte último do ser que, por assim dizer, abraça a totalidade.

Abrir os olhos é, antes de mais nada, mergulhar nesse horizonte último do ser, dentro desse contexto — contexto misterioso, porque não tem qualquer definição. Definidas são as realidades que aparecem dentro

---

[2] "Suponhamos estar nascendo, saindo do ventre de nossa mãe com a idade que temos neste momento, no sentido de termos desenvolvimento e consciência como os possuímos agora. Qual seria o primeiro sentimento em sentido absoluto, isto é, o fator primeiro da nossa reação perante o real? Se eu abrisse pela primeira vez os olhos neste instante, saindo do seio de minha mãe, ficaria dominado pela maravilha e fascínio das coisas, como de uma 'presença'. Seria atingido pela reação estupefata a uma presença que é expressa no vocabulário corrente com a palavra 'coisa'. As coisas! Que 'coisa'! O que é uma versão concreta, banal, se preferirem, da palavra 'ser'. O *ser*, não como entidade abstrata, mas como presença que não é feita por mim, mas que encontro, uma presença que se me impõe." (Giussani, 2017, p. 155-156).

desse contexto, mas o contexto por si próprio é indefinido. Você não teria como definir aquilo graças ao qual tudo adquire definição. Essa indefinição radical é própria do horizonte último do ser, em que tudo é, em que tudo aparece, em que tudo se dá a nós.

Chamo a atenção sobre este aspecto da consciência que você tem do mundo ao abrir os olhos porque é preciso muita inteligência para tomar conhecimento disso. Os animais não têm conhecimento disso. Ao passo que esta dimensão última, absoluta de toda experiência é realmente o que mais importa, por ser experiência humana.

Façamos um teste: você está vendo o quê?

— *Um gravador.*

Um gravador? Está vendo um gravador? Será? Então você é um bicho. O bicho é que vê um gravador. Se houvesse um gato aqui, ao mover o objeto, ele veria o gravador. Você vê um gravador, só?

— *Uma mão segurando um gravador.*

Ah, há uma mão segurando o gravador. Interessante, mas só? Você vê uma mão segurando o gravador, só?

— *Tem uma pessoa segurando o gravador.*

Ainda bem! Mas vejam como as ciências, se nós não tomamos conhecimento, elas se perdem. Você está vendo aqui um gravador, uma mão segurando um gravador, uma pessoa com a mão segurando o gravador, só?

— *A gente tem de focar em alguma coisa.*

Então eu sou um ser etéreo que não está sentado em lugar nenhum, que não está dento de nenhum cômodo? Ou sou alguém que está sentado em uma cadeira, com uma mesa na frente, com todos estes objetos desta sala? Quanta coisa mais! Porque nós temos uma faculdade — estudada pela psicologia — que se chama atenção. Mas atenção até um bicho tem, ou morreria em cinco minutos, cairia num buraco e morreria. Mas o que nós temos, o que o ser humano tem é muito mais do que atenção: é a *consciência.* A consciência é uma abertura, uma abertura que vai muito além do que poderíamos imaginar. Ao ponto que, se você fecha os olhos, perde a consciência? Não. Você não vê nada? Você tem consciência de quê, quando fecha os olhos?

— *De mim.*

De você, só? Egoísta! De você, só? O que mais?

— *Do lugar onde estou.*

Do lugar onde você está, e o que mais?

— *Você pode criar imagens mentais e ir para outro lugar.*

Você pode criar, mas para criar a imagem você tem de ter material, e esse material é o quê?

— *A experiência.*

Experiência. E quando você fecha os olhos, a sua experiência abrange o quê? Vamos dizer que você feche os olhos em um lugar em que não se ouve barulho algum, não tem luz alguma, sem estímulo nenhum e você está tranquilo fechando os olhos. A sua consciência está vazia? Ou ela é consciente de alguma coisa?

— *É consciente das sensações do corpo, da respiração...*

Só? O mesmo que podemos fazer com um gravador, podemos fazer em relação a esta questão da consciência.

— *É consciente da realidade.*

Qual realidade?

— *A realidade que a gente viveu no momento anterior.*

O momento anterior. E no instante em que você está consciente, naquele instante, porque o momento anterior passou, o próximo momento ainda não chegou, naquele instante em que você está concentrado, a sua consciência abrange o quê?

— *O aqui e agora.*

O aqui e agora, só?

— *Toda a minha experiência anterior.*

Só a experiência anterior? Também a atual, e a sua experiência atual abrange o quê, neste instante? Alguém poderia dizer: "Ah, neste instante eu não estou pensando em nada". Então a sua consciência é vazia? Você é um vazio, é um oco?

O grande problema é que estamos acostumados a um tipo de cultura que nos embota justamente o aspecto mais importante que é a consciência. Mas pense bem: se você fechar os olhos neste instante...

A canção *Felicidade*, de Lupicínio Rodrigues (1914 - 1974) diz:

> A minha casa fica lá detrás do mundo,
> onde chego num segundo quando começo a cantar.
> O pensamento parece uma coisa à toa,
> mas como é que a gente voa quando começa a pensar.

Se não fosse assim, seríamos bichos!

Essa é capacidade da consciência, da experiência humana: ser *abrangente*, ser *total*. Total, sem limites de tempo, de espaço, de número, de pessoas, de dinheiro ganho, de conquistas realizadas. O ser humano está sempre muito além de si mesmo e de tudo o que possa existir. Nós temos experiência disso: sua capacidade de atingir o ser num instante, de chegar aos limites últimos do ser, que, aliás, não tem limite. Portanto, você tem uma dimensão interna estrutural da sua humanidade que é sem limites, sem qualquer condicionamento, sem definição alguma. Mas é dentro dessa totalidade que você pode, como ser humano, ver esta garrafa. Se não, você veria esta garrafa como um burro a vê. É essa totalidade, essa capacidade de abranger sem limite, absoluta, total, infinita, que justifica a razão pela qual eu sou uma *pessoa*.

Heidegger (1889 – 1976) dizia que o homem é o "pastor do ser"[3], é aquele que está sempre de olho no ser, numa totalidade. Precisamos da Metafísica para nos lembrar disso, mas é só para nos *ajudar* a tomar conhecimento disso que é experiência própria de cada um: essa abrangência sem limites, de modo que tudo o que existe, tudo o que poderá vir a existir na minha vida, tudo o que pode acontecer, tudo o que eu possa descobrir está sempre dentro desse olhar universal, total e abrangente.

E se nos esquecermos disso, coitado do ser humano. O ser humano se reduz a quê? Às suas reações, aos instantes das sensações. Você pulveriza, esvazia completamente a experiência humana se não levar em consideração, antes de tudo, esse fundamento que é o ser, que é a consciência do ser, que é abertura ao ser. O horizonte último da sua experiência é sempre aberto à totalidade, sem limites. Por isso somos gente, não somos objetos ou animais. Embora haja uma definição de homem como "animal racional"[4]: animal, sim, mas racional.

---

[3] "A essência do homem, no entanto, consiste em ele ser mais do que simplesmente homem, na medida em que este é representado como o ser vivo racional. 'Mais' não deve ser entendido aqui em sentido aditivo, como se a definição tradicional do homem tivesse que permanecer a determinação fundamental para então experimentar apenas um alargamento, através de um acréscimo do elemento existencial. O 'mais' significa: mais originário e por isso mais radical na sua essência. Aqui, porém, mostra-se o elemento enigmático: o homem é, na condição-de-ser-jogado. Isto quer dizer: o homem é, como a réplica *ex-sistente* do ser, mais que o animal *rationale*, na proporção em que precisamente é menos na relação com o homem que se compreende a partir da subjetividade. O homem não é senhor do ente. O homem é o pastor do ser. Neste 'menos' o homem nada perde, mas ganha, porquanto atinge a verdade do ser. Ele ganha a essencial pobreza do pastor, cuja dignidade reside no facto de ter sido chamado pelo próprio ser, para guardar a sua verdade.". (Heidegger, 1998, p.66).

[4] Boécio (480 – 524) é autor da definição de pessoa como "*rationalis naturae individua substantia*": substância individual de natureza racional. Tomás de Aquino (1225 - 1274)

O que quer dizer racional? *Racional* é justamente essa abrangência imediata, que você não fabrica. Você pode não a reconhecer; mas alguém falando, você percebe que existe. Nós podemos não tomar conhecimento refletido dessa abertura infinita e total de nossa experiência, mas na medida em que alguém nos ajude a refletir, a tomar conhecimento disso, não há quem não reconheça que efetivamente é assim. Por quê? Porque é *evidente*; não é algo que se possa discutir: "Ah, você acha que é assim, eu já acho que é o contrário". Só o fato de que você ache alguma coisa já supõe que você esteja dentro deste âmbito da totalidade, senão você não acharia nada: o cachorro nunca acha coisa alguma, não tem opinião. Só o ser humano acha. Você pode achar que aquilo que é evidente não seja evidente, mas é evidente que você acha, porque acha. Então a dimensão de abrangência total da experiência é evidente, é imediatamente evidente, faz parte da estrutura originária dessa experiência. Qualquer momento da vida, qualquer lugar, qualquer situação, qualquer embate, qualquer tragédia sempre acontece na nossa vida dentro deste horizonte absoluto, ilimitado.

Não ilimitado no sentido de que sempre você pode imaginar que haja um outro limite mais além. Essa é também uma observação importante a ser feita: essa abrangência total não quer dizer que a nossa consciência esteja aberta a um limite que hipoteticamente poderia sempre ser transposto, como, por exemplo, a noção de universo. "Universo em expansão" quer dizer que sempre é possível imaginar um lugar mais longe, ao infinito (o sinal matemático ∞ quer dizer sem limite, que nunca para). Com a capacidade de contar, você sempre pode imaginar um número maior do que o último número que você contou. Esse infinito é o chamado *infinito potencial*, por ser um infinito que nunca acontece; porque se acontecesse, logo em seguida poderia ter algo mais infinito do que ele. Não, a experiência humana tem uma *capacidade atual de infinitude*. A própria palavra, a própria linguagem diz o que é: in-finito, não o finito.

E aqui entra um aspecto muito importante, que é a questão da *contradição*. Esse horizonte fundante — que define a nossa personalidade, a nossa experiência — é in-finito, ele não é nada que se contenha dentro desse horizonte. Ele tem uma característica *indefinível*, indefinida: é exatamente o contrário de tudo o que é definido, definível, possuído, pesável, mensurável,

utiliza a expressão "animal racional" (por exemplo, em *O ente e a essência*) a partir do persa Avicena (980 - 1037) em seu *Líber philosophia prima*, V. 5).

tocável, calculável etc. Para além de todas as possíveis formas concretas de coisas, de realidades que eu possa experimentar, existe um campo no qual elas se apresentam que é exatamente o contrário do que elas são, porque elas são finitas e ele é infinito. Então, ontologicamente, como ser, como estrutura íntima de ser, esse horizonte último é absolutamente o oposto de todas as coisas que possamos perceber dentro dele. Porém, *sem ele nada é, nada existe*. Ele é, por assim dizer, o fundamento do existir de tudo.

Sem esta feição do ser das coisas, a vida seria um sonho. Como dizia o famoso espanhol Calderón de la Barca (1600 – 1681): "La vida es sueño", justamente porque toda aquela cultura da qual ele fala é a que censurou, colocou para escanteio, eliminou a noção do ser fundamental de tudo. Então tudo é sonho: nós estamos conversando aqui, mas quem disse que nós estamos existindo? Quem me garante que você esteja aí? O que garante que não seja um sonho o que vivencio agora aqui? Somente esse horizonte fundante da experiência que se chama o *âmbito do ser*, o horizonte do ser, do existir, da existência. (Calderón de la Barca, 1992).

É verdade que a cultura "moderna" tudo fez para eliminar essa questão, porque, num contexto de Humanismo entendido como finitude, falar de infinito parece palavrão. Nos séculos XIV e XV começou a fase da Filosofia Moderna, da cultura moderna, da chamada revolução copernicana (pois Copérnico descobriu que não é o Sol que gira em torno da Terra, mas a Terra é que gira em torno do Sol, e, assim, o centro da vida não é mais o absoluto, o centro da vida sou eu, que sou finito). Essa tentativa é chamada de "Humanismo", Renascença etc. O Humanismo foi justamente a batalha para eliminar o absoluto da vida e poder fazer do relativo, do finito, o dono de tudo. O fez sem perceber que estava destruindo o finito, porque essa característica de estar sempre aberto ao absoluto é o que fundamenta a dignidade do ser humano. Fora disso, o ser humano se torna um como todos os outros bichos deste mundo, que são seres relativos, finitos: num belo dia vão morrer. O verme vai comer e acabou: quer dizer, tudo é limitado, tudo é passageiro, tudo passa, tudo se esvai. Ao passo que, na realidade, basta abrir os olhos para tomar conhecimento desta dimensão absoluta e total que domina na nossa experiência e pela qual nós somos o que somos.

Então, vejam bem: a característica marcante, fundamental que a Metafísica nos faz descobrir na raiz elementar, básica, da nossa experiência é esta abertura, é este horizonte totalizante onicompreensivo que se chama o absoluto, o infinito. Não o infinito potencial, aquele infinito que nunca chega a existir porque sempre se pode imaginar um outro maior, mas o *infinito atual*: aquela realidade que efetivamente, atualmente, fundamenta o ser de todas as coisas, de todas as experiências, de toda a realidade, de tudo o que é real, dá sentido de ser a tudo o que existe. E é a grande diferença entre o sonho e a realidade.

Hegel[5] (1770 - 1831) e, antes dele, os racionalistas lançaram a *dúvida* sobre essa convicção — porque o que estou dizendo é a convicção básica de toda a grande Filosofia Metafísica desde o início, na Índia, até os séculos XIV e XV: a percepção da estrutura fundamental do ser na nossa experiência. Quando adveio a revolução copernicana, surgiu a famosa dúvida: "Quem disse que isso que você está dizendo é verdade? Pode ser parte de sua fantasia, pode ser construção de seus preconceitos, pode ser uma imagem que você faz do mundo". Para Kant (1724 - 1804) isso seria *nominum*, produto da mente, construção mental: a dimensão infinita da qual falávamos seria uma projeção mental; na realidade, não existiria. (Kant, 2001). E essa é toda a grande aventura da Filosofia Moderna, que, começando com esta dúvida radical a respeito da capacidade que o ser humano tem de conhecer o ser, chega ao *idealismo* onde se diz que o ser não existe, o que existe é a ideia, existem produções mentais nossas e nada mais; realidade mesmo, real, acabou. Tal posição gera contradições internas violentíssimas, de onde vem o Marxismo afirmando que o que existe é somente a materialidade real das coisas e a sua mente não serve para nada, travando batalhas culturais tremendas.

E surgiu, no início do século XX, a figura interessantíssima de Heidegger, dizendo que a nossa experiência humana é *evidência*, é o ser se doando, é a autodoação do ser para nós e só depois de fazer essa experiência original — que é evidente em si própria — é que podemos começar a discutir sobre sujeito, objeto, realidade, criatividade, criação... Essas são coisas que fazemos depois, mas o fundamento da experiência humana é uma evidência, é uma identificação total entre a realidade e o sujeito (como resulta na análise que estamos tentando realizar aqui). Não sou eu quem inventa a experiência, a experiência me é doada de antemão. Ela nos é doada assim.

Num processo de reflexão, posso até chegar a dizer que é tudo fantasia. Mas isso porque você fez um processo seu de reflexão. A origem

[5] Cf. *Fenomenologia do espírito*, de Hegel (2003).

de tudo é uma imediata experiência que é sinteticamente sujeito e objeto, realidade e pensamento, ser e consciência, é um fato originário dentro do qual depois nós podemos, se quisermos, também descobrir o sujeito, o objeto... Esta é a realidade, o manancial de que é feita a nossa experiência.

Portanto, é uma evidência, e a evidência não é algo a ser demonstrado. A não ser que se use a palavra "demonstrar" no sentido mais literário: mostrar, indicar...; não no sentido de usar raciocínios que levem a concluir que as coisas estão assim. A evidência não se demonstra; a evidência se mostra. Da evidência, temos de tomar conhecimento imediato. E a única forma que temos de ensinar a evidência é ajudar a pessoa a *tomar consciência da sua evidência*. Você não vai convencer alguém de que a evidência é essa; vai simplesmente chamar a atenção de alguém para qual é a sua evidência. É o que estou tentando fazer aqui: chamar a atenção de vocês de que, no relance de abrir os olhos, vocês estão imediatamente mergulhados dentro de uma experiência do ser sem limite. Essa abrangência total da nossa experiência original é fundamental.

A partir dessa redescoberta feita por Heidegger (que não inventou nada, simplesmente reatou a continuidade da grande Filosofia, da grande Metafísica desde que o ser humano começou a raciocinar), a partir do momento que nós nos certificamos desse fato originário, evidente, é que realmente começamos a dar valor à experiência original, começamos a perceber que lá dentro existe o grande segredo da pessoa humana, esta feição originária, globalizante, abrangente, totalizante, esta experiência do ser como fundamento da nossa humanidade, isto é, que faz a dignidade, a originalidade do ser humano, da experiência humana (tendo conhecimento disso ou não). Mesmo a pessoa que não tem conhecimento dessas coisas (das quais falamos porque estamos na universidade), mesmo a pessoa que não tenha noção alguma dessas coisas, ela é, ela carrega dentro, ela é a sua dignidade por causa dessa fundamental abrangência totalizante da experiência que está fazendo.

Vejam como é difícil evidenciar a evidência. É muito mais fácil discutir, fazer passagens racionais. Fazer um teorema de matemática é muito mais fácil do que ajudar as pessoas a tomarem conhecimento do que é radicalmente, originalmente a estrutura básica de sua experiência sempre. Então, refletindo sobre essa experiência originária, antes de mais nada, temos de atinar a essa riqueza do horizonte onicompreensivo e totalizante dessa experiência, que é o plano do ser, o plano do existir, da realidade mais metafísica que existe no ser humano, eu diria.

Continuando a análise de nossa experiência originária, percebemos também a riqueza de detalhes que existem dentro desse plano total e globalizante do ser. Há infinitas coisas, infinitas; a realidade tem uma diversidade imensa. Só que todos esses detalhes, todos esses fatos, todos esses acontecimentos, essas pessoas, esses problemas que fazem parte da totalidade da nossa experiência, eles têm uma característica em comum que se refere justamente ao pano de fundo no qual eles existem: são *finitos*.

Tem razão quem diz que tudo passa, que tudo é limitado; seria uma ilusão pensar que as nossas obras são eternas, que nossas pessoas são sem limites, que as nossas amizades são perfeitas: não há nada de absoluto, tudo é relativo. A característica deste segundo aspecto fundamental da nossa experiência é a relatividade, a provisoriedade, a limitação.

Então, dentro desse contexto de absoluto e de infinito, existe uma pluralidade "infinita" (agora no sentido de infinito potencial, não atual). Potencialmente, existem infinitas coisas, infinitos acontecimentos, infinitas situações, todas elas relativas, todas elas marcadas por esse contraste radical entre o que fazemos, o que vivemos, o que somos e esse horizonte infinito que não muda.

A nossa experiência se configura como dominada por uma tensão, por uma *tensão profunda entre o finito e o infinito*, entre o provisório e o absoluto, entre o que passa e o que é. As coisas que passam não são as coisas que são, são as *coisas que são não sendo*.

Que é o tempo? A análise que Agostinho de Hipona[6] (354 - 430) faz do tempo, por exemplo, é fantástica: o tempo é o ser não sendo. Eu sou, mas não sou. Neste instante, já não sou o que eu estava falando que sou: quando disse que sou e não sou. Daqui a um minuto, quando faremos outra coisa, já não seremos o que somos agora. O que é o tempo? O tempo é o passar, o tempo passa e faz com que passemos. Então o passar é o ser não sendo — esta é a característica própria de tudo o que se possa experimentar na vida, em todas as coisas, todas as pessoas, todos os fatos, todos os acontecimentos (Agostinho, 2020). Aí está uma raiz de sabedoria muito grande que nunca deixará alguém se equivocar banalmente, tomando as coisas que passam por coisas que não passam, confundindo o que é com o que não é, como se fosse questão de "é e é e acabou!".

---

[6] Cf. os capítulos 14 a 28 do Livro XI de *Confissões*, de Agostinho de Hipona (Santo Agostinho) (2020).

Essa tensão entre o pano de fundo da vida que é absoluto, infinito e totalizante e o acontecimento da vida que é relativo, finito e provisório, ela é — metafisicamente — o caroço, o essencial da experiência humana.

Eis um belíssimo poema, de António Gedeão[7] (1998):

Homem

Inútil definir este animal aflito.
Nem palavras, nem cinzéis,
Nem acordes, nem pincéis
São gargantas deste grito.
Universo em expansão.
Pincelada de zarcão
Desde mais infinito a menos infinito.

A experiência, no seu caroço, na sua vitalidade profunda, é esta tensão constante, que nós vivemos em todos os momentos, entre este horizonte último, que é absoluto e infinito, e a provisoriedade e o ser não sendo de tudo o que dentro deste horizonte último é vivido.

Toda tensão é, não digo dolorosa ou estressante, mas toda tensão é *provocante*, toda tensão é *exigente*. Às vezes, para não deixar a tensão existir, a pessoa que não quer ser provocada, não quer se exigir nada, vai inventar o quê? Inventa a idolatria. *Idolatria* é identificar alguma coisa finita como se fosse infinita. Então: "te adoro", diz você a seu namorado, sabendo muito bem que está falando uma besteira. Ou "...para sempre". Nós idolatramos, transformamos coisas finitas em objetos infinitos. Então, tendencialmente, nós manipulamos as coisas finitas para dar a elas uma concretude desse infinito que não é concreto, que é indefinido, é misterioso e nos incomoda por ser assim: misterioso, indefinido, indefinível. Então concretizamos essa tensão numa certa coisa: "Isto aqui é o sentido da minha vida, pronto!". Isso se chama idolatria.

É o triste mecanismo do qual dependem, depois, as maiores tragédias da humanidade, desde Hitler até o neocapitalismo liberal, globalização e instrumentalização do ser humano. Tudo o que você possa imaginar de ruim, catastrófico na humanidade é fruto dessa "brincadeirinha": tentar *amortecer a tensão entre finito e infinito*, dando a alguma coisa que passa as características do que não passa, deificando, idolatrando as coisas. Mas

[7] António Gedeão: 1906 - 1997.

isso não é conforme a experiência; porque a experiência nos diz com toda a clareza — se analisada com certo rigor, levando a sério a sua verdadeira evidência — que a vida é essa tensão constante entre as nossas experiências finitas e o horizonte último da experiência que é infinito; é essa contradição, porque *o ser é o ser não sendo.*

Dando mais um passo adiante nesta análise, nós chegamos à conclusão de que há um destaque, há uma *total diferença* entre o mistério último da vida e as coisas que se passam na vida. E esta última diferença, este desnível último, chama-se *transcendência.* Transcendência faz parte também da nossa experiência humana mais profunda; a transcendência, que é o contrário da idolatria (a idolatria é um modo de escamotear a transcendência). O Ser último é transcendente a todas as feições limitadas, passageiras dos seres das nossas experiências. Na nossa experiência fundamental existe este sentido da transcendência do absoluto justamente por ele ser infinito no sentido de não-finito, não-passageiro, não-limitado. Essa *contradição* existe. É o núcleo do princípio lógico de não-contradição.

A lógica toda gira em torno de dois princípios: o princípio de identidade e o princípio de não contradição. A estrutura básica da experiência tem isso: o ser é o que ele é e não é tudo aquilo que passa.

Então a percepção concreta da transcendência do ser, uma vez que você a descobre analisando-a, você começa a ser uma pessoa religiosa, qualquer que seja a religião da pessoa (isto seria outro assunto). Você começa a ser uma pessoa religiosa porque começa a sentir esse absoluto transcendente e você dá o nome que, desde a origem da humanidade, deram a essa feição: o nome *Deus.* Quer dizer, o horizonte último e globalizante da nossa vida não é a soma de todas as coisas que nesta vida acontecem, está sempre além e se chama Deus. Portanto, a experiência de Deus faz parte radicalmente de qualquer mínima experiência de nossas vidas, em qualquer momento.

Às vezes, dizem que Deus não existe, já que não se pode demonstrar Sua existência. Você pode demonstrar o teorema de Pitágoras ou a lei de Einstein: $E=mc^2$. Você pode demonstrar muita coisa, mas a existência de Deus não se demonstra. E com isso pretenderiam dizer que Deus não existe. Muito pelo contrário: justamente porque Deus não se demonstra é que ele existe; porque se fosse fruto de uma demonstração não seria mais Deus, seria o produto de outros elementos anteriores. Essa originariedade, esse sentido originário do Ser prevalente, do Ser dominador, do Ser transcendente, do Ser absoluto, é a isso que chamamos de Deus, é a isso que o ser humano sempre chamou de Deus. E mesmo as pessoas mais ignorantes, analfabetas etc. pensam em Deus, sentem a presença de Deus. E não é a presença da soma de todas as realidades que existem neste mundo, por mais belíssimas que sejam, mas é a presença deste horizonte último, misterioso, indefinível, por definição indefinível. Porque se fosse definível seria finito e não seria mais o absoluto.

É essa dimensão profunda da nossa experiência que se chama Deus. Isso é essencial para qualquer mínima experiência humana. A *dimensão religiosa* faz parte radicalmente das *evidências originais* de nossas vidas. Deus não se demonstra, Deus se mostra. De Deus não se faz uma demonstração matemática, de Deus se toma consciência numa profunda análise da nossa verdadeira experiência. Então a transcendência é outro aspecto essencial da nossa experiência originária, da nossa experiência básica: é o *senso religioso*. (Giussani, 2017).

Permitam-me uma última pincelada a respeito dessa dimensão profunda — religiosa — de nossa *experiência originária*: reconhecer uma presença misteriosa, dominante na nossa experiência, necessariamente nos leva ao que podemos chamar de *oração*, invocação dos deuses. A última obra de Aristóteles — o maior dentre todos os filósofos da Antiguidade —, o "canto do cisne" desse grande metafísico grego é intitulado *Sobre a invocação de Deus*, sobre a oração. Porque, a essa altura dos acontecimentos, a experiência não pode deixar de se tornar oração; aliás, ela *é oração*. O problema não é fazer oração, o problema é descobrir na experiência que ela é ultimamente oração, porque é ultimamente uma aspiração a este absoluto transcendente que domina toda e qualquer fase da nossa experiência, em qualquer momento.

Veja bem: esta mesa passa, daqui a mil anos será somente pó. Mas eu, que percebo a transcendência, isto é, a tensão entre esta mesa e o absoluto transcendente que domina a minha experiência, passo ou não passo? Se na minha experiência, que é de ser humano (e só de ser humano, porque os outros animais não têm esse dom, por isso nós somos imagem e semelhança de Deus), se na minha experiência eu tenho estes dois aspectos em tensão — o passar e o permanecer do ser —, se esta é a minha experiência, o que sou? Passo ou sou?

Aqui vem todo o problema do *destino*. (Aliás, para Giussani, a palavra destino é um refrão constante)[8]. Essa é a questão do destino e o

[8] Por exemplo, em *O senso religioso*, Giussani (2017) trata do tema *destino* em 14 dos 15 capítulos que compõem livro.

destino supõe uma tensão. É o que se chama *oração*. O destino é aquele impulso dentro da tensão profunda da minha experiência, o impulso que me leva a esta experiência: achar o destino final. Se a experiência é esta, evidentemente ela tem um destino. Tem um destino porque quem está vivenciando constantemente essa tensão entre finito e infinito está constantemente em busca do infinito sendo finito — mas em busca do infinito: a invocação de Deus.

Na tradição bíblica, há aquele salmo que diz: "De profundos abismos, clamo a Vós, Senhor. Escutai a minha voz"[9]. De profundos abismos é, neste caso, a tensão ontológica, a tensão metafísica que existe entre o mundo que passa e o Ser último que não passa. Essa contradição, porém, é a razão da vida, porque, se não tivéssemos essa contradição, nós não seríamos o que somos, não seríamos esse ser inquieto, esse "animal aflito", como dizia o poeta; não seríamos esse ser inquieto que não para em nada, que nada o completa por muito que... Ai de mim!... Pensem no problema do casamento.

Então esta é a profunda tensão da nossa experiência: um contexto de vida que passa está projetado em cima do horizonte que não passa. Não estou tratando aqui de coisas raras, da experiência metafísica dos filósofos ou dos místicos, mas da pura e simples realidade de toda hora: quando você vai trocar a fralda do bebê, quando vai assistir um filme no cinema..., essa é a estrutura constante. É a estrutura humana constante de nossa experiência. É uma pena que muita gente não pense nisso. Mas, embora não pense, efetivamente, vive isso.

E, às vezes, por não pensar e não ser ajudado a pensar, tenta superar a dinâmica profunda da experiência como? Com droga, sexo sem limite, diversão, busca de dinheiro e domínio, vontade de poder (desbravamento da Amazônia até virar um deserto e ganhar dinheiro). Quer dizer, as pessoas, dentro dessa dinâmica, podem fazer loucuras devido a uma falta de conscientização e de percepção do que se trata realmente.

Ou você reza ou se torna bandido e criminoso: é a grande mensagem do maior escritor italiano, Alessandro Manzoni (2012), no livro *I promessi sposi*, *Os noivos*: mostra o criminoso (o Hitler da época) que se tornou assim porque ninguém nunca lhe ensinou a rezar, a fazer oração. Na medida em que o ser humano não valoriza essa tensão profunda entre finito e infinito — que é a essência de sua experiência — e nada nela como um peixe dentro d'água, nessa medida ele se torna um bicho perigoso,

---

[9] Salmo 129 (130):1-2.

um monstro, capaz de tudo, nesse rumo da idolatria, que é a origem de todas as tragédias da humanidade.

Procurei, desta maneira, que vocês refletissem sobre o que é a *experiência originária*, estrutura originária da nossa experiência, analisada do ponto de vista metafísico, lógico. Os termos usados podem ter sido um pouco estranhos para alguns de vocês, se não for a linguagem própria de sua disciplina. Cada disciplina tem sua linguagem, seu método etc., mas é bom aprender também outros setores do pensamento, do saber, sobretudo quando — como a Metafísica — são setores vitais. Como é que um psicólogo pode se colocar diante de uma pessoa com problema sem esse pano de fundo de percepção do que é o drama último da experiência das pessoas? Pode haver quem ensine que é drama último porque foi recalque de infância, rejeição da mãe já na gestação etc. Quer dizer: pode-se tentar dar explicação para o drama da pessoa de forma equivocada. Logicamente, nós estamos imersos numa rede de influências fora de série, mas, atenção: a pessoa tem sua estrutura fundamental de experiência originária, e isto é fundamental para interpretar os sinais, os sintomas — clinicamente e pedagogicamente.

Referências

AGOSTINHO de Hipona, Santo. *Confissões*. Tradução: Frederico Ozanam Pessoa de Barros. Rio de Janeiro: Petra, 2020. Título original: *Confessiones*.

CALDERÓN DE , P. *A vida é sonho*. Tradução: Renata Pallottini. São Paulo: Scritta, 1992. Título original: *La vida es sueño*.

GEDEÃO, A. Homem. In GEDEÃO, A. *Poemas escolhidos*. 4. ed. Lisboa: João Sá da Costa, 1998, p. 9.

GIUSSANI, L. *O senso religioso*. Tradução: Paulo Afonso E. Oliveira. Jundiaí: Paco, 2017. Título original: *Il senso religioso*.

HEGEL, G. W. F. *Fenomenologia do espírito*. Tradução: Paulo Menes. Petrópolis: Vozes, 2003. Título original: *Phänomenologie des Geistes*.

HEIDEGGER, M. *Carta sobre o humanismo*. 5ª. Edição. Tradução: Arnaldo Stein. Lisboa: Guimarães, 1998. Título original: *Brief über den Humanismus*.

KANT, I. *Crítica da razão pura*. 5. ed. Tradução: Manuela Pinto dos Santos e Alexandre Fradique Mourujão. Lisboa: Calouste Gulbenkian, 2001. Título original: *Kritik der reinen Vernunft*.

MANZONI, A. *Os noivos*: incluindo a história da coluna infame. Tradução: Francisco Degani. São Paulo: Nova Alexandria, 2012. Título original: *I promessi sposi*.

CAPÍTULO 2

O conhecimento de si mesmo como condição da fé: uma reflexão monástica

Bernardo Bonowitz, OCSO

Desde Evágrio (1971), o monge do século IV que foi o primeiro a fazer uma reflexão sistemática sobre o empreendimento monástico, tem-se visto a vida espiritual cristã como começando com o ascetismo — o combate em longo prazo contra tudo aquilo que nos distancia da realidade — e chegando ao seu cumprimento na divina contemplação, isto é, no conhecimento amoroso (ou "conhecimento-amor") da Santíssima Trindade[1]. Foi pedido a nós, considerar a relação entre fé e conhecimento, olhando-se a questão de dois ângulos: primeiro, a fé como um ato de confiança nos outros e de autodoação a eles, inerente ao nosso processo humano de conhecimento; depois, a fé como uma forma racional de se conhecer, em vez de um substituto para a racionalidade, um "tiro no escuro" irracional. (Giussani, 2024). Inspirando-me em Evágrio, eu gostaria de tratar o primeiro ponto "asceticamente" e o segundo ponto, "contemplativamente". Vocês só podem esperar que um monge pense e fale como um monge, e desejo poder fazê-lo.

Razoabilidade da fé e confiança nos processos de conhecimento

Vários anos atrás, numa das minhas conversas semanais com um noviço, o tema do amor surgiu — amor a si mesmo, à comunidade, a

[1] Edição e notas de Miguel Mahfoud

todas as pessoas, a Deus. Para a minha surpresa, o jovem disse: "Não acho que eu queira amar, pois amar é pertencer, e quanto mais você pertence, menos liberdade você tem". Agora, a vida de todo monge consiste, em grande parte, em meditar, "mastigar" aquilo que se lê e ouve, e, com o passar dos anos, tenho me lembrado com frequência daquela conversa, e em particular da afirmação do noviço. Para mim, parece o elemento final numa tríplice fuga das virtudes teologais[2], ou paradoxalmente, um abraçá-las em sua forma negativa: "Não ame a fim de não se ver privado — ou de qualquer forma tolhido — em sua liberdade"; "Não espere a fim de não ser decepcionado quando o objeto da esperança lhe for recusado ou tomado de você". E mais relevante para o tema de hoje: "Não creia/confie a fim de não ser tapeado, feito um bobão".

Talvez esse jovem possa lhe parecer excepcional, muito diferente dos seus contemporâneos e ainda mais daqueles dentre nós que somos um pouco mais velhos. Para mim, ao contrário, ele parece emblemático. O que o distingue não são as suas atitudes, mas a transparência e simplicidade não disfarçadas e naturais com as quais ele as enunciou (aliás, nós reservamos nossa maior desconfiança para os oficiais e aqueles organismos sociais tradicionalmente tidos como sagrados - Igreja, país, escola -, que nós mesmos integramos).

Esta desconfiança a respeito do abrir-se ao conhecimento comunicado através de outros é endêmica e muito poderosa. Ela é disposta a sacrificar o conhecimento mediado (indireto) a fim de se preservar do risco de ser "iludido" por um conhecimento falso ou dúbio ou defectivo. Trata-se de uma nova forma de *docta ignorantia*: uma opção de não saber em vez de confiar. Superficialmente, parece ter certa pureza, certa coerência. Mas como Dom Giussani (2024) aponta na seção inicial do seu livro *É possível viver assim?*, a fim de ser coerente esse sacrifício tem de ser quase total. S. Paulo pergunta, num outro contexto (no de gratidão a Deus), "O que tendes que não recebestes?"[3] e numa forma paralela poderíamos nos perguntar: "O que sabemos que não recebemos?". Giussani (2024) deixa claro que todo nosso tesouro de conhecimento — aquilo que chamamos de *cultura* — é, ao mesmo tempo, *tradição*, uma herança recebida de outros. Isto é válido não somente no tocante à tradição religiosa, mas à tradição

[2] As três virtudes teologais são fé, esperança e caridade (amor).

[3] Cf. Primeira carta de São Paulo aos Coríntios:1 Coríntios 4:7.

artística, à tradição científica e à tradição da vida diária, se podemos falar dessa maneira.

Nossa reflexão, nossas descobertas, nossa criatividade começam com um ato de confiança — explícita ou implícita, grata ou ingrata — naquilo que já foi pensado, descoberto ou criado. Isso não significa aceito de modo irrefletido, não crítico ou contrarracional (onde há uma confiança fundamental numa tradição, há sempre mais liberdade em se "jogar com ela", questionando-a, expandindo suas fronteiras: cf. a teologia dos Padres Cistercienses do século XII) (Bonowitz, 2005), porém significa tomar numa base fidedigna aquilo que foi feito e consolidado antes e aquilo que está sendo feito agora por outras pessoas que não nós mesmos. Sem isso, não há "herança", herdamos nada das gerações passadas, fomos completamente cortados do testamento cultural — ou nos cortamos dele —, cada pessoa deve "começar do zero" e não há colaboração: o mero fato de que alguém é meu contemporâneo não o torna mais confiável do que ele seria se fosse meu predecessor.

Resta outra pequena pergunta a ser feita a esse respeito: porque a pessoa que se recusa a confiar na sua cultura, na sua tradição, *se* considera tão confiável? Não é *isto* um ato surpreendentemente irracional — após ter recusado a fé a todas as mediações através das quais o conhecimento chega a nós, nós depositamos uma imensa confiança naquilo que nossos sentidos individuais percebem, nas nossas experiências emocionais individuais, no que nossa mente individual pensa? S. Bernardo, no século XII, disse uma vez que a única coisa pior que *voluntas propria* — uma insistência obstinada na sua própria vontade em vez de na vontade comum de uma comunidade/sociedade — é o *iudicium proprium*, a certeza irrefletida que o que quer que eu tenha pensado com minha própria cabeça tem de ser verdade porque fui eu quem pensei[4].

Além do sacrifício de conhecimento que uma desconfiança radical demanda, há também o sacrifício da relação. Aquilo que nos une uns aos outros, aquilo que torna as pessoas amigas ou os cônjuges autênticos ou capacita um relacionamento de mestre e discípulo (professor e aluno) é a fé que depositamos uns nos outros. Isso não requer que atribuamos

4 Cf. Sermon 3 "in tempore resurrectionis" 3 (PL 183: 290A): "*quae major superbia quam ut unus homo toti Congregationi iudicium suum praeferat, tamquam ipse solus habeat Spiritum Dei*".

infalibilidade aos nossos amigos, cônjuges e professores, mas implica numa confiança cada vez mais profunda na honestidade, exatidão e sabedoria daquilo que eles nos comunicam. Quando essa confiança é retida por nós ou artificialmente restrita, nós já estamos nos afastando do relacionamento, redefinindo-o como algo diferente de amizade, casamento, discipulado. Da mesma forma, aquele para o qual nós recusamos a confiança se experimenta como considerado indigno de fé e, na maioria dos casos, aceita a limitação imposta e a transformação do relacionamento em algo menor.

Serão, então, as únicas alternativas acreditar "sem fundamento" nos outros, correndo constantemente o risco de ser enganado, ou não acreditar, deixando de participar em "tradições" culturais, científicas e interpessoais? Evágrio (1971) afirma que existe uma terceira possibilidade, a da *diákrisis*, discernimento. Discernimento é a capacidade de "ver dentro" de um pensamento ou afirmação, de perceber sua origem e avaliar sua consonância com a verdade. Em si mesma, a *diákrisis* não é tanto um ato de fé, mas uma visão; não tanto um processo de pensamento, mas uma intuição imediata. É uma pureza de coração genuína diante da qual todos os pensamentos e sentimentos são levados a se manifestar como eles realmente são, isto é, em primeiro lugar, todos os *meus* pensamentos e sentimentos.

Mas, na verdade, ela depende de uma dúplice fé: 1) Que o que impede minha capacidade de saber se algo é verdadeiro ou não se origina de *mim*, das *páthe* (paixões) que se interpõem entre mim e a realidade. Em vez do caso ser que as pessoas queiram me enganar, não sejam confiáveis, existem fatores distorcivos dentro de mim que ofuscam o conhecimento e me fazem enganar a mim mesmo ou permanecer na escuridão. Esses fatores distorcivos Evágrio (1971) chamava de "os oito pensamentos passionais" (passionais porque eles perturbam a clareza do intelecto) — gula, luxúria, avareza, ira, tristeza, acídia, vanglória, soberba. Tradicionalmente, ira e soberba têm sido vistas como aquelas paixões que mais negativamente afetam a percepção. Às vezes, foram retomadas pelos sucessores de Evágrio como *philauté* (estar curvado sobre si mesmo através de um egoísmo sistêmico)[5] ou como o medo não assumido da morte. Estes são os elementos que obstruem todo conhecimento e sempre o tornam ambíguo e vacilante. 2) Que o caminho para se passar da *páthe* para a discrição

---

[5] Cf. por exemplo, João Cassiano (2006) sobre amor da vanglória.

consiste num período (pelo menos de vários anos) de discipulado. De acordo com Evágrio (1971), é só através da revelação regular da própria atividade interior a um guia experiente e a aceitação dos seus conselhos que os pensamentos passionais começam a se manifestar como sendo distorções da realidade, e, eventualmente, começam a se desintegrar, a perder sua aderência a nós. Todas as práticas monásticas, (por exemplo, jejum, vigílias, trabalho manual, separação do mundo) têm como objetivo forçar esses pensamentos para o domínio da experiência consciente, onde eles possam ser comunicados ao "ancião" e seu poder se torne cada vez menos absoluto até que, eventualmente, desapareça. Na medida em que isso acontece, a pessoa vive num estado de crescente "autoacompanhamento". Ou seja, enquanto esses pensamentos emergem, são simultaneamente "lidos" e testados pelo coração purificado e, em seguida, abraçados ou rejeitados de acordo com a sua consonância ou dissonância com a verdade.

Não que o processo de libertação exija nada mais do que *insight*. Existe todo um trabalho de disciplina interior. Uma paixão, por natureza, é profundamente enraizada, quase automática no seu funcionamento e muito resistente à mudança. No presente caso, uma vez que nós detectamos uma tendência a desconfiar daquilo que os outros nos dizem, uma paranoia intelectual (ficar com um pé atrás, e a existência deste ditado e de outros semelhantes a ele indicam o quão disseminada é a tendência à desconfiança em nossa cultura), precisaremos ficar de guarda (vigilante — *neptikói*) quanto à presença deste "pensamento" e como ele colore nossas reações e como teremos de trabalhar para ativamente neutralizá-lo, provavelmente, muitas vezes por dia. Igualmente, precisamos descobrir a nossa própria propensão para apresentar a verdade de modo vantajoso para nós em vez de agir como fiéis mediadores dela. *Omnis homo mendax*: Todo homem é mentiroso, como diz o salmista[6]. É essa tendência da nossa parte para desrespeitar a pureza objetiva da verdade que mais nos torna inclinados a desconfiar dos outros. Portanto, uma vez descoberta, ela também precisa ser vigiada, ponderada e, frequentemente, combatida.

Essa *diákrisis*, inicialmente aplicada somente a si mesmo, gradualmente capacita a pessoa a perceber a verdade (ou a falta dela) daquilo que outros desejam lhe contar. De fato, no mesmo grau que a pessoa é capaz de sondar seu próprio coração, ela adquire uma intuição nas motivações

---

6 Salmo 116 (114-115):11.

espirituais daqueles com os quais vive e interage. Essa *cardiognosia* não é um poder sobre o outro ou uma invasão da interioridade do outro. É simplesmente uma percepção que brota de acordo com a própria libertação dos preconceitos de pensamento e sentimento produzidos pela *páthe*.

Sofrer a transformação através do autoconhecimento que leva à pureza do coração não significa que estamos livres da necessidade de crer nos outros, de depender dos outros. *Diákrisis* não concede onisciência. Ao contrário, *diákrisis* nos permite *acreditar* com todo o coração nas verdades reais que os outros apresentam a nós e em sua própria bondade e valor como testemunhas, liberta-nos da persistência da dúvida, da dúvida sistemática. Em vez de funcionar como uma fórmula mágica, a *diákrisis* é aquilo que os Padres da Igreja chamam de "sentido espiritual", uma sensibilidade e receptividade à verdade, onde quer que ela se apresente, uma "conaturalidade" com a verdade, que permite seu reconhecimento ("o semelhante conhece o semelhante")[7]. Ela mostra que é um preconceito profundo, irracional e destrutivo o postulado de que é melhor não conhecer do que conhecer através da mediação de outros, e nos deixa perceber que nossa condição de ter de saber através do crer não é um constrangimento infeliz imposto sobre nós, mas, antes, uma bênção que nos une numa sociedade (*societas*), uma companhia.

Fé como forma de conhecimento

Chegamos ao segundo assunto, a fé como uma forma particular de conhecimento e, em última instância, a fé religiosa como forma autêntica de conhecimento que fundamenta nossa autoentrega a Deus em Cristo. Aqui eu gostaria de me concentrar especificamente neste último aspecto: fé e conhecimento de Deus.

Onde começa o nosso conhecimento de Deus? No nível mais profundo, mas, no início, mais inacessível, começa na *própria estrutura do nosso ser*. Esta estrutura é por sua natureza *relacional*. Como a tradição o exprime, a pessoa humana é imagem de um Exemplar divino, do próprio Deus. A pessoa humana é receptividade ilimitada a Deus na sua plenitude;

[7] Princípio expresso por pré-socráticos, foi elaborado também por Agostinho em *Confissões*, e permanece na cultura como aforismo.

Agostinho define o ser humano precisamente como *capax Dei*[8]. Esta capacidade, entretanto, é muito mais do que um vazio a ser preenchido. Antes, ela é a impressão feita por Deus, constitutiva da natureza humana. Como todas as naturezas criadas, mas num grau muito maior, nossa natureza é a impressão da realidade trinitária de Deus. Nós somos *ser*, *verdade* e *amor*, tanto em nossa composição essencial quanto em nossa orientação fundamental para a vida e a origem irrestritas desses traços definidores de nossa identidade.

Essa orientação, que não é quiescente, mas dinâmica, vem à consciência em nós como *desejo*. Dois séculos antes de Evágrio, sua principal inspiração, o primeiro grande teólogo místico da tradição pós-bíblica, Orígenes (2019), descreveu a pessoa humana em sua atividade fundamental como *eros*, aquele ímpeto e desejo incansável de completude. No que consiste esta completude? Precisamente no encontro com a fonte pessoal de nossa identidade, o Deus triúno. Visto de um lado, este encontro tão desejado seria a nossa plenificação por Deus; visto de outro, uma resposta de total autodoação a Ele. O encontro em seus dois aspectos unidos seria a bem-aventurança, a felicidade.

Esse é o ponto de partida de Dom Giussani (2024) em *É possível viver assim?* Ele volta vez após outra às "exigências do coração", indeléveis, universais e invencíveis. Baseado certamente na sua própria experiência (Giussani é um teólogo que não tem vergonha alguma de tomar sua própria experiência como trampolim para a reflexão), sua experiência com o grande número de pessoas que ele guiou e com o que ele viveu, além de sua grande penetração no mundo da literatura, arte e música. Com essa experiência, ele tem certeza de que a pessoa humana é permanentemente marcada e caracterizada pelo desejo por verdade, justiça, amor e felicidade perfeita. Qualquer que seja a profissão, a religião, as circunstâncias da pessoa humana, ela está sempre sujeita aos apelos insistentes que brotam do seu coração. Giussani (2024, p. 280) chega a descrever essas exigências como "constitutivas do nosso espírito", apontando, assim, indiretamente, à sua origem "estrutural".

Em todas as coisas, portanto, a pessoa humana buscará aquela realização sem a qual ela não é si mesma — ou, como Giussani (2024) diria, sem a qual ela não chega a seu destino. Mas a pessoa humana não é capaz

---

[8] *De Trinit.* XIV, 8: PL 42,1044.

de se levar ao encontro beatificante. Ou ela erra em sua estimativa de onde esta realização pode ser achada, atribuindo-a às satisfações derivadas do prazer (Giussani neste livro está falando para jovens e se refere frequentemente ao efeito apaixonante que um nariz ou um ombro dos contornos de uma pessoa do sexo oposto pode ter sobre nós), ou do estudo ou do sucesso — ou ela consegue compreender que esta realização deve ser achada no encontro com o Mistério do Ser, mas sem ter condição de fazer este encontro acontecer. A pessoa humana pode intuir que só Deus é capaz de satisfazê-la, mas ela não pode forçar o face a face. Ela não pode ir além de ansiar continuamente pelo encontro, sabendo que sem isso ela permanece radicalmente frustrada: exigências sem correspondência.

Por que a pessoa humana é capaz de buscar a Deus, mas incapaz de encontrá-lo? De acordo com a tradição, não se trata nem de uma questão de recusa da parte de Deus nem da inerente limitação da nossa parte. Deus nos constituiu como receptividade para com Ele exatamente a fim de nos plenificar e beatificar com aquilo que os salmistas chamam de "visão da Sua face"[9]. E nós, originalmente, gozávamos da faculdade de contemplar o Senhor que é Espírito. Fruíamos do conhecimento espiritual, de intimidade pessoal habitual com o Deus de nossa vida. É a principal consequência do pecado que esta capacidade de conhecer a Deus, de conhecer espírito, que é nossa felicidade, foi obscurecida e diminuída em nós a ponto de não funcionar mais. Fomos deixados simplesmente com as exigências, com o *eros* para Deus, que Orígenes descreveu como sendo tão devorador que merece ser chamado de *eros maniakós*.

Para Giussani, assim como para Agostinho (que ele certamente conhece, embora não o cite na obra em questão) e para S. Bernardo (com cuja teologia ele parece ter muito em comum)[10], a única resolução do impasse do desejo de Deus em se dar a nós como nossa realização e nossa incapacidade em receber este dom na sua forma primordial de Mistério, é para que Deus faça essa autocomunicação sob outra forma, uma forma não menos completa, mas uma forma que seja "legível" para nós. Essa

9 Cf. por exemplo os Salmos 17 (16):15 e 27 (26):8.

10 Em seu livro *Ciò che abbiamo di più caro* (Milano: Rizzoli, 2011), Giussani afirma: "São Bernardo é uma das figuras, aliás, é a figura em que o relacionamento com Deus, portanto, o relacionamento com Cristo — porque Deus se tornou homem — coincide com a paixão humana, com a paixão do humano, com o relacionamento humano, de um modo mais impressionante que em qualquer outro exemplo de santidade". (p. 168).

"forma" é Cristo, Deus Encarnado, Deus acessível aos sentidos e às emoções e, especialmente, ao coração. Como o primeiro prefácio para a Missa de Natal afirma: "Nele contemplamos nosso Deus visivelmente...". Deus de alguma forma "desvelou" o Mistério; ele se revelou. S. Bernardo (2022) põe as coisas desta forma: Deus mudou seu nome de "Eu sou", um nome que é indecifrável para nós, para Jesus Cristo, a Palavra feita carne[11].

E é *aqui* que nós chegamos ao ato de fé. Antes da fé, já há um profundo conhecimento de Deus em nós. Nós podemos chamar isso de um conhecimento *ontológico*, um conhecimento que não é tanto explicitamente racional — ou "tematizado", para usar a frase de Rahner (1963) — quanto criativo de nossa identidade. É a posse de Deus dentro de nós como ser, verdade e amor; um conhecimento unitivo incoativo. Antes da fé, há também o conhecimento do desejo, o conhecimento de irresistivelmente querer para si aquilo que Deus é: felicidade eterna e infinita. O que acontece quando Cristo se apresenta, então, a nós, é um profundo ato de *reconhecimento*. Numa maneira que nunca pode ser plenamente compreendida e que, no início do relacionamento, permanece quase totalmente incompreensível (Giussani toca neste ponto repetidamente), nós experimentamos no homem Jesus Cristo a presença pessoal daquilo que nós estávamos sempre buscando (seja em formas fragmentárias ou na forma inatingível do Mistério do Ser). Não somente nós a experimentamos como presente na carne, como incrivelmente próximo a nós, mas nós experimentamos como oferecido a nós, como algo permanentemente disponível a nós. Cristo não se apresenta a nós como uma experiência mística fugaz, a encarnação momentânea do Absoluto essencialmente intocável. Ele se oferece para sempre, primeiro na sua vida humana, vivida em Belém, Nazaré, Galileia e Jerusalém, e, então, na extensão não diminuída desta vida no poder do Espírito, através da comunidade da Igreja, das Escrituras e dos Sacramentos. E ele nos convida a aceitar essa oferta numa maneira estável, através da adesão a ele, permanecendo na sua companhia, imitando-o e, eventualmente, sendo transformados nele.

Em outras palavras, o ato de fé é racional porque tem um passado. A história da pessoa humana antes da autorrevelação de Deus em Cristo é sua *natureza* como imagem e sua *experiência de si mesmo* como desejo. Quando Deus se apresenta a um ser humano em Cristo, ele toca as cordas

---

11 *Sermo in nativitate beatae Mariae Virginis.De aquaeductu*, 6: PL 183, 440-D-441A.

mais profundas da pessoa. O homem ou a mulher experimenta a própria fonte do seu ser e, ao mesmo tempo, a até então impossível satisfação de todos os seus desejos ("Senhor, é bom para nós estarmos aqui")[12]. Assim, quando a pessoa acredita em Cristo, quando ela se compromete inseparavelmente ao seguimento de Cristo, ela não está se engajando num ato que está em descontinuidade com o resto da sua existência. Ao contrário, o ato de fé em Cristo resume e completa todo o ser e toda a busca da pessoa. Por natureza, a humanidade é "messiânica". Queira ou não queira, ela sempre tem estado em busca "daquele que está por vir", aquele que derramará a vida de Deus sobre ela e realizará o seu destino. Na figura de João Batista, a humanidade inteira coloca esta pergunta: "É você quem deve vir ou devemos esperar outro?"[13]. No ato de fé em Cristo, a humanidade não faz um corajoso, porém, injustificado salto no escuro. Ela *identifica* nele aquele que ela tem esperado desde o início. A pessoa olha dentro do seu próprio coração e dos seus desejos mais profundos, talvez consiga olhar para além disto, para a sua própria configuração pessoal, e, depois, olhando para o Cristo, vê de uma maneira intuitiva, mas absolutamente real, a corroboração e realização de todo o seu ser. Essa "visão" é um ato de fé. Para parafrasear a mulher à beira do poço: "Vinde ver um homem que me disse tudo aquilo que eu fiz..., tudo o que eu sou, tudo o que eu quero..."[14]. Não se deve considerar como irracionalidade o reconhecimento de Cristo em sua identidade verdadeira, o Mistério do Ser feito carne, nem o engajamento vitalício e todo-absorvente com ele que é sua consequência natural. O que seria irracional é chegar a este ato de reconhecimento, ponto decisivo de toda vida humana e depois encontrar uma forma de relativizá-lo ou de esvaziá-lo de seu significado — de recusar que este encontro penetre no seu ser e no seu comportamento. Isso seria reduzir um encontro vivo ao nível de uma abstração, como Giussani (2024) diz. Claro que há sempre uma razão para tal decisão ("porque ele era um homem muito rico")[15], mas nunca é uma decisão razoável. Pode parecer que tal pessoa esteja salvando a sua vida ao retirar-se do encontro com Cristo, mas, de fato, como tentei apresentar nestas páginas, ele está negando o seu próprio

[12] Cf. Evangelho segundo São Mateus, 17:4.

[13] Cf. Evangelho segundo Mateus 11:2-11 e Evangelho segundo Lucas 7:19-23.

[14] Cf. Evangelho segundo São João, 4:29.

[15] Cf. Parábola do jovem rico nos Evangelhos: Mateus 19:16-30 e Lucas 18:18-30.

ser. Ele encontrou a sua própria felicidade e concluiu: "Não interessa". A meu ver, isso poderia servir como a própria definição de irracionalidade.

Referências

BERNARDO de Claraval. Na natividade da bem-aventurada Virgem Maria. In BERNARDO de Claraval. *A virgem mãe*: sermões em louvor a Nossa Senhora. Tradução: Cristina Hulshof. São Paulo: Cultor de livros, 2022, p. 63-80. (Clássicos de Espiritualidade, 34).

BONOWITZ, B. (Org.). *Os místicos cistercienses do século XII*. Tradução de textos originais latinos: Leonardo Froes. Juiz de Fora: Subiaco, 2005.

CASSIANO, J. *Conferências 8 a 15*. Tradução do latim: Aída Batista do Val. Juiz de Fora: Subiaco, 2006.

EVÁGRIO Pôntico. *Traité pratique, ou, le moine*. Tradução: Antoine Guillaumont e Claire Guillaumont. Paris: Editions du Cerf, 1971. (Sources chrétiennes; n. 170-171). Título original: *Logos praktikos*.

GIUSSANI, L. *É possível viver assim*?: uma diferente abordagem da existência cristã. Tradução: Neófita Oliveira e Francesco Tremolada. São Paulo: Companhia Ilimitada, 2024. Título original: *È possibile vivere così?*

ORÍGENES. *Homilias e comentário ao cântico dos cânticos*. Tradução: Heres Drian de O. Freitas e João E. P. B. Lupi. São Paulo: Paulus, 2019. (Coleção Patrística). Títulos originais: *Homiliae in Canticum canticorum* e *Commentarium in Canticum canticorum*.

RAHNER, K. *Espíritu en el mundo*: metafísica del conocimiento finito según santo Tomás de Aquino. Tradução: A. Alvarez Bolado. Barcelona: Herder, 1963. Título original: *Geist in Welte*.

CAPÍTULO 3

Luigi Giussani e a lei do eu

Costantino Esposito

...nec ego ipse capio totum, quod sum. Ergo animus ad habendum se ipsum angustus est.
(Augustinus, Conf. X.8.15).

...E eu, que sou?/Assim raciocino comigo mesmo...
(G. Leopardi, Canto noturno de um pastor errante da Ásia, vv. 89-90).

O acontecimento do eu

Um fio condutor transpassa — explícita e implicitamente — todos os escritos e pronunciamentos de Luigi Giussani: um discurso denso e apaixonado sobre o eu[1]. Mais precisamente, ele não assume o eu como simples "objeto" de reflexão e análise, mas desenvolve um argumento *do eu*, feito *por um eu* — em primeira pessoa — dirigido sempre a um preciso interlocutor, como que falando *a um eu* — a segunda pessoa —, chegando, assim (e só assim), à clareza conceitual sobre a natureza do eu enquanto tal — terceira pessoa.

O eu é o lugar — e até o tempo — em que a autocompreensão do ser humano e a manifestação do ser do mundo se compenetram. Justamente

[1] Texto originalmente publicado no segundo volume dedicado ao centenário do nascimento de Giussani: ESPOSITO, C. Luigi Giussani e la legge dell'io. In DI MARTINO, C (Org.). *Vivere la ragione*: saggi sul pensiero filosofico di Luigi Giussani. Milano: Rizzoli, 2023, p. 62-93. A presente tradução é de Miguel Mahfoud.

nesse cruzamento, e graças a ele, torna-se compreensível a autorrevelação do mistério divino do real. Tão compreensível como pode sê-lo na experiência: mais por aproximação e identificação que por objetivação. Nos termos canônicos da investigação filosófica, o eu se mostra como um momento, não ocasional, mas permanente, em que a descrição fenomenológica e o fundamento metafísico encontram uma consonância constitutiva com a outra. Para Giussani, essa consonância tem o nome de "experiência", que é justamente um discurso do eu que se torna discurso sobre o eu, torna-se descoberta de sua própria "natureza" e identificação de sua "lei" peculiar.

O pensamento de Giussani sobre o eu surge como um dos pontos de novidade mais relevantes, tanto como abordagem de doutrina quanto abordagem transcendental da condição humana em relação à revelação cristã. Isto é, não se trata de partir de um *pressuposto* de alguma antropologia teológica, na qual se tire consequências de uma verdade de fé (ou seja, a criação do mundo e do ser humano por parte de Deus-pessoa, que deixa sua marca na natureza e na estrutura funcional dos indivíduos). E não se trata nem mesmo de assumir *a priori* o eu como sujeito puro, partindo simplesmente do *pressuposto* de suas funções cognitivas e volitivas, identificadas como as condições inelimináveis de possibilidade de cada discurso. Em Giussani, podemos nos reconhecer e também mirar aquisições provenientes de ambas as abordagens, mas continuamente readquiridas no interior da experiência mesma. É sempre em uma autodescrição fenomenológica da vida do eu — vida histórica, factual, empírica — que emerge a pergunta sobre o significado originário e irredutível da existência, sobre a possibilidade de seu sentido último. Por outro lado, um sentido transcendente — ou seja, de uma origem e de um destino maior do que as performances do ser humano — pode ser apreendido com maior precisão graças ao reconhecimento (ou mesmo hipótese) da dinâmica imanente da natureza do eu.

A hipótese subjacente a todo o discurso giussaniano sobre o eu nasce precisamente do encontro com o cristianismo nos termos de um acontecimento histórico específico, capaz de iluminar, "explicar" e atuar o acontecimento *da vida* na sua natureza original: o eu acontece somente se vier a ser constituído pelo encontro com um outro que o desperta, o solicita, o move. E o ser humano pode descobrir a sua natureza essencial reconhecendo a si mesmo *como um "eu"*, só *no momento* em que se descobre convocado a si mesmo, interpelado[2]. A dialética dominante no pensamento moderno, entre a autoridade da revelação (tornada tradição doutrinal) e racionalidade como princípio universal do conhecimento e da ação, vem a ser desmontada justamente na subdivisão dos papéis. Quando o cristianismo "acontece" — e se dá sempre como encontro histórico com uma presença humana específica — permite experienciar o caráter de acontecimento do eu, *que é* o eu:

> O cristianismo é um acontecimento com o qual o eu se depara e descobre ser-lhe "consanguíneo" [2Pd 1,4], é um fato que revela o eu a si mesmo. "Quando encontrei Cristo, descobri-me homem", dizia o orador romano Mário Vittorino É um acontecimento — o irromper de uma novidade — o que dá início ao processo por meio do qual o eu começa a tomar consciência de si, a tomar nota do destino para o qual se encaminha, do caminho que está fazendo, dos direitos que tem, dos deveres que deve respeitar, da sua fisionomia inteira (Giussani *et al.*, 2019, p. 24-25).

Essa passagem, tomada de *Generare tracce nella storia del mondo*, de 1998, codifica em princípio hermenêutico uma reflexão *in actu exercito* realizada por Giussani desde os anos 1950, com o início de seu empenho — empenho de *seu* eu — em uma proposta educativa cristã no mundo escolar, depois desenvolvido e realizado ao longo de várias décadas atravessando todas as mudanças culturais e sociais da segunda metade do século XX: do liberalismo laicista ao marxismo ateu, da tradição associativa católica à ruptura de 1968, do ímpeto de renovação revolucionária à postura burguesa da sociedade, das derivações terroristas ao refluxo em uma nova burguesia radical de massa, do declínio da tradição

[2] Já em 1960, no texto *Passos de experiência cristã*, Giussani anotava: "Cristo era o *único*, em cujas palavras toda a sua experiência humana se sentia compreendia, e suas necessidades eram levadas a sério, e trazidas à luz naquilo que eram desconhecidas e confusas; assim, por exemplo, aqueles mesmos que acreditavam necessitar apenas de pão começavam a compreender que 'nem só de pão vive o homem'". "O único gênio que captou bem todos esses fatores humanos, que os fez emergir, que revelou o seu sentido definitivo, valorizando-os de maneira inimaginada e imprevisível, foi Jesus Cristo. O encontro histórico com este homem constitui o encontro com o ponto de vista resolutivo e esclarecedor da experiência humana" (Giussani, 2006, p. 83 e 91).

cristã como fator operativo da mentalidade e da cultura a um novo poder judiciário e midiático, da época de novos direitos à emergência de uma sempre maior inconsistência antropológica de velhas e novas gerações, da solicitação a ética púbica processual e legalista ao niilismo — de fato, bem mais que teórico — sempre mais emergente como trama persuasiva da cultura contemporânea[3].

Na presente contribuição, buscaremos percorrer — em rápidos traços — o itinerário, proposto por Giussani de descoberta da "consanguinidade" entre o eu e o acontecimento cristão ao seguir a hipótese de que seja justamente este acontecimento histórico a permitir compreender e viver o si mesmo como acontecimento, de reconhecer seu modo de ser, uma ontologia toda peculiar: o ser como acontecimento, ser recebendo e assumindo o próprio ser-dado numa relação com um outro, nunca substância ou "realidade" já-constituída ou simplesmente-presente, mas acontecimento em ato, substancial enquanto temporal, determinado enquanto livre. E vice-versa: uma historicidade — isto é, uma compreensão do acontecimento temporal do eu — que não se dissolve na mera função psíquica, no arbítrio do querer ou na autoconstrução cultural; em síntese, não se reduz a um subjetivismo, relativo por sua própria natureza, instável,

[3] Para uma reconstrução do contexto cultural e social em que se deu a longa presença de Giussani no contexto italiano e mundial, e como seu pensamento foi se tornando mais nítido e desenvolvido justamente na interlocução e no juízo crítico com as condições contextuais — desde o fim dos anos 1950, também através da história de *Gioventù Studentesca* e depois do movimento Comunhão e Libertação —, veja-se a biografia redigida por Alberto Savorana, especialmente momentos significativos como quando ele começa a lecionar no Liceu Berchet de Milão em um contexto em que, sob o ordenamento "católico" da sociedade, já emergia uma avançada secularização da mentalidade (cf. Savorana, 2013, p. 161ss); 1968 (p. 387 ss); a Itália de "mãos-limpas" em 1996 (p. 961ss); os eventos chocantes das Torres Gêmeas em Nova Iorque em 2001 (p. 1089ss) e o massacre de Nassiriya em 2003 (p. 1113ss). E tudo isso em confronto contínuo com a guia da Igreja (de Paulo VI a João Paulo II e Bento XVI), e um diálogo certamente não óbvio com alguns protagonistas mais significativos da cultura católica ou leiga (de Guitton a von Balthasar, de Pasolini a Testori, de Del Noce a Ratzinger, somente para citar alguns). Quanto ao confronto de Giussani com a filosofia neotomista e à maturação de uma posição original com abertura a categorias "modernas" da subjetividade, experiência e senso religioso como conteúdo da consciência humana, veja-se a Introdução de Massimo Borghesi a Montini & Giussani, 2009: sobre o relação entre esses dois autores a respeito da natureza do eu (cf. p. 18ss) e Borghesi, 2015, particularmente a parte II sobre "A verdade na liberdade: uma perspectiva moderna".

mas no qual o sujeito descobre a própria e evidente "objetividade", no risco das própria ações e na constituição de sua consciência[4].

Mas o ponto decisivo para Giussani está em "como": como dar-se conta de si, como alcançar o próprio eu, como atestá-lo com verdade, como exercitá-lo com liberdade.

Dar-se conta de si: o problema da atenção

Apreendendo e compartilhando de modo surpreendente algumas instâncias do pensamento filosófico sobre a crise da primeira metade do século XX — Giussani surpreende justamente ao considerar o contexto do pensamento católico da época, marcado pela tradição neotomista por um lado e pela posição "modernista" por outro — tendo bem claro que o problema do eu — ou seja, o problema do estatuto racional e livre da pessoa humana em relação a Deus — não pode ser resolvido e nem mesmo apresentado sem considerar o seu estado profundo de "crise"[5]. Basta pensar na reflexão sobre o ser humano *como* crise em autores como Heidegger, Jaspers, Sartre, Guardini. Lemos em "*In cammino*" (Giussani, 2014b, p. 99):

> O supremo obstáculo ao nosso caminho de homens é a "negligência" do eu. O primeiro ponto, portanto, de um caminho

---

[4] É oportuno precisar que em nossas reflexões faremos referência sobretudo à "consciência" do eu — ou ao eu como "autoconsciência" — a nível cognoscitivo, de percepção e apreensão cônscia de si e da realidade, enquanto a acepção e o empenho "moral" da consciência fica como pano de fundo. A consciência moral (em alemão, *Gewissen*, enquanto para consciência de tipo cognoscitivo o termo usado é *Bewußtsein* ou *Selbstbewußtsein*) está certamente presente em Giussani, mas nos parece depender constitutivamente da liberdade que se realiza na dinâmica do conhecimento: liberdade diante de preconceitos e tensões, apego à verdade. Cf. por exemplo o capítulo 3 em *O senso religioso* (Giussani, 1997), dedicado à "incidência da moralidade na dinâmica do conhecimento", onde lemos: "Na aplicação ao campo do conhecimento, esta é a regra moral: *amor à verdade do objeto mais do que o apego às opiniões que já formamos sobre ele*. Numa palavra, poderíamos dizer: "amar a verdade mais do que a si mesmo" (p. 42). Sobre o desenvolvimento moral do "eu" cf., por exemplo, Giussani *et al*, 2019, p. 94-115. Sobre essa temática, veja-se também Konrad, 2010.

[5] Foi justamente salientada a dívida contraída por Giussani com seus professores da Escola Teológica de Venegono, no tocante ao desenvolvimento de sua abertura crítica à modernidade: Cf. Savorana, 2013, p. 62-81 e Borghesi, 2015, p. 113-141.

humano é o contrário dessa negligência, ou seja, é o interesse pelo próprio eu, pela própria pessoa. Um interesse que pareceria óbvio, mas que não o é de forma alguma: basta olhar para o nosso comportamento cotidiano para ver quantas enormes brechas de vazio da consciência e de perda da memória o qualificam. O nosso primeiro interesse é, portanto, o nosso próprio sujeito. O nosso primeiro interesse é que o sujeito humano seja constituído, e, portanto, que *o meu* sujeito humano seja constituído — que eu entenda o que é e tenha consciência. Ele é, de fato, o que está na raiz da totalidade das minhas ações[6].

O desinteresse pelo próprio eu, essa negligência clamorosa e quase inexplicável do que mais nos interessa, essa distância do que é mais próximo a nós, é sem dúvida resultado de uma deseducação cultural e religiosa do homem (pós-)moderno, para quem o eu é um sujeito encapsulado em sua própria esfera mental, esfera na qual permanecemos inevitavelmente confinados por mais que tentemos sair para o mundo. Como David Hume (2008) afirmou no século XVIII:

> Fixemos nossa atenção fora de nós mesmos, na medida do possível; encaminhemos nossa imaginação para os céus ou para os limites extremos do Universo: não avançaremos um passo além de nós mesmos, nem podemos conceber qualquer outro tipo de existência além das percepções que apareceram dentro desse círculo estreito (parte II, seção 6).

E, de fato, para Hume — que nisso continua dando a direção até para o cognitivismo naturalista de nossos dias — nosso eu (*self*) não é

6 Cf. a ênfase de Martin Heidegger (2005, §§ 35-38) ao fato que o *Dasein* esteja sempre — antes de mais nada e sobretudo — em situação de queda e dispersão na cotidianidade médio do mundo-ambiente; a insistência de Karl Jaspers (2017, libro II, cap. VII) sobre o esclarecimento da existência humana a partir das situações limite do *Dasein*; A visão de Jean-Paul Sartre (2014, parte II, cap. 1, § 1) sobre consciência como uma presença por si mesma que coincide com uma separação de si, em suma com o nada de si; a descrição crítica oferecida por Romano Guardini (Giussani &Guardini, 1993, cap. III) de como vem a ser modificada desde o interior a autocompreensão do homem no contexto a desintegração da imagem moderna do mundo. Somente este último autor foi objeto de uma documentada atenção e utilização explícita por parte de Giussani: Cf. Scholz-Zappa, 2017, para nosso tema, particularmente o cap. VI.

mais que um "feixe ou coleção de diversas percepções" (Idem, parte IV, seção 6)[7].

É olhando para a crise de identidade pessoal que Giussani nota que:

> existe hoje *uma grande confusão* por trás da sempre mais frágil máscara da palavra "eu". Só o invólucro dessa palavra tem uma certa consistência. Mas, assim que ela é pronunciada, o trajeto daquele som, "eu", é completamente repleto de esquecimento — esquecimento do que, em nós, é mais vivo e tem mais valor (Giussani, 2014b, p. 100)[8].

O "valor" do eu singular, concreto e irredutível, em sentido ontológico — não ético ou comportamental — tende a desaparecer, absorvido em suas impressões e seus estados emotivos (*feelings*). O sujeito das percepções e do discurso — pelo menos como sujeito gramatical, linguístico — é dado como óbvio, mas ele desaparece em meio a suas próprias funções perceptivas. Não há mais um eu que possua e exerça certas funções: as funções são a única consistência do eu. "O eu é rebaixado a um termo puramente indicativo: como se diz copo ou garrafa, assim se diz eu (é preciso usar bem certas palavras para nos entendermos!)" (Giussani, 2014b, p. 101). Eis a aporia do sujeito moderno: ostentado no mecanismo de suas capacidades representativas e emotivas, mas tendencialmente esvaziado na sua identidade ontológica.

Mas, na perspectiva de Giussani, há uma dimensão ainda mais radical a ser levada em conta: por sua própria natureza de acontecimento histórico, o eu nunca é *a priori* "o que é" — como o são todos os outros entes mundanos —; o eu é alguém que pode voltar a si mesmo, como possibilidade permanentemente aberta de ser arrancado do nada. Uma espécie de contramovimento ontológico da existência: aliás, existir é precisamente esse consciente e livre despertar para o próprio significado, para o próprio

---

[7] Hume, 2008 (cf. livro I: parte II, seção 6 e parte IV, seção 6). Sobre modelo humano no debate contemporâneo sobre a ciência cognitiva, cf. Esposito, 2021, capítulos 14 e 16. — Sobre a perplexidade moderna a respeito do si mesmo, cf. o texto *A consciência religiosa no homem moderno* (Giussani, 1994, capítulo V).

[8] Justamente a "confusão do eu" pode ser vista como ocasião e provocação a compreender a misteriosa grandeza e irredutibilidade do sujeito humano (o "Mistério eterno/De nosso ser", para nomeá-lo com as palavras de Giacomo Leopardi em *Sobre o retrato de uma bela mulher...* (cf. Carrón, 2015, p.137-156).

destino. E aqui Giussani é companheiro de caminho de Agostinho: a sensibilidade "moderna" — eu diria quase ultramoderna — dá uma atenção aguda à constituição da subjetividade humana como um eu, isto é, como um ser chamado por outro a ser: todas as coisas, "quanto mais rapidamente crescem para o ser, mais se apressam em não ser" — como lemos em *Confissões* de Agostinho (2000). Para o eu, significa reconhecer que ele é "dilacerado em mil pedaços" e "desaparece em mil coisas", e que ele só pode retornar a si mesmo se for despertado a ser pelo Tu que continuamente o faz e o mantém no ser[9]. Em *Na origem da pretensão cristã*, Giussani (2001b, p. 121) se concentra sucintamente nesta condição de finitude da pessoa:

> A tradição cristã chama a isso de *pecado original*. A pessoa não tem energia suficiente para realizar a si mesma. Quanto mais um homem é sensível e consciente, isto é, quanto mais ele pode ser homem, mais percebe que não consegue sê-lo. Na Carta aos Romanos, o grito com o qual São Paulo conclui a sua constatação é exatamente a pergunta humana para a qual Jesus Cristo é a resposta: "Ai de mim! Quem me libertará desta condição mortal?" [...] Para ser eu mesmo, preciso de um outro: "Sem mim nada podeis fazer" (Jo 15,5)[10].

Esta dimensão originária da humana finitude deve ser sempre considerada um todo único com a crítica giussaninana à "antropologia da dissolução" do eu no mundo moderno e contemporâneo (Giussani, 1994, p. 104). Esse resultado não é só consequência fatal da perda do ideal cristão de um homem gerado e estruturalmente dependente de Deus, mas é o sempre possível risco — também originário — da liberdade humana. É por isso que a crítica ao moderno nunca se traduz em uma postura "reacionária" ou simplesmente antimoderna, mas em uma renovada atenção ao princípio do eu e à sua constituição ontológica, mostrando que o limite da subjetividade moderna foi o de não ter sido suficientemente radical no

---

[9] Cf. IV.10.15, II.1.1 e I.1.1: "*Tu excitas, ut laudare te delectet, quia fecisti nos ad te et inquietum est cor nostrum, donec requiescat in te*".

[10] "A nossa condição existencial-histórica é de incapacidade de sermos nós mesmos: Primeiro, devido ao pecado original que tem como consequência uma fraqueza (segundo motivo), uma fraqueza sem solução, apesar de todos os esforços; uma fraqueza que é exaltada, mantida, alimentada em seus motivos pela sociedade em que vivemos (terceiro lugar), fraqueza transformada em mentira — afirmando que é justo o que é injusto" (Giussani, 2001a, p. 99).

reconhecimento de que o eu pode ser si mesmo se estiver em relacionamento com um outro (um "tu"), sob pena de que sua presumida e absoluta autorreferencialidade se inverta em seca perda de si. Então, não se trata nem mesmo de abraçar o "modernismo": este assumiria o princípio do eu moderno como si mesmo já "reduzido" ou redutível a puro autônomo, mas o eu moderno é levado a respirar a plenos pulmões para que realize toda a sua potencialidade, que é (justamente em sentido moderno, *cartesiano*[11]) o relacionamento com o infinito e com a alteridade constitutiva do eu.

Ora, o primeiro passo desse contramovimento é *prestar atenção* em si mesmo, reconhecer aquilo pelo qual eu posso dizer "minhas" às coisas ou "meu" ao próprio eu. O ser do eu é ter a si como seu, descobrir o mundo como doado para si: "Não negligenciar o próprio eu significa poder dizer 'meu' com seriedade — esta preferência é minha, este é meu marido, esta é minha mulher, este é meu filho, que nasceu da minha mulher, minhas são as estrelas". Mas, para poder dizer "meu" assim, "precisamos ser límpidos na percepção do próprio eu" e, por isso, precisamos:

> tornarmo-nos conscientes da influência decisiva, determinante, que "o mundo" exerce sobre nós: inevitavelmente, somos sempre influenciados e sobrecarregados por um *a priori* ou por um preconceito derivado da pressão do "mundo" (como é sinteticamente chamado pelo Evangelho) (Giussani, 2014b, p. 99-100).

O que significa, então, dar atenção a si mesmo? Giussani coloca a pergunta em *O senso religioso* — texto que continua a ser a chave metodológica de todo o seu pensamento: "como identifico a mim mesmo" sem correr o risco de definir-me por "imagem e preconceito abstratos"? Em suma, "quando é que se parte realmente de si mesmo? Partir de si é realista quando a própria pessoa é olhada *em ação*, isto é, observada na experiência cotidiana". Não existe um eu abstrato, mas sempre e somente "o eu em ação" (Giusssani, 1997, p. 46).

Esta atenção não é, portanto, automática: é um verdadeiro *trabalho* do eu. Não simplesmente um esforço ou um propósito, mas a dinâmica

[11] Cf. Esposito, 2011b, p. 49-50. Cf também, o capítulo intitulado "O drama do sujeito moderno" em Esposito, 2011c, particularmente as p. 19-24. Sobre o nexo intrínseco entre o eu (o *cogito*) e a ideia de infinito, como dimensão constitutiva do sujeito moderno, cf. Descartes (2009, Med. III, p. 741; AT VII, p. 45-46) e a retomada em Levinas, (2018, p. 46-47) e Marion (2010, cap.1, § 7, p. 28-30).

elementar, primária, da própria consciência: "é preciso (...) fadiga (...) para tornar séria a palavra eu" (Giussani, 2018, p. 51)[12]. Trata-se da fadiga que sempre é requerida — muito ou pouco — para ficar diante dos dados da experiência, sobretudo quando o "material" é nossa própria vivência. Pode uma vivência — resultado adquirido pela consciência e na consciência protegido — ser algo de "objetivo"? Antes de enfrentar essa pergunta, voltemos à questão do método, ou seja, ao problema da *atenção*. Dentre as mais surpreendentes experiências de pensamento do século XX, em Simone Weil encontramos uma descrição da condição fundamental de toda verdadeira experiência do eu: prestar atenção. Ela pode contribuir a uma identificação mais precisa com a postura metodológica de Giussani.

A atenção, escreve Weil, é uma ação típica da nossa inteligência: não funciona por um chamado ao dever (nesse caso, ela decairia!), mas somente por um desejo de aprender, e, por isso, "deve haver prazer e alegria". A atenção é como um "destacar-se de si e entrar novamente em si mesmo, assim como inspiramos e expiramos". Mas há em nós como que uma surda, inexplicável resistência à alegria:

> Nela nossa alma há algo que recusa a verdadeira atenção muito mais violentamente do que quando o corpo recusa a fadiga. Está muito mais próximo do mal do que acontece na recusa carnal. Eis porque a cada vez que se presta atenção, verdadeiramente se destrói um pouco do mal que está em si memo (Weil, 2008, p. 196-197; Esposito, 2021).

A desatenção — um obstáculo à consciência —, Giussani a vê ampliada na cultura contemporânea. Para ele, o problema maior não é de ordem moral, mas cognitivo ou perceptivo. Como ele afirma já no início de 1987, poucos meses depois do terrível desastre nuclear em Chernobyl — imagem dramática do enfraquecimento da atenção a si mesmo e ao mundo:

> Existe uma diferença entre a atual geração de jovens e a de trinta anos atrás: há nos jovens de hoje uma fraqueza, não uma fraqueza ética, mas de energia da consciência [...] É como se esses jovens

[12] Em outra passagem, Giussani afirma que "do impacto contínuo com a realidade, a dinâmica original faz emergir as exigências constitutivas do eu", definindo como "um verdadeiro trabalho no trabalho, aliás, mais propriamente, é o verdadeiro trabalho da vida" (Giussani *et al.*, 2019, p. 193).

> tivessem sido atingidos pelas radiações de Chernobyl: Estruturalmente, o organismo é como antes, mas, dinamicamente, já não é o mesmo; há uma espécie de alteração, de manipulação fisiológica, realizada pela mentalidade dominante (Giussani, 2010, p. 181).

Aquela invasão "radiotiva" da consciência — inicialmente não perceptível, mas logo evidente em suas consequências — tem uma implicação direta: "Na relação consigo mesmos, eles ficam dispersos, afetivamente esvaziados" (Giussani, 2010, p. 181), porque uma afetividade que não seja sustentada pela consciência de si e por aquilo que se encontra na vida funciona "como pilhas que, em vez de durar seis horas, duram seis minutos" e, então, eles buscam refúgio em uma companhia que — externa ao trabalho de um eu consciente — atua só como muro de defesa.

Mas o ponto mais relevante, quanto à fenomenologia do eu histórico, é esta "dispersão", ficar absorto de si mesmo: o eu se torna terra-de-ninguém, sem evidência alguma de si mesmo, um território pronto a ser ocupado ou invadido. "A cultura invasiva, o poder, produz uma estranheza de nós mesmos: é como se não houvesse evidência real alguma a não ser a moda, porque a moda é um projeto do poder" (Giussani, 2010, p. 182)[13].

Como sempre acontece em Giussani, a advertência e descrição de uma crise não se resolvem simplesmente na análise de uma falta, mas são já empenho crítico com o que falta: assim, a observação realista do enfraquecimento e da perda de sentido do eu atesta, para Giussani — consciente da irredutível identidade pessoal —, que, estruturalmente, nós estamos em relação com um outro, maior que nós, que não deixa de nos inquietar. Reconhecer uma falta é atestar *subcontrário;* ou — dizendo de modo mais simples — é *sinal* de uma presença. Especificamente quanto ao problema do eu, a crise de constituição e de autorreconhecimento possui sempre o valor de uma oportunidade, justamente porque o eu é que vive crise por

---

[13] Sobre o nexo inevitável, constitutivo, entre o eu humano e o "poder", segundo a dúplice flexão (1) de um poder transcendente que é fator de valorização e incremento de si (e então age em defesa do humano) e (2) um poder que tende a ter por princípio um eu autodedicado, mas, depois, de fato, se dá uma redução de si a esquemas da sociedade, cf. Giussani, 2000b, p. 9ss e 39ss. Sobre a frágil consciência, a origem da falência das evidências que marca o conhecimento do real no homem contemporâneo, cf. Carrón, 2015, p. 56ss. Sobre o conhecimento elaborado com o conceito e a denúncia — propostos por Pier Paolo Pasolini — de "homologação cultural" do eu na sociedade burguesa, cf. por exemplo, Giussani, 2000b, p. 121-122 e 167-169. Sobre o "encontro marcado" entre Giussani e Pasolini, cf. Savorana, 2013, p. 535-538.

sua própria natureza, ou seja, ele mesmo se questiona sobre si e sobre o mundo, a partir de capacidade fundamente da pessoa humana de colocar perguntas sobre o sentido do real.

O eu despertado

Assim, torna-se ainda mais urgente entender o que pode verdadeiramente atrair nossa atenção e mantê-la desperta. E compreendê-lo, não abstratamente, mas em ação, ou seja, verificando na experiência o que signifique para nós existir ou não existir de fato. Note-se que esta verificação para Giussani nunca é entendida como uma operação posterior ao "viver", porque a vida da pessoa humana coincide com a percepção do próprio sentido, ainda que tal percepção não seja uma explícita consciência de si: uma necessidade ou falta pode estar presente mesmo inadvertidamente (e na maioria das vezes o é), uma busca ou uma espera de sentido advertida poderia ser tácita... Em suma, a consciência não é um fator "descartável" da vida[14], mas modo peculiar com que a vida humana existe.

Então, como é que o eu pode reativar a própria consciência? Onde ele se desperta para si mesmo? Quando ele volta a dar-se conta de si? Dissemos que esta estrutura constitutiva do eu é de tipo dinâmico, isto é, pode ser verificada somente na experiência, no fenômeno efetivo de dar-se conta de si organicamente unido, compenetrado, com *o sentimento*, com nossa condição emotiva, também este um modo de se dar conta de si. Giussani mostra uma precisa correspondência — certamente mais percebida existencialmente que buscada teoricamente — com a descrição das "situações emotivas" e dos "estados de ânimo" que a fenomenologia e a hermenêutica contemporâneas propõem como condições ontológicas fundamentais do ser humano: considere os fenômenos de angústia em Heidegger ou de tédio em Sartre, por exemplo. Mas, nesses autores, a conotação emotiva do ser humano atesta e denuncia o declínio definitivo

---

[14] "Antes de mais nada, então, esclareçamos que a razão não é um mecanismo do qual se pudesse saltar como de um cavalo (que é o homem) em disparada pela estrada; ela é profunda e organicamente relacionada ao resto do eu" (Giussani, 1997, p. 32). Sobre o problema de separação entre vida e razão (como nossa faculdade, mas também como significado da vida) e sobre o caminho indicado por Giussani para compreender novamente a unidade profunda, cf. Brague, 2003, particularmente p. 37ss.

da imagem de homem como ser criado, proveniente da tradição cristã, reduzido a um valor moral destacado da vida (justa lição nietzschiana). Já Giussani colhe a centralidade do sentimento não na sua separação da racionalidade, mas em unidade orgânica com ela, para uma tomada de consciência de si e do mundo. E essa recompreensão da unidade razão e sentimento torna-se exatamente a via para voltar à busca, para verificação de hipóteses veiculadas pela tradição e via para descobrir o sentido, como sentido vivido, sofrido, finalmente redescoberto como "interessante" para o eu.

> O homem é aquele nível da natureza em que a natureza toma consciência de si mesma, é o nível da realidade no qual a realidade começa a se tornar consciência de si, isto é, começa a tornar-se razão. Chamaremos "valor" o objeto do conhecimento enquanto interessa à vida da razão. O valor é a realidade conhecida exatamente enquanto interessa, enquanto vale a pena [...]: para conhecer um objeto, a razão deve acertar as contas com o sentimento, com o estado de ânimo. É filtrada pelo estado de ânimo e, de qualquer forma, está implicada nele (Giussani, 1997, p. 33-34)[15].

Estado de ânimo, porém, não é somente uma condição psíquica ocasional ou temporária, não é somente "sentir-se" em determinado estado de espírito que vai desaparecendo na interioridade de si mesmo; são, sobretudo, traços de algo que nos toca, algo que acontece movendo-nos, que nos modifica, nos perturba — e ao, mesmo tempo, nos chama, nos convoca, faz com que entremos no jogo do real. Como, de fato, não há um

---

[15] Note-se aqui a específica aceitação de "valor" na descrição do conhecimento afetivo de Giussani e a sua audaz retomada da concepção tomasiana pela qual *ens e bonum* se convertem em sentido transcendental, no qual o bem diz algo a respeito do ser (ou seja, a desejabilidade, a relação com o *appetitum* da vontade) (Cf. Tomás de Aquino, 2005, q. 1, art. 2). Em Giussani, esta apetitebilidade ontológica, sinal da positividade intrínseca dos entes enquanto criados por Deus, explicita-se fenomenologicamente como um "interesse" que a realidade suscita no eu, chegando, assim, a identificar tendencialmente este interesse vivido pela consciência como motivo pelo qual algo "vale a pena". Um caso emblemático: Giussani mostra não temer as possíveis derivações subjetivistas ou relativistas do conhecimento e da ética, devido à sua concepção da relação (e da consequente "relatividade") como caráter fundamental, tanto do eu como da realidade.

"eu" sem mundo, também não há um "mundo" simplesmente fora do eu. Ou melhor, sem relação com o eu o mundo não seria "verdadeiro", isto é, não haveria a relação na qual a minha inteligência reconhece e afirma a existência (porque a "verdade" consiste na *adequatio intellectus et rei*) (Tommaso D'Aquino, 1985, I, q. 21, art. 2 e 2005, q. 1, art. 2).

> Mas a realidade, passando diante dos olhos ou diante de sua consciência, provoca você enquanto ela estampa uma forma sobre a sua tela, provoca você, deixa uma marca de medo ou esperança. A realidade, passando diante dos seus olhos, não é como se passasse diante dos olhos de um defunto ou de um espelho inerte; passa diante de olhos vivos: deixa um sinal, embate com sua consciência. A realidade afeta a nossa consciência; este choque, em latim se diz — usando o verbo no infinitivo — *affici*. O conhecimento implica uma afeição, implica um contragolpe chamado afeição, *affectus*. Nossa alma é *touchée*, tocada: a verdadeira consciência é o conjunto destes dois fatores (Giussani, 1996, p. 90-91).

O eu se constitui através de uma inteligência afetiva, uma afeição racional. De fato, a experiência do sujeito humano é sempre resultante do relacionamento com um outro — com algo ou outro alguém —, que acontece para mim, que suscita uma reação minha, de modo que eu chego a formular um juízo, e, assim, torno-o "meu" como aquisição de consciência[16]. Este é o motivo — adquirido ao longo da experiência e considerado por Giussani como um princípio metodológico fundamental — pelo qual o eu pode despertar-se para si e "tornar-se" o que "é" somente devido ao encontro com um outro. Nota-se uma sintonia profunda com a direção fundamental proposta pela fenomenologia de Edmund Husserl (1989): na experiência vivida a consciência intencional se dirige — e deve sempre se dirigir primariamente — à "coisa mesma", na medida em que a realidade se dá, se doa, se oferece ao eu[17]. Não é concebível, como dissemos,

[16] "A experiência coincide, certamente, com "provar" alguma coisa, mas coincide sobretudo com o juízo dado a respeito daquilo que se prova [...] O que caracteriza a experiência é *compreender* uma coisa, descobrir-lhe o sentido. A experiência implica, pois, a inteligência do sentido das coisas" (Giussani, 1997, p. 7 e Cf. Giussani, 2014a, p. 53).

[17] Cf. a lição XVII sobre evidência cartesiana de autodoação das coisas na percepção, p. 129ss. Sobre o primado do acontecimento no fenômeno na experiência do eu, com

um eu já feito que depois, numa segunda etapa, venha a ser atingido ou ele mesmo atinja pessoas e coisas, circunstâncias e acontecimentos. O eu nasce já na primeira etapa, como aconteceu na história individual de nossa consciência — emergindo no relacionamento através do olhar e do corpo de nossa mãe — e o eu renasce toda vez, sempre que a círculo fechado do si mesmo se abre a um acontecimento que o toca.

Isso acontece de um modo peculiar quando o eu se impacta com uma presença humana, isto é, com um outro eu, no qual transparece — de maneira imprevista e não programável — o sentido de si como fenômeno irredutível. Eis *a lei do eu*:

> Eu, onde posso me reencontrar? Onde encontrar a pessoa? [...] Estou dizendo uma regra, uma lei universal desde que o homem existe: a pessoa se reencontra a si mesma em um encontro vivo, ou seja, em uma presença na qual se embate ou que desperta uma atração, isto é, em uma presença que é, para si, provocação. Ela desprende um atrativo, quer dizer, provoca para o fato que nosso coração — com as exigências que o constituem — está presente, existe. Aquela presença lhe diz: "Existe aquilo de que seu coração é feito; veja: por exemplo, em mim existe (Giussani, 2010, p. 182).

Note que esse encontro com uma presença humana viva não é simplesmente o eu saindo de si mesmo em direção ao outro (porque, antes daquele encontro, não se podia nem mesmo falar de um "eu"); e não se trata nem mesmo de o outro que encontro me substituir: implica meu *reconhecimento*[18]. É encontrando uma realidade significativa para mim

---

referência à fenomenologia de E. Husserl a J. Derrida e J-L. Marion, cf. Di Martino, 2009, p. 17ss.

[18] Segundo Giussani, isso vale também — e, talvez, sobretudo — no caso de encontro com uma testemunha ou presença cheia de autoridade: ela não me substitui; pelo contrário, ela viabiliza a descoberta do *que/quem* sou eu. É o trabalho de *minha* razão: "O encontro com um mestre ou com uma testemunha desperta e facilita o senso religioso, mas o homem aprende refletindo sobre si em sua própria experiência. Nem mesmo o encontro com um mestre pode suprimir o trabalho da razão: pode tornar a percepção de si muito mais veloz e imediata, mas a percepção de si como ato próprio é insubstituível. Só na infância é legítimo confiar-se totalmente ao pai e à mãe, mas o adulto deve julgar os encontros pela correspondência que eles têm consigo mesmo. Até no encontro com Cristo: a samaritana, Natanael e outros perceberam esta correspondência como decisiva, como uma esperança nunca vivida antes." (Giussani, 1988, p. 210).

— uma realidade viva, presente: uma "presença" — que descubro de quê sou feito, isto é, descubro meu "coração" (palavra tão usada e desgastada na linguagem comum a ponto de correr o risco de ser tomada como insignificante ou reduzida a sentimento). Giussani, entende "coração" em sentido bíblico: o sinônimo mais significativo do pronome "eu", ou seja, o centro da própria personalidade, síntese de inteligência e vontade livre (o "senso religioso"). Cada indivíduo — nas mais diversas latitudes e especificações — tem uma espécie de marca ou "rosto interior": trata-se do "ímpeto original com o qual o ser humano se lança na realidade" (Giussani, 1997, p. 25), constituindo sua "experiência elementar", sua experiência nativa. Nativa não apenas no sentido de nascermos com esse coração — é ainda mais: o coração — isto é, o eu pessoal — é o caminho onde acontece o nosso ser-nascido, onde somos gerados ao longo da vida toda. Pois bem, é justamente no encontro com a realidade que a dinâmica do coração humano é acionada. Um fato externo ao eu coloca-o em movimento, desperta essa dinâmica interna, segundo os seus fatores imanentes: "um conjunto de evidências e exigências originais, tão originais que tudo o que o homem diz ou faz depende delas" (Giussani, 1997, p. 8). Giussani as especifica como exigência de felicidade, exigência de verdade, exigência de justiça... — considerando-as "como uma centelha que põe em ação o motor humano; antes delas não ocorre nenhum movimento, nenhuma dinâmica humana" (Giussani, 1997, p. 9)[19].

Note que essas exigências não têm tanto um caráter de fenômeno psíquico (e psicológico) — que certamente ele as acompanha e expressa, mas elas não se resumem a isso. As exigências possuem, sobretudo, o caráter de um *desejo* radical — eu os chamaria de desejo "metafísico" — que não se pode ser satisfeito ou extinto facilmente, porque extinguiria o próprio eu. Por sua própria natureza, de fato, as exigências do coração miram uma satisfação que esteja à altura de seu desejo, isto é, esperam uma resposta "última", não encerrada em aquisições parciais ou soluções temporárias. Evidentemente, os seres humanos não são capazes de uma resposta assim, a não ser em virtude de seu desejo que os leva a ir sempre além de si mesmos, ou melhor, a ser-além-de-si próprios para poderem ser si mesmos[20].

---

[19] Cf. também Giussani, 1997, p. 156-160.

[20] "O caráter exigencial da existência humana aponta para *algo além* de si, como para seu sentido, para seu objetivo. As exigências humanas constituem referência, afirmação

Como podemos definir essas exigências inextinguíveis sem recorrer às duas estratégias mais adotadas: vitalista e cultural? A "vitalista" considera que a vida dos seres humanos se move sempre, mas de modo irracional quanto ao controle das formas conceituais; para a "cultural", as exigências são produto de narrativas induzidas por contextos culturais de pertença, isto é, construções ideais de tipo ilusório: ambas reduzem as exigências, reduzindo, então, o próprio estatuto do eu consciente. A resposta de Giussani indica que as exigências são vividas como perguntas *originárias e originais*, ou seja, próprias da consciência, constituem o eu. Elas são indeduzíveis, pois não podem ser derivadas de coisa alguma além da consciência mesma, e são irreduzíveis porque visam um horizonte infinito.

> Naquelas perguntas, o aspecto decisivo é oferecido pelos adjetivos e advérbios: qual é o sentido *último* da vida? *No fundo, no fundo,* de que é feita a realidade? Por que vale *verdadeiramente* a pena que eu exista, que a realidade exista? São perguntas que esgotam a energia, toda a energia de busca da razão. São perguntas que exigem uma resposta total que abranja todo o horizonte da razão, esgotando toda a "categoria da possibilidade" (Giussani, 1997, p. 61)[21].

São exatamente aquelas interrogações que inviabilizam justificar a consciência pelo êxito de processos biológicos, pois ela comporta um salto qualitativo, inexplicável no nível experimental. Elas não consentem nem mesmo explicar a consciência do eu como uma narrativa cultural, pois é a cultura que nasce daquelas perguntas e não vice-versa. Então, sendo

---

implícita de uma resposta última que está *além* das modalidades existenciais experimentáveis. Se fosse eliminada a hipótese de um "além", aquelas exigências seriam artificialmente sufocadas" (Giussani, 1997, p. 160). A desproporção estrutural entre as exigências do eu e a inexauribilidade da resposta (p. 64) leva à tristeza, isto é, ao desejo de um bem ausente, como Tomás de Aquino a chama (p. 67), e, por outro lado — estritamente ligado ao primeiro —, leva à descoberta da "natureza do eu como promessa" (p. 70).

[21] Interessante e pertinente cotejar as questões últimas que constituem o eu com as perguntas sobre o incondicionado colocadas por Kant. Para tanto, cf. no início de *Crítica da Razão Pura* de Kant (2007, p. 7/A VII-VIII) e *O senso religioso* de Giussani (1997, p. 136 e 143-144 onde cita Kant). Sobre esta relação entre Giussani e Kant, cf. Lamanna (2018, especialmente p. 103ss). Sobre a insistente crítica de Giussani ao formalismo da moral e à redução ética do fato cristão em Kant, cf. Giussani, 1997, p. 113ss.

elas indedutíveis e irredutíveis, como é que tais perguntas são despertadas justamente com seu caráter de interrogações últimas? De onde nasce o eu? Como ele é gerado?

A resposta de Giussani, também nesse caso, não é doutrinarismo ou juízo antecipado: ela consiste em oferecer um olhar ao fenômeno humano que vem sendo chamado de "manancial" (Scola, 2010)[22] e corresponde a perceber a específica vibração com que tal fenômeno leva à consciência de si. Se, por hipótese — como um experimento mental — eu conseguisse expressar, com a consciência de uma pessoa adulta, a primeira percepção vivenciada ao sair do ventre materno, "o primeiro sentimento, em sentido absoluto, isto é, o fator primeiro da nossa reação perante o real", seria "dominado pela maravilha e fascínio das coisas, como de uma 'presença'". A percepção originária é uma "reação estupenda" frente ao ser como presença (não como entidade abstrata), presença não é feita por mim, mas que encontro, presença que se me impõe e que enquanto tal "está na origem do despertar da consciência humana" (Giussani, 1997, p. 139-140).

O ser-dado da realidade, a *presença* do ser que se torna *presente* nas coisas, faz com que o eu fique maravilhado por ser-me dado próprio ser, através das coisa e, mais profundamente, pelo que as coisas são "em si". Com sagacidade, Giussani (1997, p. 140) aponta que aqui a palavra "dado" tem "um uso totalmente humano", enfatizando a origem do termo: "dado", particípio passado, implica algo que "dê" e implica também uma relação com o destinatário. O "dado", isto é, "o primeiro conteúdo do impacto com a realidade", pode ser traduzido pela palavra "dom". Tudo isso tem uma clamorosa correspondência com o eu, desconstruindo o ídolo de uma subjetividade pura, senhora de si e transparente a si mesma:

> A própria palavra "dado" é vibrante de uma atividade, diante da qual permaneço passivo: e é esta passividade que constitui a minha atividade originária: a de receber, constatar, reconhecer [...] É esse maravilhamento que desperta a pergunta última dentro de nós: não é um registro frio, mas uma maravilha prenhe de atração, como uma passividade em que, no mesmo instante, concebe-se a atração (Giussani, 1997, p. 140-141)[23].

---

[22] Cf. p. 51ss

[23] A passividade a que Giussani se refere tem sintonia com o que Edmund Husserl afirma sobre passividade que caracteriza o ato cognoscitivo da consciência, sustentando toda

Recebendo o dado que me vem ao encontro, aceitando ser "afetado" (de onde vem o termo "afeto"), de certa maneira, eu recebo a mim mesmo. Eu não sou desde o início, eu começo a verdadeiramente ser somente no espaço e tempo dessa reação maravilhada: "a maravilha do dado e do eu como parte desse dado, existente. Primeiro, somos atingidos, depois, nos damos conta de nós atingidos" (Giussani, 1997, p. 143). É paradoxal: o eu não se identifica mais *tout court* com o "sujeito" que está diante de um "objeto", representando-o, determinando-o, em suma, construindo-o através de seus parâmetros mentais. O eu, justamente enquanto ganha a si mesmo em reposta ao toque do "dado", *precede* o sujeito e a dialética sujeito/objeto; e inclusive o tempo também os *excede*, porque deixa aberto o campo a um sentido que sempre ultrapassa nossas capacidades de determinação do ser. O eu é um sujeito dado[24]: o sujeito, então, não é redutível a algo "subjetivo", mas possui uma objetividade *sui generis*, uma estrutura universal constitutiva, que ele compartilha com todos os outros seres humanos, sendo — cada um — chamado a encarná-la, interpretá-la, realizá-la segundo a sua índole e sua liberdade.

Eu sou Tu-que-me-fazes

A este ponto, o eu "nasce", ou melhor, é "gerado": não se dá uma vez por todas, mas é uma lei permanente. Como dito anteriormente, assim como o eu pode "perder" a si mesmo, por inércia ou fechamento, por desatenção ou homologação, ele também pode existir na medida em que, a cada vez, é despertado para si mesmo. Giussani aponta essa dinâmica — um *topos* frequente em seus textos — com a fórmula evangélica segundo a qual não vale a pena ganhar o mundo inteiro se depois perder a si mesmo, ou seja, que não há nada que possa ser dado em troca do eu[25]. Mas também ressalta que, justamente quando ganho o mundo inteiro,

---

a atividade intencional do eu, como resposta "receptiva" à "afeição" do ser, segundo Di Martino, 2009, p. 23ss.

24 Sobre o papel do "sujeito" no pensamento de Giussani, cf. Scola, 2010, p. 11ss. Para uma visão do percurso "antropológico" giussaniano, cf. Alberto, 2018, particularmente p. 69-74.

25 "Qual o proveito do homem se ganhar o mundo inteiro e perder a si mesmo? Ou que dará o homem em troca da sua alma?" (Mt 16,26, e também Mc 8,36-37 e Lc 9,25). Cf., por ex., Giussani, 2001b, p. 105 e Giussani *et al.*, 2019, p. 7.

advertindo sua positividade, sua "bondade" ontológica, percebendo sua doação como presença pertinente e correspondente a si, aí, então, o eu ganha a si mesmo. Em outros termos, este ganhar a si mesmo não é mais concebido — em sentido dualista ou gnóstico — como perda do mundo, uma vez que, neste caso, o "mundo" não é a realidade que não acolhe o *Logos* (cf. Jo 1,10), mas é a condição e a ocasião em que o significado se torna compreensível ao eu.

> A esta altura, quando é despertado em seu ser pela presença, pela atração e pela maravilha, e se torna grato, cheio de letícia, porque essa presença pode ser benéfica e providencial, o homem toma consciência de si como eu e retoma o fascínio original com uma profundidade que estabelece o alcance, a estatura da sua identidade (Giussani, 1997, p. 146).

Note-se que, segundo Giussani, a recepção da realidade se qualifica através de gratidão e letícia. O ser nunca é *somente* um material neutro, opaco ou absurdo, cujo único sentido seria o de se curvar às nossas ideias e vontades (como fosse nosso material utilizável) ou permaneceria como uma ameaça estranha. Desde o início — um início permanente, como já dito —, é a realidade que nos toma, que nos atrai com a sua ordem, utilidade e beleza, das quais nós mesmos também fazemos parte: é nesta via que se desvela a *minha* própria presença. Não se trata, evidentemente, de uma abordagem "antropocêntrica": há uma assimetria, precedência e proeminência ineliminável da realidade com relação ao homem; este pode viver sua peculiar dignidade de filho, de ser gerado (ser o *segundo*, não ser o *primeiro*).

> Se neste momento eu estiver atento, isto é, maduro, não posso negar que a evidência maior e mais profunda que percebo é que eu *não me faço por mim*, não me estou fazendo. Não me dou o ser, não me dou a realidade que sou, sou "dado". É o instante adulto da descoberta de mim mesmo como dependente de uma outra coisa. Quando me adentro, se chegar até o fundo, de onde broto? Não de mim, mas *de outro*. É a percepção de mim como um jorro d'água numa fonte. Existe outra coisa que é mais do que eu e da qual sou feito (Giussani, 1997, p. 146).

Aqui se introduz uma intuição da "dependência" humana que parece ser quase inédita no contexto hodierno, caracterizado pelo reducionismo naturalista (o indivíduo humano como produto casual da espécie) e, por outro lado, marcado por um autonomismo antropológico (o homem é aquilo que consegue fazer de si). Mas, na verdade, Giussani está retomando uma verdade fundamental da tradição cristã, ou seja, a identidade do ser humano como ser criado: "Não há nada tão adequado e tão aderente à natureza do homem quanto a dependência original: efetivamente, a natureza do homem é a de ser criado" (Giussani, 1997, p. 143). Porém, não como valor a ser preservado e defendido dos ataques da secularização e do niilismo, mas como algo a ser reconquistado na experiência vivida, assim, iluminando e dando-se conta de fatores e questões que o reducionismo e o autonomismo desconsideram. Em suma, não se trata de retrair-se frente à crise do eu, nem mesmo de dialetizar de maneira "reacionária"; pelo contrário, trata-se de repropor o eu como uma crise permanente, como um problema aberto, que vale a pena não censurar e reabrir.

> Trata-se da intuição, que em todos os tempos o espírito humano mais agudo teve, dessa misteriosa presença pela qual a consistência do seu instante, do seu eu é possível. *Eu* sou "tu-que-me-fazes". Só que este "tu" é absolutamente sem rosto; uso a palavra "tu" porque é a menos inadequada, na minha experiência de homem, para indicar aquela presença incógnita que é incomparavelmente maior do que a minha experiência de homem. Que outra palavra deveria usar? (Giussani, 1997, p. 146-147).

O "tu" não é uma polaridade acrescentada desde fora do eu: agostinhamente, o "tu" é outro em relação ao eu, mas não fora do eu; é outro no eu, o outro *que é* o eu, o si *como* um outro (Cf. Agostinho, 2000)[26]. É oportuno notar que este tu não funciona aqui como um *a priori* teológico, mas é indicado como um resultado da experiência, emergido na formação mesma da autoconsciência. "Ele ainda é sem rosto", afirma Giussani, deixando transparecer que ele tem em mente *aquele* rosto específico do

[26] X.27.38: "Sim, porque tu estavas dentro de mim e eu fora...". Cf. Ricoeur (2016, p. 92ss e 431ss) quando se refere à alteridade como constitutiva do testemunho de quem fala e age, e sobre a passagem do termo "eu" para "si" promovida pelo "outro" ("si como outro") ainda muito implicado na filosofia do *cogito*. Podemos dizer que o desafio de Giussani é o de dizer e redizer também o *outro como si mesmo*, dando voz ao próprio "eu" através e fora das estreitezas do *cogito*.

homem que revelou o Tu misterioso do Pai. Ter conhecido aquela face não equivale a uma simples pressuposição ou a fechar, de uma vez por todas, o problema da identificação daquele Outro, mas Giussani considera que aquela experiência histórica habilita a ver e interceptar a natureza originária do eu como espera e abertura ao tu.

> Quando olho para mim mesmo e percebo que não estou sendo feito por mim, então eu, eu, com a vibração consciente e repleta de afeição que urge nessa palavra, só posso dirigir-me à Coisa que me faz, à fonte da qual provenho neste instante, usando a palavra "tu". "Tu-que-me-fazes" é o que a tradição religiosa chama de Deus, é aquilo que é mais do que eu, é mais eu do que eu mesmo, é aquilo pelo qual eu sou (Giussani, 1997, p. 147)[27].

Eis o grande paradoxo do eu: consegue-se a afirmação de si através de uma obediência ao outro, ao Tu; a criatividade se dá ao assumir a própria dependência originária. A atividade mais original do eu é sustentada por uma passividade ontológica. São palavras difíceis de serem pensadas: é preciso estar livre de teorias da "dependência" (teológicas e mesmo biológicas) para poder restabelecer seu significado mais radical, que não tem a ver com a submissão ou alienação, mas com a amorosa certeza[28] de ser gerado. É o que possibilita sermos críticos e livres de preconceitos, livres de tudo.

Autoconsciência e liberdade

É por ser feito por outro que posso me tornar um sujeito novo, "outro", ponto em que a natureza se torna história, isto é, autoconsciência

27 Também aqui ressoa a experiência de Agostinho (2000, III.6.11): "E Vós sereis mais íntimo a mim do que eu a mim mesmo, e mais alto do que toda a altura de que eu seria capaz" (*Tu autem eras interior intimo meo et superior summo meo*).

28 "A consciência verdadeira de si é bem representada pela criança nos braços do pai e da mãe. Ela pode entrar em qualquer situação da existência com uma profunda tranquilidade, com uma possibilidade de letícia" (Giussani, 1997, p. 148). Busquei desenvolver a questão da certeza existencial — reconhecimento e adesão amorosa à origem de si — como condição da liberdade, levando em conta o percurso de Giussani: Cf. Esposito 2011b, particularmente p. 52ss.

e liberdade. Essa novidade ontológica e antropológica tornou-se um paradigma na experiência de Paulo de Tarso, naquele momento histórico específico em que o Tu assume explicitamente o rosto de Cristo ("Vivo, não eu, mas é Cristo que vive em mim")[29]. Naquele momento, e desde então, o eu não só é feito por um outro, por um Tu, mas vive *por* este Tu: "a autoconsciência muda de modo tal que o princípio da ação não é mais o eu mas um Tu. Viver por um Outro indica a gênese de uma cultura nova" (Giussani *et al.*, 2019, p. 167)[30]. Ser eu como Tu-que-me-fazes — e todo o pensamento de Giussani enfrenta isso — torna-se algo preciso, um "homem novo: meu eu és Tu, eu sou um outro *presente*" (Giussani *et al.*, 2019, p. 171). No reconhecimento deste Outro como "presente" está a possibilidade de que o eu esteja — ele também — "presente", irredutível, porque sempre *mais* e *além* do que aquilo que consegue performar de si. É a descoberta de possibilidades amplas e grandes — mesmo que em potencial, como se aguardassem a faísca do relacionamento com o Tu para se acenderem e se explicitarem.

Um primeiro e fundamental modo do eu ser presença original é o seu olhar sobre a realidade em torno de si: ele se descobre profundamente participante. O primeiro movimento do olhar não é indagativo ou analítico, mas intuitivo e sintético: *Aceitar a realidade* é postura noética e ética — e, antes ainda, estética. Não no sentido de constatá-la como mero dado de fato, ou apenas de submissão a ela, mas dando à realidade uma chance fundamental: a de manifestar-se a nós, solicitando as nossas perguntas e mostrando o seu possível e inesgotável sentido.

> Por isso, o coração do homem é o centro da realidade, porque aquilo que acontece em toda a realidade torna-se autoconsciência no coração do homem: o coração do homem é o lugar onde tornam-se autoconsciência o céu, a terra, as montanhas, [...] etc.! O eu autoconsciente é a autoconsciência da natureza, de toda a natureza. A autoconsciência do pássaro que voa coincide com a autoconsciência do homem que o olha: o homem que olha o pássaro passar é a autoconsciência do pássaro. O homem é a autoconsciência de tudo. Por isso, não pode deter-se antes do confim último (Giussani, 2000a, p. 38).

---

29 Gal. 2,20.

30 A referência a Paulo está na p. 170 daquela mesma obra.

Nessa formulação paradoxal — tudo, até o pássaro, teria "consciência" de si graças à autoconsciência do eu — Giussani, na realidade, está explicitando, a seu modo, o princípio tomasiano (mas já aristotélico) segundo o qual *alma* — o eu — *est quodammodo omnia*, de certo modo é tudo[31]. O eu se identifica com cada coisa — tendencialmente com tudo — não por fusão idealista da multiplicidade do mundo na consciência unificante do eu, nem por projeção da consciência como intelecto universal e impessoal (uma tentação teórica bem presente de Averrois a Hegel), mas a aquela identificação consiste em sentir todas as coisas como "minhas" como espaço em que as coisas se revelam em seu significado porque encontradas e interrogadas à luz das exigências de verdade e beleza, exigência de um porquê último que agindo no coração do eu[32]. É muito mais que um sentimento psicológico, portanto. E considerando que são os acontecimentos reais que despertam e solicitam as perguntas originárias, fica claro o caráter "realista" e "razoável" dessa concepção do eu como autoconsciência da natureza e da realidade inteira. Não é tanto o eu que estabeleça *a priori* o sentido do mundo, mas oferece ao mundo um lugar onde o sentido possa ser dito. Em suma:

> Se é assim, quanto mais a pessoa se empenha com a realidade mais ela inclui toda a realidade no seu gesto, mais "sente" a realidade, mais evidente a realidade se torna, começa se dar um outro conhecimento; com abertura em direção ao outro dá-se outro conhecimento (Giussani, 2000, p. 39-40).

Esta atividade universalizante do eu é, a um só tempo, noética e metafísica: a nossa inteligência não é apenas capaz de captar a essência das coisas sensíveis, de pensar conceitualmente sobre elas, mas também é capaz de perceber as coisas delineando-as no interior da exigência de

31 Tommaso D'Aquino, 1985, I, q. 14, art. 1 e I, q. 16, art. 3. Cf. Giussani, 2000a, p. 41.

32 "A autoconsciência faz este livro ser meu. A autoconsciência deste livro não é do livro, mas é a minha leitura no presente que colhe a essência do livro: a essência da coisa torna-se minha, a essência da coisa torna-se o meu eu, porque o eu prossegue comendo, bebendo, estudando, armazenado a essência de todas as coisas. Quanto mais uma pessoa é viva, mais faz isso!" (Giussani, 2000a, p. 39). Fiéis aos princípios da noética de Tomás de Aquino, Giussani entende o conhecimento como passagem do sensível ao inteligível. A universalidade é, então, o êxito de um processo abstrativo, realizado pelo intelecto do eu individual, a partir das imagens sensíveis das coisas naturais. Cf. Tommaso D'Aquino, 1985, I, q. 85, art. 19.

totalidade própria do eu: ali a "totalidade" não quer dizer a somatória de tudo isso que há, em sentido extensivo, mas trata-se de consciência intuitiva, em sentido intensivo — podendo verificar-se mesmo na percepção de uma coisa em particular —, trata-se do significado último da realidade, sua origem e sua finalidade. Essa postura de Giussani é o exato contrário do racionalismo positivista: a realidade é um dado que sempre "convida" a ir além, não em direção a uma indistinta ulterioridade, mas àquilo que é imanente a todas as coisas e que as impulsiona desde dentro, orienta-as em direção a um horizonte no qual cada um deles encontra seu significado mais preciso na totalidade do ser. Cada coisa se torna clara como "sinal", e o sentido último é um "convite" contido em cada fenômeno[33].

Há também outra implicação fundamental na descrição da experiência do eu como autoconsciência, implicada na última observação: quando a realidade é confinada naquilo que podemos medir, é definitivamente só aquilo e basta, o eu fica como que sufocado. Segundo Giussani, a perspectiva do sentido é como o ar que o eu pode respirar. É partindo dessa condição em negativo que podemos vislumbrar o segundo fator acenado: o eu só pode sentir-se *livre* ao respirar o sentido das coisas. Também aqui estamos diante de um paradoxo: a experiência da liberdade só floresce na dependência — não qualquer dependência, entenda-se bem, mas a que se refere à origem: a dependência de filho, não de escravo. De fato, seria pouco, para nosso desejo de autorrealização, limitar liberdade à nossa capacidade de escolha não condicionada por fatores impeditivos. Sabemos — e Giussani (1996) nos recorda — que só escolher uma coisa ao invés de outra não assegura a experiência de *sentir-se* livre, isto é, "respirar" e perceber a satisfação do próprio desejo. E como o desejo de "ser" e de satisfazer-se nunca se encerra — porque extinguiria a vida do eu —, o

[33] "Vamos supor que, entrando em seu quarto, eu veja um vaso com um lindo buquê de flores. Então pergunto: 'Que lindo! Quem lhe deu?'. Mas você não responde nada. Eu insisto: 'Quem colocou essas flores na sua mesa?' Você me responde: 'Estão aí porque estão aí'. Eu continuaria insatisfeito com essa resposta até que você esclarecesse: 'Foi minha mãe quem me deu'. 'Ah!', diria então satisfeito. Não seria um olhar humano — frente ao fenômeno da presença daquele buquê de flores — se não aceitasse o convite contido naquele fenômeno. E o convite consiste numa provocação a se perguntar 'mas como?'. A presença das flores, de fato, é sinal de uma outra coisa". Giussani, 1997, p. 155-156, mas sobre experiência do sinal, cf. todo o capítulo 11. Para a crítica ao racionalismo positivista, cf. p. 151, 172-173.

horizonte da liberdade é o infinito. Fechar a liberdade no finito seria sua negação, negaria nosso próprio eu, ser finito, porém, 'capaz" do infinito.

"A liberdade define o eu: está toda presente quando o homem diz 'eu', está toda naquele dizer 'eu'. E é para a liberdade que se deve educar" (Giussani *et al.*, 2019, p. 189): a liberdade não é redutível à reatividade de um mecanismo instintivo, e não pode nem mesmo ser sublimada em uma liberação dos condicionamentos naturais, como fuga ou evasão da realidade. E qual é o conteúdo desta educação da (ou à) liberdade, a não ser "manter olhos e coração abertos à verdadeira finalidade para a qual nossos pais nos conceberam, para a qual nossa mãe nos deu à luz: viver o relacionamento com o Infinito" (Giussani *et al.*, 2019, p. 189)[34]. Este relacionamento é mais um fator não dedutível e irredutível do eu: não pode ser produzido por mim para mim mesmo, porque, evidentemente, a liberdade é algo que não podemos realizar sem relacionamento constitutivo com um outro. Certamente, liberdade nos permite escolher e decidir, mas nunca podemos simplesmente decidir *ser* livres. E isso pelo simples motivo ontológico, já apontado anteriormente, que o eu não se faz por si próprio, mas a cada momento é feito. Atenção: o eu não é apenas "determinado" continuamente por causas naturais (o que tornaria a liberdade simplesmente impossível ou ilusória), mas é gerado e mantido no ser por uma origem presente. A primeira e inegável determinação não seria capaz de dar-se conta da experiência de autoconsciência e do desejo de ser livre.

> A liberdade é aquele nível da natureza em que a natureza se torna capaz de relacionamento com o infinito, diz "tu" a esta inefável, incompreensível, inimaginável presença sem a qual nada é concebível, porque nada se faz por si mesmo. [...] O aspecto mais vivo da percepção do meu existir é que não me faço por mim mesmo: nem me dou um fio de cabelo da cabeça, como Jesus disse (por ex. Mt 10,30). A liberdade verdadeira é, então, a capacidade que o homem tem de aderir ao ser: não apenas de

[34] "Se fosse possível fazer uma análise científica do homem todo, de todas as suas células, uma a uma, e colocá-las à vista dos visitantes, o eu não seria encontrado. Do ponto de vista quantitativo e material, não se encontraria o eu. De fato, o eu é relacionamento com o Infinito, com o Ser, e basta [...] É como se o eu pegasse pela mão a infinita variedade de coisas específicas e as refundasse segundo a potência da exigência do Infinito do qual ele é totalmente formado, pelo qual ele é definido" (Giussani, 1999, p. 75-76).

aderir, mas de aceitar o ser e aderir a ele. Nasce, assim, um casamento profundo, como a constituição de relacionamento entre o eu e tudo que o circunda, entre o eu e todo o universo: é uma imagem esponsal universal (Giussani *et al.*, 2019, p. 191-192)[35].

Como nesse caso, a insistência de Giussani nunca é simplesmente de caráter teológico-doutrinal, mas fenomenológico-existencial. A liberdade como estrutura e dimensão do eu é — como todo fenômeno inerente ao eu — uma vida, uma ação e uma lei dinâmica. Por isso, podemos afirmar que "a liberdade é a *capacidade de felicidade*, porque a felicidade é a satisfação total, e somente a satisfação total é liberdade. Antes da satisfação total ainda não é liberdade" (Giussani, 1996, p. 186, itálico nosso). Alinhado com a reflexão filosófica clássica sobre felicidade (ligada ao "todo" e ao "sempre" da condição humana realizada), Giussani chega a afirmar que, tendencialmente, ela coincide com o "sim" radical e permanente dito ao ser, ao mundo, à realidade. É necessário o nosso consentimento, a aceitação ativa e consciente da origem que nos faz — agora — para que a condição primária da felicidade se torne verdadeira como experiência no presente, e não somente como *telos* final. Como para Agostinho (2000)[36], todos desejam a felicidade porque, de algum modo, já tiveram notícia e experiência dela: ela não está apenas no final, mas se faz presente desde o início da vida pessoal, como relacionamento que dá alegria e satisfação ao eu.

Isso remete à raiz do desejo do ser humano: o finito, contingente, não apenas sente, mas "é" desejo infinito; e o desejo infinito é ultimamente desejo de infinito, desejo de felicidade: "A dignidade do verdadeiro eu é a palavra 'felicidade' [...] Há, por acaso, algo mais denso a ser vivenciado, mais intenso a ser provado, do que a palavra 'felicidade' dita seriamente?" (Giussani, 2018, p. 43). Por isso, à pergunta "o que há de maior no universo?" ou "o que é maior do que o universo inteiro?", a resposta só pode ser...

> Eu! Alguém que diz "eu". Retirem a palavra "eu" do universo: o que resta? Uma densa capa, uma escuridão total, um sem-sentido, que por muito pouco se diferencia do puro nada. E, de fato, quem não disse "eu", quem nunca experimentou dizer "eu" com um pouco desta sinceridade e de consistência, é alguém para

[35] Cf. também Giussani, 1999, p. 76-79.

[36] Cf. X.20.29

> quem todas as coisas se tornam nada, são nada, tudo acaba sendo nada. Esta é a grandeza do homem: que a palavra felicidade pode ser pronunciada, sentida, pressentida, desejada e vivida só pelo eu (Giussani, 2018, p. 44-45).

Referindo-se à história pessoal de cada um de nós, mas também considerando o que aconteceu e acontece na história do mundo, assim como o risco permanente de redução e homologação da pessoa por parte do "poder" (político, econômico, cultural, eclesiástico etc.), *historicamente*, há só dois locais "onde a palavra felicidade é dita seriamente". O primeiro é "o relacionamento original com a própria mãe e próprio pai": mas isso acaba sendo "tão breve, tão impotente, tão frágil, tão incapaz de defesa, a ponto de fazer a coisa ficar ainda mais triste" (Giussani, 2018, p. 43). De fato, enquanto os filhos são pequenos, os pais não podem deixar de desejar que eles sejam verdadeiramente felizes; mas quando os filhos começam a discordar de seu modo de pensar e sentir, cresce a distância entre eles e daquele momento em diante "é como se tudo adquirisse um equilíbrio normal, onde o cálculo, a retribuição e o interesse tornam-se decisivos" (Giussani, 2018, p. 45).

Quanto ao segundo lugar onde aquela palavra é a favorita, onde é solicitada e preserva a experiência irredutível, o eu:

> No mundo inteiro, em todas as épocas, diante da criança de dois anos ou do homem de setenta, só existe um lugar onde a palavra "felicidade" e, portanto, a palavra "eu" é levada a sério: mais a sério do que nós próprios o fazemos. Esse lugar chama-se "religião", a autêntica religiosidade. Não é religiosidade autêntica se não se caracterizar pela seriedade no emprego da palavra "felicidade"; e não é religiosidade autêntica se não leva a sério a palavra "eu" (Giussani, 2018, p. 45).

Aquela realidade *autêntica* não é, então, um escape edificante ou consolador da crise estrutural do eu (uma crise *que é* o eu). Não é que o problema do eu deva ser canalizado para uma perspectiva religiosa: pelo contrário, é a religiosidade (e até mesmo a experiência história da Igreja) que se torna interessante como encontro e como proposta, pelo único motivo de que nela se redesperta nada menos que o nosso próprio eu. A coisa mais significativa, de fato, é a comprovação dessa descoberta do relacionamento do ser humano com Cristo.

Sendo que para Giussani — como já dito — o acontecimento cristão é "o *catalizador adequado* da consciência do eu, o que torna possível uma clara e estável percepção do eu, o que permite ao eu tornar-se operativo como eu" (Giussani, 2014b, p. 106, itálico nosso), então, só em virtude dessa experiência do eu é que o Mistério se torna reconhecível, experimentável, "meu":

> Com efeito, Cristo se propõe como resposta àquilo que "eu" sou e apenas uma tomada de consciência atenta, mas também terna e apaixonada de mim mesmo pode fazer com que eu me escancare e me disponha a reconhecer, admirar, agradecer, e vivenciar Cristo. Sem essa consciência, até mesmo o nome de Jesus Cristo não passa de um simples nome (Giussani, 2001b, p. 3)[37].

É exatamente neste nível que o niilismo contemporâneo atua. O eu está no limiar, onde somos chamados e até "forçados a escolher, toda manhã" (Giussani, 2021, p. 31) entre o ser e o nada:

> O eu, nosso eu, é a encruzilhada entre o ser e o nada, entre o bem e o mal, onde a misericórdia e a onipotência do Mistério atua em toda sua evidência. A grave questão, é, então, se a existência termina no pó do tempo que passa (e o seu passar não seja mais que a construção de uma tumba ou prisão onde sufocaremos — e morreremos, inutilmente!) ou se o tempo esteja grávido de futuro: a cada instante o peso do eterno se manifesta (Giussani, 2021, p. 19).

Na linha do tempo que passa, há como que um cruzamento perpendicular a cada instante, uma tangente pela qual o eu pode permanecer — como fenômeno eterno, isto é, do significado absoluto, último, irredutível — no que é passageiro. Trata-se de uma questão vital, a ponto de ser até cotidiana na sua excepcionalidade. Giussani o compreendeu *per sé*, no momento (junho de 1996) em que se deu conta de que "a velhice emergiu em mim", e, percebendo em sua própria pessoa o fato de que "o

[37] Para abordar o impacto desta experiência de correspondência do acontecimento cristão no eu, como proposto por Giussani, no contexto cultural atual cf. Carrón, 2021, capítulo 3, p. 55ss.

niilismo é a tentação que mais brutalmente sustenta toda a mentalidade de hoje" (Savorana, 2013, p. 975), confiou esse desafio durante uma palestra em maio de 1997:

> O que pode restar como fonte de liberdade real? O indivíduo, a pessoa. Entendi isto de maneira nova em junho do ano passado, quando, solicitado pelo meu limite físico, vi-me a repetir a frase do Salmo 8: "Que é o homem, para dele te lembrares, o filho do homem, para que te importes com ele?". O que é? Se o homem fosse só matéria, segundo qualquer acepção filosófica hoje dominante, se fosse só matéria, tudo acabaria em corrupção, tudo! Não há nenhuma outra possibilidade. Dante, escrevendo a Divina Comédia, e Beethoven, compondo a Nona Sinfonia, acabariam em pó e depois em nada. Eu dizia a mim mesmo tudo isto, dizia-o como se fosse a primeira vez que me colocasse o problema da alma e do corpo. E me perguntei: "Mas o que é, então, esta minha realidade? Por que eu não me resigno, por que sinto indevida, não verdadeira, esta eliminação de algo, esta definição da substância de algo, não segundo todos os seus fatores, aliás, segundo os fatores mais nefastos da existência da própria coisa?". *Corpus quod corrumpitur aggravat animam*, diz a Bíblia [Sb, 9, 15]: o corpo que se corrompe pesa sobre a alma. Mas, sobretudo, dizia a mim mesmo: "Não é possível que eu acabe assim! Que há além desta fisicidade corruptível? No fundo, o que é esta minha — minha! — realidade? Que há nela pelo qual eu nunca aceitaria que Dante e Beethoven, na sua produção, se tornassem pó e depois nada?". *O eu* (Giussani, 1999, p. 75)[38].

Não é possível que o eu termine: o seu próprio grito — forma extrema do seu desejo de ser — o atesta. Mas o que torna esta espera não ilusória? O que nos arranca sempre novamente do nada? O fato é que, ao escrever essas palavras, formulando essas perguntas, eu (o digo em primeira pessoa) me dou conta — estou me dando conta agora, e também o leitor destas páginas poderia se dar conta comigo ao lê-las — que há algo irredutível nas nossas pessoas, sem o qual não só não poderíamos afirmar, nem poderíamos paradoxalmente negar a nós mesmos. É misteriosa

[38] Agradeço a Alberto Savorana pelas sugestões dos textos examinados neste ensaio.

a natureza desse ponto de resistência ineliminável, porque nos precede e nos excede; mas reconhecer este mistério é o gesto mais apropriado à razão humana.

O que Giussani realiza, não tanto como explicação ou justificativa deste limite do eu e da razão humana — tão extremo e misterioso —, é sobretudo o despertar da pergunta em nós (interessante até para o filósofo): por que ele fala assim? O que lhe possibilita viver assim o seu eu?

Referências

AGOSTINO D'Ipona. *Le confessioni.* Tradução: C. Carena. Editor: M. Bettetini, Edição bilingue latino e italiano. Torino: Einaudi, 2000 (Biblioteca della Pléiade). Título original: *Confessiones.*

ALBERTO, S. PerCorso alla ricerca del volto umano: l'antropologia di Lugi Giussani. In PAXIMADI, G. *et al. Luigi Giussani: il percorso teologico e l'apertura ecumenica.* Siena: Cantagalli, 2018, p. 67-79.

BORGHESI, M. *Luigi Giussani: conoscenza amorosa ed esperienza del vero*: un itinerario moderno. Bari: Pagina, 2015.

BRAGUE, R. Christianity: a fact in history. In BUZZI, E. (Org.). *A generative thought*: an introduction to the works of Luigi Giussani. Montreal: McGill-Queen's University Press, 2003, p. 34-39.

CARRÓN, J. *La bellezza disarmata.* Milano: Rizzoli, 2015.

CARRÓN, J. *C'è speranza?* il fascino della scoperta. Milano: Nuovo Mondo, 2021.

DESCARTES, R. Meditazioni di filosofia prima. Tradução: I. Agostini. In DESCARTES, R. *Opere 1637-1649*, Editor: G. Belgioioso *et al.* Milano: Bompiani, 2009, p. 661-1395 (Il pensiero occidentale).

DI MARTINO, C. La conoscenza è sempre un avvenimento. In SAVORANA, A. (Org.). *La conoscenza è sempre un avvenimento.* Milano: Mondadori, 2009, p. 6-36.

ESPOSITO, C. E l'esistenza diventa una immensa certezza. In BELLONI, E.; SAVORANA, A. (Org.). *Una certezza per l'esistenza.* Milano: Rizzoli, 2011a, p. 42-66.

ESPOSITO, C. Il dramma del soggetto moderno. In ESPOSITO, C. *Una ragione inquieta*: interventi e riflessioni nelle pieghe de nostro tempo. Bari: Pagina, 2011c, p. 13-26.

ESPOSITO, C. Senso religioso e razionalità nel pensiero di Luigi Giussani. In ESPOSITO, C. *Una ragione inquieta*: interventi e riflessioni nelle pieghe del nostro tempo. Bari: Pagina, 2011b, p. 41-58.

ESPOSITO, C. *Il nichilismo del nostro tempo*: una cronaca. Roma: Carocci, 2021.

GIUSSANI, L. Intervista a Monsignor Luigi Giussani (a cura di Antonio Sicari). *Communio*: strumento internazionale per un lavoro teologico. Milano, n. 98-99, p. 182-217, 1988.

GIUSSANI, L. *Il senso di Dio e l'uomo moderno*. Milano: Rizzoli, 1994.

GIUSSANI, L. *Si può (veramente?!) vivere così?* Milano: Rizzoli, 1996.

GIUSSANI, L. *Il senso religioso*. Milano: Rizzoli, 1997.

GIUSSANI, L. *L'uomo e il suo destino*: in cammino. Genova: Marietti, 1999.

GIUSSANI, L. *L'autocoscienza del cosmo*. Milano: Rizzoli, 2000a.

GIUSSANI, L. *L'io, il potere, le opere*: contributi da un'esperienza. Genova: Marietti, 2000b.

GIUSSANI, L. *Affezione e dimora*. Milano: Rizzoli, 2001a.

GIUSSANI, L. *All'origine della pretesa cristiana*. Milano: Rizzoli, 2001b.

GIUSSANI, L. *Attraverso la compagnia dei credenti*. Milano: Rizzoli, 2021.

GIUSSANI, L. *Il cammino al vero è un'esperienza*. Milano: Rizzoli, 2006.

GIUSSANI, L. *L'io rinasce in un incontro*. (1986-1987). Milano: Rizzoli. 2010.

GIUSSANI, L. *Il rischio educativo*. Milano: Rizzoli, 2014a.

GIUSSANI, L. *In cammino*. (1992-1998). Milano: Rizzoli, 2014b.

GIUSSANI, L. *Realtà e giovinezza*: la sfida. Milano: Rizzoli, 2018.

GIUSSANI, L.; ALBERTO, S.; PRADES, J. *Generare tracce nella storia del mondo*. Milano: Rizzoli, 2019.

GUARDINI, R. *La fine dell'epoca moderna*: il potere. Tradução: M. Paronetto Valier. Brescia: Morcelliana, 1993. Título original: *Das Ende der Neuzeit*.

HEIDEGGER, M. *Essere e tempo*. Tradução: F. Volpi. Milano: Longanesi, 2005. Título original: *Sein und Zeit*.

HUME, D. *Opere filosofiche*. Vol. 1: Trattato sulla natura umana. Tradução: E. Lecaldano. Roma: Laterza, 2008.

HUSSERL, E. *Storia critica delle idee*. Tradução: G. Piana. Milano: Guerini, 1989. Título original: *Erste Philosophie*.

JASPERS, K. *Filosofia, 2*: chiarificazione dell'esistenza. Tradução: U. Galimberti. Milano: Mursia, 2017. Título original: *Philosophie, 2.*

KANT, I. *Critica della ragion pura.* (1781, 1787). Tradução: C. Esposito. Milano: Bompiani, 2007. Título original: *Kritik der reinen Vernunft.*

KONRAD, M. *Tendere all'ideale*: la morale in Luigi Giussani. Genova: Marietti, 2010.

LAMANNA, M. Giussani e la sfida di Kant. In PAXIMADI, G. *et al.* (Org.). *Luigi Giussani: il percorso teologico e l'apertura ecumenica.* Siena: Cantagalli, 2018, p. 101-122.

LEVINAS, E. *Totalità e infinito*: saggio sull'esteriorità. Tradução: A. Dell'Asta. Milano: Jaca Book, 2018. Título original: *Totalité et infini: essai sur l'extériorité.*

MARION, J.-L. *Questioni cartesiane sull'io e su Dio.* Tradução: I. Agostini. Milano: Mondadori, 2010. Título original: *Questions cartésiennes II: Sur l'ego et sur Dieu.*

MONTINI, G.; GIUSSANI, L. *Sul senso religioso.* Milano: Rizzoli, 2009.

PAXIMADI, G.; PRATO, E.; ROUX, R.; TOMBOLINI, A. (Org.). *Luigi Giussani: il percorso teologico e l'apertura ecumenica.* Siena: Cantagalli, 2018.

RICOEUR, P. *Sé come un altro.* Tradução: D. Iannotta. Milano: Jaca Book, 2016. Título original: *Soi-même comme un autre.*

SARTRE, J.-P. *L'essere e il nulla.* Tradução: G. Del Bo. Editores: F. Fergnani e M. Lazzari. Milano: Il Saggiatore, 2014. Título original: *L'être et le néant.*

SAVORANA, A. *Vita di don Giussani.* Milano: Rizzoli, 2013.

SCHOLZ-ZAPPA, M. *Giussani e Guardini*: una lettura originale. Milano: Jaca Book, 2017.

SCOLA, A. *Un pensiero sorgivo*: sugli scritti di Luigi Giussani. Milano: Marietti, 2010.

TOMMASO DE AQUINO. *La somma teologica. Summa theologiae.* Edição bilíngue italiano e latim. Tradução: T. S. Centi, 35 vv., Bologna: Studio Domenicano, 1985. Título original: *Summa theologiae.*

TOMMASO DE AQUINO. *Sulla verità. De veritate.* Edição bilíngue italiano e latim. Tradução: F. Fiorentino. Milano: Bompiani, 2005. Título original: *De veritate.*

WEIL, S. *Attesa di Dio.* Tradução: M. C. Sala. Milano: Adelphi, 2008. Título original: *Attente de Dieu.*

CAPÍTULO 4

O percurso do senso religioso: mistério, razão e alteridade

Rodrigo Coppe Caldeira

Conheci Miguel Mahfoud no já distante ano de 2006. Por meio dele, deparei-me com Luigi Giussani e sua obra *O senso religioso.* À época, o livro imprimiu em mim marcas profundas. Giussani acenava com pistas instigantes para as perguntas que me inquietavam — perguntas que, de certo modo, ainda ecoam. Mais do que uma reflexão original e singular sobre a experiência religiosa, a obra é a comunicação viva da trajetória de seu autor — o caminho que ele próprio percorreu. É desse percurso que Giussani nos fala, erguendo uma argumentação vigorosa e expressiva para nos transmitir uma experiência que, para ele, possui alcance universal. Mas, ao fazê-lo, revela também a si mesmo. Ele nos convida a percorrer seus passos. "Percurso", do latim *percursus* — o ato de percorrer —, de *per*, "por completo", unido a *cursum*, "caminho, trajeto". Esse itinerário inicia-se com *O senso religioso* (Giussani, 2017), atravessa *Na origem da pretensão cristã* (Giussani, 2012) e culmina em *Por que a Igreja* (Giussani, 2015).

Falar de senso religioso, sabendo desse percurso de Giussani, do trajeto que realiza de forma integral, de uma experiência primária carregada de sentido, que pode ser encontrada entre todos os humanos, em tempos e contextos diversos - sua experiência religiosa - da experiência do Cristo à Igreja, é um grande desafio. Tratar do alfa sem chegar ao ômega, sabendo dele ali, presente, vivo, não é tarefa fácil. A experiência religiosa em Giussani, em *O senso religioso*, está intimamente ligada a uma antropologia. Não há senso, nem religioso, que não esteja profundamente conectado a uma maneira de se compreender o humano, a pessoa humana. A obra é um trecho, portanto, de um percurso antropológico, de um humano que não se fecha sobre si mesmo, mas que se abre à alteridade, a um outro que se apresenta, que quer se mostrar em tudo, em todos.

Ao nos comunicar, com clareza didática e profundidade filosófica e poética, o que entende por senso religioso, Giussani revela, passo a passo, um caminho enraizado em sua própria experiência. Oferece uma imagem dinâmica e aberta da pessoa humana, nunca restrita ou encerrada em si mesma. Esse texto, portanto, mantém-se atual ao nos recordar uma perspectiva antropológica que considera o humano em suas múltiplas dimensões, sem jamais reduzi-lo ou fragmentá-lo. Resiste à tentação de confundir o todo com a parte.

A deriva individualista contemporânea, em que tantos sucumbem, marcada por uma suposta soberania do eu sobre tudo — a família, a história, o passado, as tradições, tudo aquilo que molda e sustenta — não passa de uma recusa ao mistério que insiste em se fazer presente. Uma rejeição, portanto, à alteridade e ao encontro com o outro. Para compreender o significado de experiência religiosa em Giussani, é necessário percorrer sua reflexão, ainda que brevemente. Três premissas sustentam sua abordagem: realismo, razoabilidade e a incidência da moralidade sobre a dinâmica do conhecimento. A partir dessas bases, Giussani estrutura seu pensamento.

Afirma Giussani (2017, p. 59): "Se a experiência religiosa é uma experiência, não podemos senão partir de nós mesmos para olhá-la de frente e captar os seus aspectos constitutivos [...] se se trata de uma experiência, o ponto de partida somos nós mesmos". Para desvendar seu significado, partimos de nós mesmos, pois "em se tratando de um fenômeno que se passa em mim, que interessa à minha consciência e ao meu eu como pessoa, é sobre mim mesmo que devo refletir [...], investigação existencial" (Giussani, 2017, p. 20). A interrogação que pulsa é: "Que sentido tem tudo?". Essa pergunta, sempre presente, nos coloca em movimento e nos impulsiona pela vida. Por isso, não há atividade humana mais ampla do que essa identificada como "experiência ou sentimento religioso". Esse "*quid*? O quê?", fenômeno intrínseco ao ser humano, relaciona-se diretamente à pessoa — algo que se manifesta em nós e que fala à nossa consciência. Esse objeto, denominado em linguagem científica como experiência religiosa, exige um método próprio. E esse método parte de nós mesmos, por ser uma experiência existencial que ressoa em cada um de nós. A experiência, qualquer que seja, implica sempre uma avaliação. Sem essa avaliação, não há propriamente experiência. Ela consiste em provar algo, mas, sobretudo, em emitir um juízo sobre aquilo que se prova. Além disso, fazer experiência é compreender algo e descobrir-lhe o sentido.

Se julgamos, de onde partimos? Quais critérios nos guiam? Giussani aponta que o critério está na pessoa, e não fora dela. Ele introduz, assim, a ideia de experiência elementar[1]. Esse "partir de si" conecta-se diretamente com o cotidiano, com a vivência diária.

A experiência, portanto, é provar algo e formular um juízo sobre o que se prova — é compreender e desvelar o sentido de uma realidade. Com qual critério podemos julgar o que acontece em nós mesmos? Esse critério deve ser buscado fora ou dentro de nós? Giussani propõe que ele seja imanente à estrutura originária da pessoa: a experiência elementar. Trata-se de uma experiência original, primordial. Viver, então, é confrontar cada coisa com essa experiência — um direito e um dever de todos. Essa experiência elementar se constitui por um conjunto de exigências e evidências com os quais o ser humano se depara ao entrar em relação com o mundo. Exigências de felicidade, verdade, justiça e sentido. Qualquer afirmação que uma pessoa faça, segundo Giussani, precisa estar ancorada nesse núcleo de evidências e exigências fundamentais.

Se a natureza do sujeito determina o método, é necessário refletir sobre essa natureza. Giussani a define como dotada de razão. A razão, por sua vez, é a capacidade de conhecer que se desenvolve a partir da relação direta com o objeto, sem interferências externas que desvirtuem o processo. Uma frase marcante: "A natureza do homem é relação com o infinito: o anarquista é a afirmação de si até o infinito, e o homem autenticamente religioso é a aceitação do infinito como significado de si" (Giussani, 2017, p. 26). Essa abertura à totalidade está no cerne do pensamento de Giussani, conectando-se a uma razão que compreende muito, mas permanece atenta ao que a transcende — o mistério.

Para Giussani, o fator religioso expressa a própria natureza do eu, manifestando-se nas perguntas fundamentais: "Qual o significado último da existência? Por que a dor, a morte? Vale a pena viver?" (Giussani, 2017, p. 73). À medida que avançamos em busca de respostas, o horizonte se expande. Essa é a trajetória do conhecimento humano, evidenciada na contemplação do cosmos, que se revela em novas imagens e cores vibrantes através do telescópio Webb. Olhamos para longe, desenvolvemos

---

1 Cf. Giussani, 2017, p. 23ss.

tecnologias que ampliam nossa visão, mas nunca alcançamos os limites, pois estes se mostram infinitos — ou talvez múltiplos. Há, assim, uma desproporção entre nossas perguntas e uma resposta total.

Outra frase marcante surge: "Estruturalmente, o homem espera; estruturalmente, é mendicante; estruturalmente" (Giussani, 2017, p. 86) — insuficiente, pois tudo o que possui não provém de si mesmo. O senso religioso é, portanto, a capacidade que a razão possui de exprimir sua própria natureza profunda por meio da interrogação última. O passo seguinte encontra sua razoabilidade na afirmação do mistério como realidade existente: diz Giussani (2017, p. 90), "Somente a existência do mistério é adequada à estrutura de mendicância que o homem é". Essa ideia ressoa com a leitura do autor dos "Coros da Rocha", T. S. Eliot, que ecoa a mesma visão. Eliot adverte sobre os perigos de estruturas humanas que buscam abolir a necessidade do bem individual. Ele escreve (Eliot, 1981, p. 186): "Amiúde tentam eles escapar à treva que no fundo os corrói e ao seu redor se alastra, sonhando sistemas de tal modo perfeitos que o bem seja de todo dispensável". Não haveria a necessidade de ser bom, pois todo bem viria da própria estrutura do sistema, abolindo a responsabilidade pessoal sobre a ação humana. "Mas o homem que é há de ofuscar o homem que pretende ser".

Aqui vale uma reflexão. Esses sistemas foram identificados com ideologias totalitárias — o nazismo hitlerista e o comunismo stalinista, que se desdobravam em utopias raciais, no primeiro caso, e sociais, no segundo. No entanto, suspeito que as utopias evocadas por T.S. Eliot não desapareceram. Apenas mudaram de forma. Se antes prometiam um gozo coletivo em um paraíso terrestre, onde a misericórdia e a compaixão seriam descartadas, agora apresentam-se como promessas individualistas. Sustentam-se na ideia de que a salvação reside em seguir a máxima do "seja você mesmo". Mas o que realmente significa essa mensagem?

Vivemos sob o peso desse imperativo, que exige submissão apenas a nós mesmos, ignorando o outro e qualquer alteridade. Trata-se, afinal, de mais um expediente para fugir das perguntas fundamentais, rejeitando tudo aquilo que nos cerca e nos desafia. Giussani nos convida a abraçar a realidade do mistério como parte essencial da existência e do destino humano. Ele sugere que penetrar e acolher aquilo que nos transcende — no mundo, no outro e no Totalmente Outro — é um ato que dá sentido à vida.

O teólogo critica atitudes não razoáveis diante das perguntas últimas. Primeiro, ele aponta o reducionismo, que tenta explicar fenômenos de maneira inadequada, deixando de lado fatores essenciais. Esse erro, segundo Giussani, leva ao abandono da busca por valores absolutos e imutáveis, resultando em uma traição à nossa natureza e destino. Esvaziar a pergunta essencial seria, portanto, irracional e desumano. Outro desvio consiste em aceitar a pergunta, mas limitá-la ao âmbito do sentimento, sem compromisso pessoal. Essa redução transforma a busca de sentido em mero esteticismo. Há também a negação desesperada, que descarta a possibilidade de respostas às perguntas fundamentais. Contra essas posturas, Giussani (2017, p. 106) afirma: "A autêntica religiosidade é a defesa até o fim do valor da razão, da consciência humana". Para ele, essa afirmação pode parecer estranha àqueles que desconhecem a relação entre fé e razão.

Giussani também alerta para os perigos da alienação moderna, que vê o progresso como resposta suficiente às perguntas humanas. Esse esvaziamento ou redução das questões existenciais, segundo ele, gera graves consequências culturais: a ruptura com o passado, que é transformado em ideal ou descartado por um novo cogito — "sou aquilo que digo que sou"; a solidão humana, não como estar sozinho, mas como ausência de significado; e a eliminação da liberdade como característica antropológica e social. Nesse contexto, Giussani resgata o conceito cristão de pessoa humana, articulando imanência e transcendência. A liberdade, em sua visão, está ligada à dependência humana de Deus, reconhecida e vivida. A verdadeira liberdade é a consciência dessa relação — aquilo que ele chama de religiosidade.

> A liberdade se identifica com a dependência humana de Deus em nível humano, isto é, reconhecida e vivida. Ao passo que a escravidão é negar ou censurar essa relação. A consciência vívida dessa relação chama-se religiosidade. A liberdade está na religiosidade! (Giussani, 2017, p. 142).

Ao retornar ao itinerário do senso religioso, Giussani (2017, p. 156) apresenta uma afirmação impactante: "o ser: não como entidade abstrata, mas como presença que não é feita por mim, mas que encontro, uma presença que se impõe". O primeiro sentimento é o de estar diante de uma realidade que não nos pertence, que existe independentemente de nós — um dado. O impacto inicial com a realidade traz consigo a ideia de dom. Diante desse dom, ou dádiva, somos conduzidos ao maravilhamento, despertando a pergunta última dentro de nós. Giussani parece querer despertar em nós a lembrança de um Outro que se manifesta como presença em radical alteridade, levando-nos a um senso de beleza. Outra frase marcante ressoa:

> A consciência de si mesmo até o fundo percebe, no fundo, no fundo, um Outro. Isto é a oração: a consciência de si mesmo até o fundo que se depara com um Outro. Dessa forma, a oração é o único gesto humano no qual a estatura do homem realiza-se inteiramente (Giussani, 2017, p. 163).

Aqui emerge um aspecto místico que se soma a outros pontos destacados por Giussani. Ele argumenta que a razão tem uma relação essencial com o dom, com a dádiva. "A razão é a exigência de compreender o existente; na vida, isto é impossível; portanto, a fidelidade à razão obriga a admitir a existência de algo incompreensível (Giussani, 2017, p. 179).

Giussani aponta para o ápice da razão como sendo a percepção de um desconhecido, inatingível, ao qual todos os movimentos humanos se dirigem, pois dele dependem. Essa percepção é a ideia de mistério. Ele critica a pretensão humana de definir o significado de tudo, de ocupar o lugar de Deus, criando máscaras para o mistério — ídolos. Pretender identificar o significado total com algo compreensível seria, assim, uma limitação. O mundo é sinal. A realidade aponta para uma Outra. Giussani encerra essa etapa de sua reflexão deixando abertas as próximas questões de seu percurso. Relembra-nos que a revelação jamais deve ser vista como a conclusão do mistério, mas como um aprofundamento do mistério enquanto mistério. Assim, abre caminho para o segundo volume de seu percurso, abordando a pretensão cristã.

Referências

ELIOT, T. S. Coros de "A Rocha". In ELIOT, T. S. *Poesia*. 6. ed. Tradução: Ivan Junqueira. Rio de Janeiro: Nova Fronteira, 1981, p. 173-194.

GIUSSANI, L. *Na origem da pretensão cristã*. 3. ed. Tradução: Paulo Afonso E. Oliveira São Paulo: Companha ilimitada, 2012. Título original: *All'origine della pretesa cristiana*.

GIUSSANI, L. *Por que a Igreja*. 3. ed. Tradução: Neófita Oliveira e Durval Cordas. São Paulo: Companha ilimitada, 2015. Título original: *Perché la chiesa*.

GIUSSANI, L. *O senso religioso*. Tradução: Paulo Afonso E. Oliveira. Jundiaí: Paco, 2017. Título original: *Il senso religioso*.

CAPÍTULO 5

Na relação com alteridades, a dinâmica pessoal: experiência elementar em dimensão relacional

Miguel Mahfoud

Diante da afirmação de Giussani (2017) de que experiência elementar se refere a uma *exigência de resposta*, muitas vezes se enfatiza a *busca* por parte do sujeito. Apontamos aqui a possibilidade de um olhar mais global: a dinâmica própria da experiência elementar se instaura na nossa relação mesma com o real, o que aponta para a superação de concepções de sujeito exageradamente autodeterminante, sujeito desejante, como se a busca nascesse de si mesmo. Giussani (2017) explicita que o próprio impacto do sujeito com o real é instaurador da dinâmica que o constitui e o caracteriza. Assim, tão importante quanto identificarmos buscas e desejos é considerar o que acontece com cada sujeito na sua relação com o real: disso depende o conhecimento do sujeito bem como o reconhecimento do valor de respostas eventualmente encontradas pelo sujeito.

Giussani (1994) supera a recorrente concepção de que todo o conhecimento do real estaria calcado no próprio sujeito — em sua narrativa ou em sua dinâmica intrapsíquica etc. A vida humana nos é possibilitada pela relação com alteridades. A original percepção do real como alteridade é uma evidência: estamos no mundo que já existia antes de nós e permanecerá além de nós. Na alteridade da realidade, apreendemos limites, mas também sua dimensão infinita: o real é sempre mais do que chegamos a apreender, a pessoa diante de mim e o real mesmo são mistério. É possível, então, termos percepção da infinitude (cf. Trinca, 1991). O real mesmo, ao insinuar o infinito a nós, evidencia-se como alteridade. A alteridade é intrínseca à experiência mesma.

Podemos, então, fazer frente à tendência cultural hegemônica caracterizada por subjetivismo ou mecanicismo ao colher a elaboração do sujeito propiciada pelo contato com o real e pelo decorrente conjunto de exigências e evidências que o sujeito vivencia.

Na *atenção*, colhem-se a dinâmica do sujeito e o real em sua alteridade. Giussani (2017) aponta a necessidade de uma educação à atenção de modo tal que favoreça a elaboração da experiência, a apreensão da complexidade do real e o dinamismo das próprias buscas.

A falta de clareza quanto a dimensão relacional da experiência pode ser obstáculo à elaboração até das questões mais autênticas. Von Balthasar (2017), em seu ensaio intitulado *Quem sou eu?* reconhece que aquela pergunta emerge a todos os seres humanos em todos os momentos históricos, permanecendo inclusive nas narrativas mais avessas a tomá-la em consideração, apontando para uma alteridade de nós para nós mesmos, constitutiva da experiência humana. Inclusive, ao ignorarmos aquela pergunta que nos acompanha a todos e durante a vida inteira, aumenta a dificuldade de estabelecer relações interpessoais e de empreender nossas buscas mais pessoais.

Giussani (2019) aponta que responder ao mundo edificado coletivamente pré-existente a nós – como cultura e tradição – é fundamental para a nossa formação como pessoas. A importância de dar respostas ao mundo – à realidade mais ampla do que nós mesmos – indica a complementariedade entre consciência de si próprio e consciência do outro.

De fato, a constituição de nosso eu se dá nos relacionamentos. Giussani (2004) enfatiza a relação com *presenças* (Cf. Mahfoud, 2007; 2017); Buber (2004; 2011) considera a relação como fundante do eu, necessariamente *dialógico*. Romano Guardini (2002) identifica o *encontro* interpessoal como fundante para a formação do sujeito.

No capítulo cinco de *O senso religioso*, Giussani (2017) nos aponta a experiência em sua dimensão relacional. Na experiência, colho tudo: a mim mesmo e ao outro, minha corporeidade e psique, minha exigência de sentido, mundo presente a mim, o mundo além de mim... Na experiência, a apreensão da complexidade. Trata-se da abertura fundamental que define a pessoa. Edith Stein (2013) evidencia que a pessoa é constituída pela abertura para fora de si bem como abertura para dentro de si própria. Na experiência, eu me volto para o que sou e para o que me constitui; apreendo como o mundo ressoa em mim, como eu não permito que o mundo ressoe em mim, como eu gostaria que ressoasse etc. Giussani ressalta que, na experiência, posso colher todos os elementos observando-me em ação: é justamente no que emerge em nós ao viver que eu posso me apreender, assim como posso apreender o mundo.

Observando-me em ação, eu me dou conta de ser um feixe de reações, mas também de buscas e interrogações. Quando me pergunto: "O que está acontecendo comigo?", eu me volto para alguma descrição, mas, fundamentalmente, busco sentido. Quando penso em abordar certo objeto, levanto questões elaboradas a partir de uma concepção já estabelecida; mas quando encontro o real, noto que se move em mim um interesse — pela vida mesma — que lança novas luzes no interesse pelos diversos aspectos do real. Nenhum de nós colheria a complexidade de antemão, mas podemos apreendê-la em ação.

Tomando posição diante do que acontece torna acessível uma complexidade do sujeito e do mundo. Somos pessoas, quer dizer, somos *acontecimento* (Romano, 2008; 2012; Mahfoud, 2019). Sem o acontecimento do meu eu, o meu ser pessoa não estaria ativo - como se dá em dinâmicas puramente reativas, por exemplo.

O que nos interessa está na experiência, porque na experiência há tudo — como apontado já por Tomás de Aquino (citado por Giussani, 2017, p. 66)[1]: "a alma é, de certo modo, todas as coisas". O interesse pela experiência é por nos trazer uma complexidade que permite atuar nossa dinâmica humana.

Na nossa experiência, aparece que temos corpo; aparece também que não nos definimos primordialmente pela corporeidade. Olho para alguém e considero um corpo presente a mim, mas apreendo também sua presença possibilitada pelo seu corpo. Se eu lidasse com alguém só como corporeidade, isso seria violento para ele e, inclusive, para mim mesmo. E não posso considerá-lo nem mesmo como um ser unicamente espiritual: resultaria igualmente em violência. Somos uma complexidade. Em nós, um fluir de percepções de si e do mundo. Antes ainda de chegar a considerar que o constante fluir seja triste, dramático, alegre ou doloroso... Antes ainda de qualificá-lo, tenho a percepção de meu eu justamente no fluir contínuo de experiência. Nele, o emergir de meu eu no presente (Stein, 2013).

---

[1] Tomás de Aquino. Suma teológica I, q. 14. art. 1; I, q. 16, art. 3.

Muitas vezes, observar uma nascente d'água, seu discreto fluir da terra, é comovente. O interesse ali não é propriamente pela água, mas pela água em seu fluxo: aprecio melhor a água quando apreendo-a brotando. Do mesmo modo, ao nos observarmos em ação, consideramos com admiração e senso de mistério o fato de sermos um fluxo contínuo de vivências: eu não me fiz, não me faço, sou um fluxo contínuo, independentemente de o ter decidido. Mas esse fluxo contínuo me interessa profundamente e me mobiliza por inteiro.

Cada experiência — de limite ou de possibilidades — é um campo aberto para tomada de posição em relação ao que acontece.

Evitando reducionismos, poderemos nos colocar a caminho de superar a concepção mecanicista ou espiritualista em voga em nossa cultura contemporânea. Giussani (2017) nos convoca à atenção à totalidade: a dimensão do espírito (tomadas de posição livres em relação ao que acontece) evidencia algo de seu eu; as vivências psíquicas e a corporais também mostram algo de sua vida pessoal. São todas expressões do que você é. (Não apenas de como você está) A experiência empírica e a atividade do eu estão expressando um movimento, um fluir, uma corrente que é o seu eu presente.

No trabalho psicológico, frequentemente, renuncia a esse nível de percepção. Muitas vezes, o sujeito entra em terapia comentando que quer se conhecer mais e o profissional não dá a devida atenção a isso por restringir-se a objetivos menores (ligados a mal-estar ou a dificuldades relacionais, por exemplo). Mas a questão primordial é não perder essa dimensão ontológica no trabalho psicológico (mesmo ao lidar com o mal-estar ou dificuldades) para chegarmos à exercício da psicologia dinamizado pelo próprio fluxo efetivamente pessoal do sujeito.

Numa experiência de proximidade da morte, por exemplo, surgem perguntas radicais: "Pra que viver? Por que sofremos? Pra onde vai tudo isso? Vale a pena viver?". O risco é considerar a dimensão psíquica à parte do elemento dinâmico constitutivo da experiência humana. Essas interrogações radicais, de horizonte totalizante, são constitutivas da subjetividade de cada pessoa. E as respostas parciais não tocam no cerne da resposta ansiada. São perguntas ontológicas dinamizando a pessoa e sua abertura para dentro e para fora de si. Giussani (2017, p. 73) afirma que aquelas perguntas "coincidem com o compromisso radical do nosso eu com a vida". De fato, uma mãe e um pai que não se perguntassem: "O que vai ser desse bebê?" não teriam um desinteresse apenas pela criança, seria um desinteresse pela vida mesma. A autenticidade com que eles se perguntam coincide com a intensidade com a qual eles se ligam à vida e às suas tramas de relações humanas. A possibilidade de se colocar pessoalmente nas relações pessoais tem a ver com a vinculação do sujeito com a vida mesma.

São perguntas radicais, totalizantes. São questões que estão claramente dentro do acontecimento, mas que pedem uma resposta que se refira à totalidade. Essa dimensão de totalidade é a direção da nossa elaboração da experiência. Se o processo não for interrompido, precisaremos de respostas sempre mais abrangentes, de porquês cada vez mais radicais para lidar com a experiência atual. A falta de um porquê mais amplo levaria a vivenciar a pergunta "Para que tudo isso?" como fechamento e afirmação do nada, enquanto, com um horizonte amplo consolidado, mesmo uma experiência de sofrimento pode ser vivida como abertura, quando a própria dor abre perspectivas novas para a experiência do sujeito, permitindo superação[2].

No dizer de Giussani (2017, p. 74), a busca e a percepção da resposta é "intuição inteligente" e "emoção dramática": "tudo conspira para silenciar" esse movimento mais original. É fato que calamos, abafamos, interrompemos os pontos de experiência que mais nos interessam: temos vergonha de que algo tão simples nos defina; culturalmente, titubeamos ao afirmar esperanças... Trata-se do drama que se instaura no espaço aberto pela liberdade nas grandes experiências humanas: se a experiência nos arrastasse, não seríamos sujeitos. Para a experiência se estruturar e permanecer, para que ela constitua o sujeito e defina suas relações interpessoais, é preciso "querer o querer" — na expressão de Blondel (1996) — ou a "indizível esperança" acaba por ser silenciada.

Que grande desafio o de aprender a reconhecer o fluxo sutil da presença do eu, que nos possibilita sermos sujeitos em qualquer experiência.

---

[2] Duas canções de Tom Jobim trazem a mesma experiência de solidão e tristeza, mas com tomadas de posição antagônicas: Em "Inútil Paisagem" o eu lírico se pergunta "Mas pra quê? Pra que tanto céu? Pra que tanto mar? [...] De que servem as flores que nascem pelos caminhos se meu caminho sozinho é nada?". Já em "Meditação", "Quem no coração abrigou a tristeza de ver tudo isto se perder e na solidão procurou um caminho e seguiu já descrente de um dia feliz; quem chorou, chorou e tanto que seu pranto já secou... Quem depois voltou ao amor, ao sorriso e à flor, então tudo encontrou. Pois a própria dor revelou o caminho do amor e a tristeza acabou".

Tomamos posição diante desse fio de esperança e diante da exigência de sentido, da busca de beleza, do desejo de verdade...

Somos feitos das perguntas radicais. Esse é o tecido do qual nós somos feitos. Giussani (2017) ressalta que a questão da resposta às exigências fundamentais não é posterior ou postiça: a pergunta é já exigência de resposta; assim como o desejo de que o filho se realize é constitutivo do pai: é sua vida necessitada de sentido e valor. Por isso a exigência de resposta é radical.

O eu é constituído pela abertura radical, pela qual se dão as buscas de sentido. Uma certa forma de se ligar à resposta buscada interrompe essa dinâmica. À pergunta "Quem é ele?", pode-se receber várias respostas, mas cada uma delas se torna convite a ir além para se chegar a uma resposta que satisfaça as exigências de sentido que nos movem.

À pergunta "Quem é ele?", toda resposta é inconclusiva, cada resposta é um convite a ir mais além, podendo conduzir a respostas mais radicais. Cada uma das respostas recebidas tem sua força e liberdade à luz das exigências que estão em seu bojo. Tomadas por si mesmas, perdem realismo e força de significado. Uma significativa ilustração dessa dinâmica temos em *Morte e Vida Severina* de João Cabral de Melo Neto (1999b): no final, contemplando o paupérrimo recém-nascido nas palafitas, as pessoas se interrogam sobre o que há de ser dele: as respostas são diversas: "é uma criança pequena,/enclenque e setemesinha,/mas as mãos que criam coisas/nas suas já se adivinha" (p. 200). O pequeno corpo é observado nos detalhes, mas visam conhecer a pessoa em sua totalidade; a imaginação do que acontecerá no futuro é ativada pelo desejo de bem e de realização do pequeno. Sem o horizonte aberto pelo desejo de realização da vida daquela pessoa, aquelas mãos não evidenciariam nada e o corpo seria visto apenas por si mesmo: pálido, franzina, magro, guenzo, enclenque... Com o horizonte aberto, cada aspecto é sinal de uma realidade mais complexa: "é uma criança pálida,/é uma criança franzina,/mas tem a marca de homem,/marca de humana oficina" (p. 200). E com a estética não reduzida em horizonte estreito, a beleza do bebê é a beleza da vida mesma: "De sua formosura/deixai-me que diga:/é belo como o coqueiro/que vence a areia marinha"; "De sua formosura/deixai-me que diga:/é tão belo como um sim/numa sala negativa" (p. 200).

O mesmo poeta, em *Junto a ti esquecerei...* explicita o drama de se apreender a pessoalidade de alguém a partir de sua beleza ou tomá-la de modo reduzido:

A tua atitude te eleva para o alto.
Vejo que cortaste definitivamente todas as amarras.
Daqui eu adivinho os olhos dos homens
perdidos no tempo que nada descobrirão de ti.
Deixa que os não poetas falem de tua beleza,
esses nunca compreenderão o que há em ti de sombra
de sementes germinando, de vozes de cavernas.
Nem ao menos que é o teu olhar que nos aproxima
que nos torna irmãos para o resto do tempo.
Eu te reconheceria entre todas, porque tua presença eu a pressinto.
Deixa que tuas formas eles a tomem pela essência.
Esses te perderão ainda mais
e nunca compreenderão tuas inúmeras sugestões
que tu mesma desconheces. (Melo Neto, 1999a, p. 805)

Giussani (2017, p. 75) evidencia que as radicais perguntas últimas "fazem falar o fundo do nosso ser", dando acesso àquelas "inúmeras sugestões" apontadas pelo poeta, vindas da essência da pessoa, que ela mesma precisa se dar ao trabalho de paulatinamente conhecê-las. As mesmas radicais perguntas últimas são também "aquela energia que domina toda a mobilidade humana, provocando-a, sustentando-a, redefinindo-a continuamente" (Giussani, 2017, p.75).

A pergunta que é exigência de resposta mobiliza e sustenta o sujeito, redefine continuamente sua busca, devido ao fato de se abrir à resposta. Assim, o interesse real sustenta o sujeito na busca que é redefinida continuamente.

Eis o ponto-chave: a dinâmica humana de busca pelo sujeito humano se refere à resposta e não ao sujeito por ele mesmo.

Aí está a gravidade da postura cultural que enfatiza o sujeito, desqualificando qualquer resposta como ilusão: interrompe o movimento humano, o fluir do eu. De fato, gera passividade, justificada e teorizada: o ideal é mesmo chegar a não responder, para permanecer sujeito desejante.

Mas, seja como for, as perguntas radicais vão reemergir continuamente: e uma redefinição contínua tem sua força dependendo do empenho com o qual o sujeito acompanha a resposta que se insinua. A vitalidade própria da elaboração da experiência se dispersa na desqualificação da resposta. Assim se chega à perda do gosto de viver, tão evidente e frequente na sociedade contemporânea, como alertado por Teilhard de Chardin (1986, citado por Giussani, 2017, p. 133)[3].

Ao contrário, na abertura a uma resposta — já na espera por ela — você tem energia para viver intensamente o momento presente se vinculando à vida com sensibilidade para com as próprias exigências, formulando e reformulando questões, elaborando perguntas, adentrando cada vez mais um horizonte totalizante, radical.

Essa mesma dinâmica vale para toda atividade do ser humano: dela depende a clareza sobre si mesmo, a disponibilidade para estabelecer relacionamentos, a disposição intelectual para ser cientista, a relação com o diferente como fazendo parte de toda experiência humana, a urgência de sentido de vida pulsante em cada gesto...

Cada um de nós pode fazer experiências de correspondências mesmo em situações limitadas. Nas experiências cotidianas de apreensão da verdade ou da beleza, nós nos lançamos mais intensamente na busca da resposta totalizante, com experiências mais complexas de percepção de si, assim como de descobertas sobre o mundo, com admiração crescente quanto ao mistério do ser.

Podemos oferecer horizontes abertos à resposta em relacionamentos, em atividades profissionais, em processos educativos ou clínicos etc. De qualquer modo, a força de presença que mobiliza tem sua fonte na abertura à resposta vivida na nossa própria busca pessoal.

De fato, o eu é "o lugar da natureza onde é afirmado o significado do todo". (Giussani, 2017, p. 76). Ou seja, meu eu não é apenas uma capacidade de perceber, ou de fazer coisas, nem mesmo somente capacidade de perguntar ou buscar; mas capacidade de afirmar o significado referente ao todo. Trata-se de "exigência clamorosa, indestrutível, substancial de afirmar o significado de tudo" (Giussani, 2017, p. 76). A expressão do eu não é autoafirmação, mas afirmação do significado.

De um modo ou de outro, sempre temos urgência de afirmar o todo, mesmo que se tome algo como se fosse tudo. Por isso, paradoxalmente, fala-se que "tudo é relativo" ou "eterno enquanto dure", o cético considera como nada o que não for tudo, o suicida torna absoluto o limite vivido: para afirmar algo parcial, chama-se em causa o total, documentando a

---

[3] TEILHARD DE CHARDIN, P. *O fenômeno humano*. Tradução de José Luiz Archanjo. São Paulo: Cultrix, 1986, p. 251.

urgência de totalidade e absoluto que vibra na consciência humana. Trata-se de uma característica estrutural humana.

"Não é você quem decide. [...] A vida que está em você decide", nos alertava Giussani (2017, p. 86), citando um drama de J. Baldwin[4].

Assim, a desproporção estrutural - pela qual temos urgência de algo que não podemos dar a nós próprios e que é sempre maior do que podemos conceber, é sempre mais do que tudo que concebemos como total - não é uma condenação à tristeza: "A inexauribilidade da resposta para as exigências constitutivas do nosso eu é *estrutural*, é de tal modo inerente à nossa natureza que representa sua característica de ser" (Giussani, 2017, p. 78). O resultante afetivo dessa desproporção é tristeza, no entanto é uma centelha que coloca em movimento o motor humano em busca da alteridade que coincida com a resposta às exigências constitutivas.

Onde está a maior expressão do seu eu? Na busca daquilo que lhe corresponde, não na afirmação de si.

Estando aberto, tudo o que vem ao meu encontro me desperta. A lealdade com a própria experiência viabiliza o reconhecimento do real como uma presença. E é sempre surpresa, e, na abertura elaboro a experiência de modo autêntico, com o reconhecimento do sentido renovado. Por isso, primeiro você fica diante de seu filho com a surpresa de que ele lhe é dado, como a vida mesma nos é dada; em seguida, você deseja cuidar e planejar o futuro dele. Perdendo aquela experiência simples do reconhecimento da presença, logo já não sabe mais por que vale a pena ter filhos. No contato com o real, uma provocação a uma abertura para colher o que está fora de mim que possibilita que eu seja eu mesmo.

É insuportável que, por mais que eu faça, não consiga resolver a distância entre a exigência que tenho e o que eu consigo fazer para corresponder a ela.

> Se a tristeza é a centelha que se acende pela experiência da "diferença de potencial" entre a destinação ideal e a não realização histórica, o achatamento daquela 'diferença' — seja como for que aconteça — cria o oposto lógico da tristeza, o *desespero* (Giussani, 2017, p. 83).

[4] BALDWIN, J. *Blues per l'uomo bianco*. Milano: Feltrinelli, 1965, p. 40.

A realidade provoca em nós uma abertura real. Eu poderia passar o dia inteiro pensando no meu problema, mas, ao encontrar alguém, a presença me solicita a um momento novo. Você fica pensando durante toda a semana sobre o que vai dizer a seu terapeuta e, internamente, você repete, repete... mas, ao estar na presença dele, dá-se um outro processo, o novo tem lugar.

"Estruturalmente, a vida é promessa" (Giussani, 2017, p. 86). A realidade desperta em nós expectativa e movimento em direção à realização: emerge o desejo do todo e a decorrente pergunta sobre a totalidade. E "não é você quem decide. [...] A vida que está em você decide" (p. 86).

"Pelo simples fato de viver, um homem coloca essa pergunta, porque é a raiz da sua consciência do real" (Giussani, 2017, p. 91) e acaba por afirmar um significado que se refira a algo pelo qual vale a pena viver. Se não mantém a abertura, toma elementos reduzidos; ao negar a possibilidade de um elemento último real, interrompe seu próprio dinamismo pessoal.

Tomemos como exemplo a experiência relatada na canção "Coisa da vida" de Rita Lee: "Depois da estrada começa/uma grande avenida, no fim da avenida/existe uma chance, uma sorte, uma nova saída.//Qual é a moral?/Qual vai ser o final dessa história?/Eu não tenho nada pra dizer, por isso digo/que eu não tenho muito o que perder, por isso jogo/Eu não tenho hora pra morrer, por isso sonho". Note a dificuldade: a pessoa reconhece a abertura de horizontes sempre maiores no caminho da vida, mas, não tendo clareza de onde tudo isso vai dar, toma a vida como um jogo em que o resultado tanto faz. Interrompendo o percurso, se vê diante do caminho aberto sem saber como se mover: "a gente se olha e não sabe se vai ou se fica", conclui a canção. Ao tomar como frágil o horizonte último, a pessoa fragilizou seu próprio percurso.

Mobilizado autenticamente pelo real e seu horizonte aberto, o sujeito tem condições de chegar a juízos claros sobre o mundo e sobre si mesmo. Correspondências com relação às suas exigências constitutivas podem ser advertidas. Respostas às promessas que o real suscita são aguardadas e reconhecidas. Assim, pode-se caminhar, mesmo quando cansados e feridos, por saber que as respostas às exigências constitutivas existem. Com letícia (a serena alegria que se mantém em meio a dificuldades) porque, como nos disse o Pequeno Príncipe (Saint-Exupéry, 2019, p. 55), "se tu vens, por exemplo, às quatro da tarde, desde as três eu começo a ser feliz".

Referências

BLONDEL, M. *La acción (1893)*: ensayo de una crítica de la vida y de una ciencia de la práctica. Madrid: BAC, 1996. Título original: *L'action (1893).*

BUBER, M. *Eu e tu*. Tradução: Newton Aquiles Von Zuben. 8. ed. São Paulo: Centauro, 2004. Título original: *Ich und Du.*

BUBER, M. *Caminho do homem*: segundo o ensinamento chassídico. Tradução: Claudia Abeling. São Paulo: É Realizações, 2011. Título original: *Der Weg des Menschen.*

GIUSSANI, L. Em caminho. In GIUSSANI, L. *É, se opera*: notas de conversações com jovens. Suplemento de 30 Dias, n. 6, jun. 1994, p. 9-15. Título original: *In cammino.*

GIUSSANI, L. *L'autocoscienza del cosmo*. Milano: Rizzoli, 2000. (Quasi Tischreden, 4).

GIUSSANI, L. *Una presenza che cambia*. Milano: Rizzoli, 2004. (Quasi Tischreden, 7).

GIUSSANI, L. *O senso religioso*. Tradução: Paulo Afonso E. Oliveira. Jundiaí: Paco, 2017. Título original: *Il senso religioso.*

GIUSSANI, L. *Educar é um risco*: como criação de personalidade e de história. Tradução: N. Oliveira. São Paulo: Companhia ilimitada, 2019. Título original: *Il rischio educativo: come creazione di personalità e di storia.*

GIUSSANI, L. *Una rivoluzione di sé*: la vita come comunione (1968-1970). Milano: Rizzoli, 2024.

GUARDINI, R. O encontro. In COGO, L.; CHAVES, C. C. C. (Org.). *Curso de extensão em educação infantil.* Belo Horizonte: AVSI, 2002, p. 204-212.

MAHFOUD, M. Centro pessoal e núcleo comunitário, segundo Edith Stein: indicações para estudos sobre família. In MOREIRA, L.; CARVALHO, A. M. A. (Org.). *Família, subjetividade, vínculos.* São Paulo: Paulinas, 2007, p. 107-124.

MAHFOUD, M. Autoconsciência no relacionamento com uma presença: teu nome nascia do que fitavas. In MAHFOUD, M. (Org.). *Quem sou eu?*: um tema para a psicologia. Belo Horizonte: Artesã, 2017, p. 69-109.

MAHFOUD, M. Gesto fenomenológico diante do acontecimento da subjetividade. In FEIJOO, A. M. L. C.; LESSA, M. B. M. F. (Org.). *O gesto fenomenológico*: corpo, afeto e discurso na clínica. Rio de Janeiro: IFEN, 2019, p. 53-76.

MAHFOUD, M. *Experiência elementar em psicologia*: aprendendo a reconhecer. 2. ed. Belo Horizonte: Artesã, 2022.

MELO NETO, J. C. Junto a ti esquecerei... In MELO NETO, J. C. *Obra Completa*. Rio de Janeiro: Nova Aguilar, 1999a, p. 805-806.

MELO NETO, J. C. Morte e vida severina: Auto de Natal Pernambucano. In MELO NETO, J. C. *Obra Completa*. Rio de Janeiro: Nova Aguilar, 1999b, p. 169-202.

ROMANO, C. *Lo posible y el acontecimiento*. Tradução: A. Fornari, P. Mena, E. Muñoz. Santiago de Chile: Universidad Alberto Hurtado, 2008.

ROMANO, C. *El acontecimiento y el mundo*. Tradução: F. Rampérez. Salamanca (Espanha): Sígueme, 2012. *L'évènement et le monde*.

SAINT-EXUPÉRY, A. *O pequeno príncipe*. Tradução: Dom Marcos Barbosa. Rio Branco: UFCA, 2019. Título original: *Le petit prince*.

STEIN, E. *La struttura della persona umana*: corso di antropologia filosofica. Tradução: Michele D'Ambra com revisão de A. M. Pezzella e M. Paolinelli. Roma: Città Nuova, 2013.

TRINCA, W. *A etérea leveza da experiência*. São Paulo: Siciliano, 1991.

VON BALTHASAR, H. U. Quem sou eu? In MAHFOUD, M. (Org.). *Quem sou eu?*: um tema para a psicologia. Belo Horizonte: Artesã, 2017, p. 13-35.

PARTE II

ATUALIDADES

CAPÍTULO 6

Gerar mundo humano: protagonismo segundo Luigi Giussani

Miguel Mahfoud

Na esteira de vários trabalhos acadêmicos sobre as implicações do conceito de experiência elementar de Luigi Giussani para a psicologia (Mahfoud, 2014; 2016; 2020; 2022), no presente texto, apresentamos contribuições originais do pensador italiano quanto a importância do *protagonismo* para a formação e realização da pessoa ao tomar posição no mundo. Apontamos protagonismo também em sua relação com *autonomia* pessoal, no âmbito da crítica giussaniana ao modo como ambos os termos vêm sendo utilizados na contemporaneidade[1].

De fato, o emparelhamento de protagonismo e autonomia é muito frequente tanto em documentos oficiais governamentais quanto na literatura científica especializada. Nesse sentido, o texto "Base Nacional Comum Curricular", do Ministério da Educação do Brasil (2018, p. 365), visa o sujeito como "protagonista autônomo de melhores condições de vida" e "protagonista na escolha de posicionamentos" (Brasil, 2018, p. 343). Leituras dos processos de modernização das sociedades globalizadas (apoiadas em grandes autores europeus como Bauman e Giddens, e também latino-americanos como Canclini, Bruner e Girola) ressaltam que o protagonismo do sujeito sempre mais individualizado e autônomo

[1] Texto originalmente publicado em italiano no terceiro volume dedicado ao centenário do nascimento de Giussani: MAHFOUD, M. Generare un mondo umano: il protagonismo secondo Luigi Giussani. In DI MARTINO, C. (Org.). *Introduzione alla realtà totale*: saggi sul pensiero pedagogico e sociale di Luigi Giussani. Milano: Rizzoli, 2023, p. 171-185.

vem sendo tomado com certa suspeita crítica pelos autores da própria modernidade tardia (Uribe; Jaramillo, 2021).

Análises do protagonismo juvenil na literatura especializada (no campo da educação) apontam para a sintonia entre os autores quanto a tomar protagonismo como "via promissora para dar conta tanto de uma urgência social quanto das angústias pessoais" (Ferretti; Zibas, 2004).

Paulo Freire e seus continuadores — atentos à manipulação que a sociedade pós-industrial, impõe aos sujeitos ao torná-los individualistas e instrumentos de sustentação da máquina social — buscam formar pessoas autônomas no sentido de serem protagonistas enraizadas na própria cultura e voltadas à construção do corpo social mais amplo (Freire, 2019a, 2019b; Ryzewski; Storti, 2008).

O presente texto apresenta a original tematização crítica de Giussani ao protagonismo em sua tensa relação com autonomia, apontando a íntima relação entre as dimensões pessoal e social.

Protagonismo, autonomia e capacidade de resposta

O ponto de partida é a observação de Giussani de que, não raras vezes, ressalta-se a importância do protagonismo para valorizar a autonomia, esta sentida como liberdade, o que acaba por ofuscar o papel fundamental das relações interpessoais de favorecerem a tomada de posição no mundo pela pessoa. Assim, venfraquecem a potência pretensamente valorizada e esvaziam seu sentido. Uma exemplificação oferecida por Giussani (2002b, p. 190) como típica da era moderna é a ênfase que Giuseppe Manzini deu à autonomia dos jovens quando os incentivava a morrer pela pátria na Grécia no século XIX. Podemos notar que, no século XX, também o nazismo exaltou o sentido de autonomia nacional justificando todo tipo de violência a pessoas e povos. Dramaticamente, a ênfase na autonomia como liberdade, visando protagonismo, vem acompanhada de pertença manipulada também em nossos dias: diversos grupos apelam ao senso de autonomia dos jovens em relação à cultura dos adultos tornando-os militantes das próprias fileiras de lutas políticas ou ideológicas. "Demonstração trágica de onde o ser humano chega com a pretensão de autonomia" (Giussani, 2008, p. 265). Evidência da urgência de clarificação crítica do termo protagonismo levada a cabo por Giussani.

Sobre a importância do sentido original do termo protagonismo, Giussani (2001, p. 36) aponta:

> Em grego, "protagonista" significa, literalmente, "gerador", o "primeiro agente", aquele que faz as coisas brotarem. Sem entender isso, a vida da pessoa é como que previsível, destinada a ser achatada ou — no melhor dos casos — resignada.

E identifica a raiz do protagonismo no fato de a pessoa ser e tender a se tornar *responsável*:

> Tender a se tornar responsável quer dizer tender a ser capaz de responder. [...] Tender a responder ao que nos é solicitado na vida significa tender a se tornar protagonista (Giussani, 2001, p. 36).

O protagonista se constitui, então, no âmbito das respostas às solicitações que adverte em sua existência e não propriamente na ação que realiza. Responder liberta a ação do campo da reatividade, onde a pessoa permaneceria resignada: "Resignado é alguém cuja reação ao que acontece determina o todo" (Giussani, 2001, p. 37). A reatividade:

> direciona o eu nos detalhes daquilo que o solicita, torna-o presa do que o determina — ainda que tenha a ilusão de se autogovernar. Mas é uma ilusão e ele não tem como impedir que ela comande o jogo: de fato, ao ser determinado o ser humano coincide com a determinação que o faz reagir (Giussani, 2011, p. 61).

Pelo contrário:

> ser protagonista quer dizer criar; criar é encarnar o ideal que vibra em seus olhos e em seu coração, com toda afetividade que dele nasce, dentro das circunstâncias do instante presente (Giussani, 2002a, p. 34).

Um ideal vibra na pessoa em sua precisa circunstância presente, com a solicitação que esta lhe apresenta. E dar consistência de factualidade pessoal àquele ideal que vibra em seu próprio âmago é *criar*, é ser protagonista, é gerar vida humana e pessoal na circunstância que, de outro modo, apenas determinaria reatividade no indivíduo.

Nota-se aí a clara aplicação do conceito de experiência elementar como:

> ímpeto original com o qual o ser humano se lança na realidade, procurando identificar-se com ela por meio da realização de um projeto que imprima à própria realidade a imagem ideal que o estimula interiormente (Giussani, 1986, p. 18).

Assim, ser protagonista é ser sujeito do trabalho de dar carne pessoal a algo de dimensão ideal que o estimula interiormente na circunstância presente.

Também se nota ali o autor afastando protagonismo de autonomia, uma vez que a peculiar criatividade se dá na sintonia com o que lhe acontece, com o ideal advertido na própria pessoa ao vivenciar o impacto com o real.

Protagonismo e empenho desejoso: liberdade e dimensão social da experiência

A integração entre a ação criativa própria do protagonista e a afeição vivenciada pela pessoa na percepção do ideal pulsando em si é indicada por Giussani (2002a, p. 349) ao utilizar a expressão *empenho desejoso.*

Uma primeira consequência é que o empenho desejoso favorece a *liberdade* da pessoa, já que ele não se refere aos limites ou entraves da circunstância em questão, mas ao ideal que se insinua ao vivenciá-la. "Pode até haver mil defeitos a mais do que aqueles que vocês notam, mas a consequência imediata, seu êxito imediato é que você se empenha mais" (Giussani, 2002a, p. 349). A liberdade do protagonista vem da superação da reatividade diante do real ao se empenhar com o ideal suscitado pela circunstância. Em outros termos:

> liberdade é a capacidade de aderir a algo outro que é nossa consistência e então nossa completude, nossa perfeição. Liberdade é aderir a algo outro, sempre. O contrário da liberdade é a autonomia (Giussani, 2008, p. 273).

Outra grande consequência da integração entre ação e ideal advertido é que, assim, responsabilidade, criatividade e empenho desejoso (não pretensioso, mas cuidadoso) tendem a fazer com que as diversas pessoas se surpreendam semelhantes, juntas: eis a *dimensão social do protagonismo*, como criação do mundo humano. Ser protagonista no mundo é uma responsabilidade para com todos: nesse empenho, "nenhuma vida é isolável do contexto da história" (Giussani, 2002a, p. 349). O exemplo máximo apontado por Giussani é o próprio Jesus Cristo: ainda que pouquíssimas pessoas o tenham conhecido pessoalmente, "aquele ponto infinitesimal" (Giussani, 2002a, p. 350) instaurou algo para todos ao longo da história inteira.

Essa modalidade de tomada de posição na circunstância em que nos encontramos é ofertada para o mundo, cria algo *na história*: "Até a oferta do gosto de beber uma taça de vinho moscatel pode ter um grande influxo" (Giussani, 2002a, p. 350). No gosto e/ou sentido com que você realiza um gesto baseado no ideal advertido, a consciência do valor que ele contém faz ressoar algo na história. Bem em contraste com as consequências da pretensão de autonomia, quando a resposta pessoal vem a ser artificialmente substituída por algo sem raiz, deixando a pessoa à mercê da reatividade, promovendo solidão, isolamento e incomunicabilidade crescentes. O presente vivido como reação e opinião:

> produz — sempre mais gravemente — a solidão, a impossibilidade de comunicar; porque a possibilidade de comunicar está em proporção direta com a riqueza que a pessoa é. E essa riqueza da pessoa é dada por tudo o que recebeu, que recebe [...]. Assim, dá-se personalidade sem liberdade, pessoas sem liberdade, sem história, isto é, sem passado; a densidade se faz superficialidade e solidão (Giussani, 2008, p. 265).

O protagonista cria relacionamentos, gera mundo humano

No entanto, a pessoa é protagonista pelo fato de que sua tomada de posição frente ao que adverte como ideal no contato com o real ressoa em outros. Assim, esse protagonismo não tem a ver com as habituais demonstrações de força de liderança ou de capacidade de ação, mas trata-se de uma tomada posição em relação ao que acontece que acaba por gerar relações interpessoais significativas, gera mundo humano.

Nas palavras de Giussani (2001, p. 37): "O que o ser humano cria é relacionamento; assim nasce uma trama de realidades e, por isso, de verdade no mundo".

A proximidade humana que assim nasce é, por sua vez, uma ajuda a sustentar a própria pessoa em suas tomadas de posição autênticas (ancoradas no ideal advertido na própria experiência), ajuda a não se tornar presa de reatividades em relação a seus próprios sentimentos ou em relação às atitudes de outrem.

Note que, assim, nem é preciso superar problemas para se chegar a ser gerador. Ao viver a esperança da resolução de um problema (pois "a tristeza traz sempre uma esperança de um dia não ser mais triste não", como nos alerta o poeta Vinícius de Moraes), a pessoa já é protagonista em sua tomada de posição geradora de relações humanas.

As solicitações que advertimos na vida nos possibilitam não ficar resignados através de nossas respostas a elas:

> Tender a se tornar responsável quer dizer tender a ser capaz de responder. Tender a responder ao que é solicitado na vida: responsável, responder. Tender a responder ao que nos é solicitado na vida significa tender a se tornar protagonistas. O que nos é solicitado é sermos protagonistas na vida, isto é, geradores. (...) Para o resignado, a reação ao que acontece determina o todo; o todo é escravo de sua reação. (Giussani, 2001, p. 36-37).

Como protagonistas, podemos viver o que acontece e gerar mundo humano nas circunstâncias precisas, em vez de atuar por reações às circunstâncias. Nossa experiência pessoal com o real nos confere uma *missão*. "O conceito de missão se une ao de protagonismo ou — o que é o mesmo — ao conceito de responsabilidade frente ao mundo" (Giussani, 2001, p. 37). Podemos ser protagonistas porque a própria experiência nos confere uma missão, a de "dar corpo" ao ideal que nela se apresenta, configurando nossa singularidade pessoal, construindo relações humanas e formando o mundo a um só tempo.

Note que, nesse sentido, missão não se refere tomar atitudes pré-programadas, o que nos manteria no campo da resignação. Missão abre o campo ao protagonismo como geração de *relacionamentos*. O protagonismo em uma ação tem a ver com a relação que se gera a partir de tarefas e produtos: na tomada de posição intrínseca a uma ação, abrem-se caminhos para relacionamentos marcados pelo desejo de tomar posição pessoal. Assim, podemos falar, com Giussani, de *unidade operativa* (Giussani, 2014, p. 212). Ninguém se mantém sozinho no protagonismo. Eis o âmbito do protagonismo gerando mundo humano.

Favorecer o protagonismo: festejar a evidência e aceitar o limite

A primeira ajuda para que alguém chegue a seu protagonismo ou se mantenha naquela posição humana é, segundo Giussani (2001, p. 38), *festejar a evidência* de que os acontecimentos têm a ver com o termo último da felicidade, festejar as evidências de que nossa realização como pessoa tem a ver com a vida se dando, tem a ver com o sentido de nossa presença na história, tem a ver com participação em uma construção para o mundo. Note que festejar a evidência se contrapõe a declará-la abstrata ou genericamente. Quando esses horizontes se apresentam com algum nível de evidência, celebrá-la juntos. Com isso, geram-se relacionamentos de horizonte ideal e missão, ressalta-se o ideal nas circunstâncias e acontecimentos, abre-se caminho para o protagonismo. Exercemos a virtude da *amizade* quando nos ajudamos a reconhecer as evidências e celebramos juntos.

Dramaticamente, há pontos e momentos de evidência a serem festejados, mas há também, sempre, experiência do limite: vemos algo grandioso e depois o perdemos de vista; vislumbramos uma possibilidade e os acontecimentos são menores do que esperávamos ou nós próprios não damos conta de sustentar o posicionamento reconhecido como realizador. Giussani (cf. 2001, p. 38-39) aponta que, paradoxalmente, a experiência do limite faz parte da condição para experienciar o ilimitado. De fato, só é vivido como limite porque — ainda que implicitamente — está referido ao que está além do limite. Mas Giussani chega a afirmar que o limite é mesmo condição para ir em direção ao ilimitado. Quando uma pessoa percebe que alguém está para além do que pensara, tem condições de aprofundar o que ele é, o que sua própria pessoa é, pode se interessar por novos horizontes para onde circunstâncias específicas a conduzem.

Na experiência do limite há uma dissonância, vivida como dor; no entanto, é uma condição de aprofundamento e realização.

Protagonista por ajuda mútua e encontros

Giussani (2001) evidencia que o limite é condição existencial para se dirigir ao não limite. E aponta também que "sozinhos, não aceitaríamos isso; não conseguiríamos tolerá-lo sozinhos" (Giussani, 2001, p. 38); não daríamos conta de elaborar nossa própria condição pessoal ou existencial. Sem aceitar esse sacrifício do limite, "a pessoa não se torna operante" (Giussani, 2001, p. 39). Sem ajuda mútua para reconhecer evidências do ideal ilimitado a partir das circunstâncias delimitadas, ficaríamos circunscritos à reação, nós nos deteríamos na dor do limite, nos tornaríamos resignados. Assim, facilmente se chegaria a concluir que o trabalho e a vida mesma não valem a pena; ou se concluiria que a vida é sem sentido, não tendo mais vontade de viver, vivendo conformado ao limite na "anorexia do humano", segundo a expressão giussaniana (Giussani, 2011, p. 61)[2].

Sozinhos, cada um de nós não daria conta de elaborar a provocação das circunstâncias: todos precisamos de alguém para chegar a reconhecer nossa função e missão pessoal na circunstância precisa. Nossa função, como protagonistas (geradores, fecundos), é colocar algo novo no mundo através de *encontros* (Giussani, 1998, p. 248). Contribuímos com o caminho que é próprio do outro, possibilitando encontros. Cada encontro solicita o posicionamento pessoal próprio e do outro, permite reconhecer que as circunstâncias estão além dos dados limites.

Frequentemente nos detemos frente a limites próprios e de outros, mas a questão é retomar continuamente o ideal realmente vivenciado; então, até mesmo dor e dificuldade do limite podem ser condição para voltar a afirmar a exigência de construtividade. Para essa retomada, cada um precisa de companhia humana: recurso de todo processo humano.

Trabalho: retomada contínua do mais original

Sem o sacrifício de aceitar que limite faz parte desses processos, a pessoa ficaria resignada, não se tornaria operante, protagonista. Aceitar

2 Sobre a importância da elaboração da experiência na perspectiva de Giussani diante do questionamento se vale a pena viver, cf. Mahfoud, 2018 (Vale a pena viver?: a pergunta radical requer resposta pessoal).

que a vida seja limitada não é uma resignação se pudermos viver aquele paradoxo próprio da existência humana. Giussani (cf. 2001, p. 102ss) afirma que uma companhia vivida mostra sua específica eficácia justamente na retomada do que é originário, na retomada contínua da dimensão ideal. E onde essa eficácia fica mais evidente e documentada é no *trabalho*. Trabalhar é — de algum modo — tomar nas mãos o ideal na realidade circunscrita, é transformar o real a partir de um ideal de vida e relações (Giussani, 2000b).

Na era moderna, o ideal de trabalho e de pessoa é *eficiência*. Restrita à necessidade de ser eficiente, a pessoa permanece na reatividade, na cobrança de como algo deveria ser. A cobrança chegou a se estruturar como sistema de trabalho e, atualmente, fala-se liderança baseada em tolerância zero quanto a ineficiência. É uma aplicação atual do ideal do Humanismo instaurado desde o século XVI, em que as atenções recaem sobre o que a pessoa faz, gerando dificuldades para chegar a ser si mesma, dificultando o protagonismo.

Que uma companhia humana tenha capacidade de gerar sujeitos responsáveis por suas ações se documenta justamente no *trabalho*. O trabalho demonstra a potência da companhia humana exatamente no âmbito em que a cultura afirma a eficiência como fosse o valor da pessoa. Uma mudança de posicionamento humano ao viver o trabalho tem enorme incidência na totalidade da vida da pessoa, em todas as suas relações — o que documenta a força de tal transformação (Giussani, 2000a).

Habitualmente, os sujeitos "estão subjugados ao que fazem. O que fazem os expressa sem lhes dar um motivo para valer na sociedade ou para existir" (Giussani, 2001, p. 103). No encontro humano solicitante de posicionamento pessoal, tendo em mira um ideal vislumbrado na circunstância, emerge "uma seriedade diferente, [...] seriedade com fidelidade, liberdade e afeição" (Giussani, 2001, p. 103) desconhecidas pelos subjugados ao que fazem. Interessante notar que essas são características ambicionadas pelo líder moderno em sua ânsia de garantia de eficiência que termina por inviabilizá-las; no entanto, elas são possíveis numa mudança de perspectiva pessoal incorporada como perspectiva de trabalho: acompanhar o outro de maneira tal que ele responda do ponto de vista do ideal. Permanecendo subjugado ao que faz e à eficiência, ele não colhe motivos para fazer ou existir. Aquela mudança de perspectiva ao vislumbrar o ideal possibilita articulação de motivos que surgem na relação com o real, gosto ao trabalhar, motivos para aceitar relacionamentos difíceis.

Atualmente, são comuns os discursos de automotivação. Ao se automotivar, a pessoa não apreende o motivo advindo na circunstância; assim, motivação ou ação não se sustentam, pois são artificiais e vão requerer outras intervenções externas (como empurrar um objeto que certamente vai parar logo em seguida). A cultura de nossos dias cobra inovação e criatividade enquanto se exige que a pessoa se enquadre no sistema de exigências de eficiência: o resultado é que estamos no auge das cópias e plágios em todas as áreas. Ao invés, Giussani nos alerta para a possibilidade de motivação que nasce na pessoa ao ter contato com o real, fazendo emergir um movimento autêntico: ocupando-se desse movimento ela não está se automotivando ou visando a adaptação ao sistema, mas acolhe uma motivação que é vida e energia; maior complexidade, criticidade e criatividade nascem ali: eis o protagonista. Podemos favorecer que o sujeito reconheça esse tipo de impacto e a busca humana que dele resulta — que de algum modo ele vive (ainda que frequentemente deixados de lado nos processos de cobrança de eficiência ou submissão às motivações ideológicas).

Protagonismo: personalidade, percepção de destino e poder

Também a percepção de um *destino* pessoal e social nascem de experiências desse gênero. O tema do destino é obliterado na cultura contemporânea, mas, ainda assim, essa dimensão é estruturante das experiências e relações em todos os âmbitos. As crianças têm sido, sempre mais, objeto de proteção como cuidado com o destino de que se apresenta como novo. Assim, também no cotidiano, arriscamos nos encontros interpessoais com expectativa de que algo significativo venha a emergir. Também no âmbito do trabalho, o sentido se estrutura em função do destino de algum modo esperado. São exemplos simples e cotidianos de dimensão de destino estruturando o viver propriamente humano.

Uma evidência, apontada por Giussani, de que consistência do eu tem a ver com a aceitação do que acontece — aceitação de algo além de si —, é o fato de que, ao recusá-lo, a pessoa tende ao suicídio (Giussani, 2001, p. 104). Outra evidência de que a pessoa não pode dar consistência a si mesma é que "fazer para afirmar a si mesma é perder-se, porque fica escrava de uma reação, de um momento reativo" (Giussani, 2001, p. 104).

Assim, um líder insistindo na própria força por receio de ser desqualificado não afirma sua potência, torna-se prepotente:

> É preciso cuidar para que o P (poder) não esteja em proporção direta com um I (impotência), porque, então, o poder se tornaria prepotência diante de uma impotência, que é fruto, justamente, da redução sistemática dos desejos, das exigências e dos valores (Giussani, 2000a, p. 167).

Contrariamente à prepotência, a consistência da pessoa e sua liberdade são viabilizadas quando o poder é vivido como capacidade de relação com o outro e viva atenção aos acontecimentos em cada circunstância (Cf. Giussani, 2008, p. 265ss).

> Liberdade é reconhecer e acolher o que acontece: o outro. Se reconheço e recebo o outro, meu rosto se forma, toma forma. [...] Porque o Ser [...] chega a mim através das circunstâncias: reconhecendo-o e aceitando-o, ele forma minha inteligência e afetividade, forma, portanto, meu eu, minha personalidade (capacidade de firmar o ser, de captar o ser); de outro modo, capta-se o nada! (Giussani, 2001, p. 105).

Então, há possibilidade de o poder não ser autoafirmação, e de ver o próprio rosto se formando a partir da afirmação de algo através da circunstância (Mahfoud, 2017).

Reconhecido, algo que acontece "forma minha inteligência e afetividade, forma portanto, meu eu, minha personalidade" (Giussani, 2001, p. 105). Desconsiderando o que acontece, desconsidero também a dimensão ideal que ali viria a ser suscitada e me fragilizo, fico inconsistente: acabo por buscar artificialmente um rosto para mim mesmo. Ao invés, se poderia sair até triste de uma reunião mas com o rosto que lhe é próprio, pois o reconhecimento do que acontece forma o eu.

A integração entre personalidade e trabalho é assim indicada por Giussani (1997, p. 216):

> A personalidade é inteligência que capta a realidade e afeição que forja a realidade. Aliás, digamos simplesmente: a personalidade é a *capacidade de trabalho* [...]. O que é trabalho? É a energia afetiva, forjando relacionamentos segundo um ideal que buscar realizar.

Tudo é relacionamento: damos forma aos relacionamentos de modo que com eles possamos buscar o ideal advertido em si ao viver a circunstância.

"A personalidade é, portanto, uma inteligência das razões e uma afeição pelo uso das coisas segundo aquelas razões" (Giussani, 1997, p. 216). Assim, Giussani aponta personalidade como trabalho de se ligar ao ideal (que emerge em si no contato com a realidade). Esse trabalho que dá consistência ao eu e que gera gosto por estar no mundo — "gosto que temos das coisas e relacionamentos, gosto pelo que fazemos juntos" (Giussani, 1997, p. 218) — define a inteligência.

Sem essa capacidade de trabalho ficaríamos procurando comodismos — uma modalidade de resignação. Perderíamos a capacidade de dizer: "Que bonito!", possibilitada pela aceitação do real a nos provocar. Aceitando esse trabalho, "com essa responsabilidade, você pode dizer 'Que belo!' verdadeiramente, sempre. [...] A inteligência consciente é um amor em ato" (Giussani, 1997, p. 218). E esse trabalho inteligente e amoroso forma a personalidade, o rosto de cada um; nesse trabalho, cada um se torna si mesmo.

Protagonista: personalidade, encontro e pertença

E o conteúdo do eu é dado pelo próprio eu?

> Não, não dou a mim mesmo o conteúdo de meu eu. [...] Qual palavra é usada para indicar que sou aquele que me foi dado ser, [...] que me é dado ser a cada momento? "Pertença". A dignidade de um eu [...], o conteúdo de uma personalidade, a dignidade de uma personalidade, está totalmente na pertença que vive, na pertença com a qual identifica o conteúdo do próprio eu. [...] Pertencemos a outrem. Reconhecer isso, ser conscientes disso e agir em força dessa consciência: eis a personalidade (Giussani, 1998, p. 247).

E como conhecer e reconhecer o conteúdo do eu? "Abstratamente, a reflexão sobre si mesmo deveria bastar, mas [...] para se autoafirmar o ser humano nega a verdade de si" (Giussani, 1998, p. 247-248). Para chegar a conhecer e reconhecer o conteúdo do eu são necessários *encontros*. Neles, a possibilidade de receber a provocação do ideal que emerge na própria pessoa. Ao afirmá-los através da razão e da afeição, a pessoa ganha personalidade.

E o que faz com que um encontro seja encontro? É a ligação pessoal ao conteúdo ou à dinâmica que se estabelece na relação com uma pessoa ou comunidade concreta. O apego ao que emerge na relação — por lhe interessar profunda e pessoalmente, devido à dimensão ideal — faz emergir os interesses mais significativos, define uma relação como pertença. Pelo contrário, quando a relação pessoal é tomada como determinada somente por características dos indivíduos em questão, a convivência mantém indivíduos solitários e pretensiosos. Ou, em outro extremo, quando a afirmação da relação se dá por adesão à outra pessoa mesma, a relação interpessoal tende à massa sem personalidade. Em ambos os casos a pessoa não estruturaria seu eu nem poderia dar contribuição própria ao mundo, não poderia ser protagonista (Giussani, 1998).

Associando-se à dinâmica que emerge no encontro, há uma pertença real, concreta. Trata-se de pertença ao que emerge, à fonte do encontro específico, à unidade. Assim, há *comunidade*. Afirmando aquele ponto interpessoal significativo, nós nos associamos plenamente à história sem sermos presa dos fatores da história: podemos ser geradores na história. A questão é atenção, afirmação e apego ao que acontece e emerge dentro da história. Nesse sentido, a própria cultura é campo de pertença (Giussani, 1998, p. 250).

Sem pertença, a consciência do próprio eu não se desenvolve:

> Sem consciência da pertença, a consciência do eu desapareceria; ou restaria em dois resíduos: do ponto de vista da concepção, o niilismo ("tudo é nada" é suprema irracionalidade, posto que as coisas existem) e, do ponto de vista existencial, a *hýbris*, a violência (Giussani, 1998, p. 250).

A *hýbris* também tem raiz niilista, segundo Giussani (1998, p. 250). Trata-se de:

> senso de humilhação — sentindo-se enraivecer, por exemplo — enquanto outros o olham com certa compaixão [...]: *Hýbris*, uma expressão de força sem razão, portanto, sem conexão (Por sua natureza, a *hýbris*, do ponto de vista da concepção, se lança toda em um preconceito do qual ela deriva sua visão de tudo) (Giussani, 1998, p. 250).

Essa raiva sem razão é o que resta de um eu buscando se autoafirmar, inviabilizando seu protagonismo.

Então, para se desenvolver como si mesma, a pessoa precisa chegar a tomar consciência de pertença, sem a qual não se chega à maturidade responsável. "Uma personalidade é uma maturidade responsável" (Giussani, 1998, p. 252). Com personalidade, tem condições de ser presença geradora de mundo humano: protagonista.

Referências

BRASIL, Ministério da Educação. *Base nacional comum curricular*: educação é a base. Brasília: MEC, 2018 p. 365.

FERRETTI, C. J.; ZIBAS, D. M. L.; TARTUCE, G. L. B. P. Protagonismo juvenil na literatura especializada e na reforma do ensino médio. *Outros Temas*, v. 34, n. 122, 2004.

FREIRE, P. *Pedagogia da autonomia*: saberes necessários à prática educativa. 68. ed. Rio de Janeiro: Paz e Terra, 2019a.

FREIRE, P. *Pedagogia do oprimido*. 78. ed. Rio de Janeiro: Paz e Terra, 2019b.

GIUSSANI, L. *Il senso religioso*. Milano: Jaca Book, 1986.

GIUSSANI, L. *Tu* (o della amicizia). Milano: Rizzoli, 1997.

GIUSSANI, L. *Vivendo nella carne*. Milano: Rizzoli, 1998.

GIUSSANI, L. Assago 1987: senso religioso, opere, politica. In GIUSSANI, L. *L'io, il potere, le opere*: contributi da un'esperienza. Genova: Marietti, 2000a, p. 163-182.

GIUSSANI, L. *L'io, il potere, le opere*: contributi da un'esperienza. Genova: Marietti, 2000b.

GIUSSANI, L. *Affezione e dimora*. Milano: Rizzoli, 2001.

GIUSSANI, L. *Dal temperamento un metodo*. Milano: Rizzoli, 2002a.

GIUSSANI, L. *Si può veramente vivere così?*. 5 ed, Milano: Rizzoli, 2002b.

GIUSSANI, L. *Uomini senza patria*. Milano: Rizzoli, 2008.

GIUSSANI, L. *Ciò che abbiamo di pù caro*. Milano: Rizzoli, 2011.

GIUSSANI, L. *Il movimento di Comunione e Liberazione* (1954-1986): conversazioni con Robi Ronza. Milano: Rizzoli, 2014.

MAHFOUD, M. Coração como núcleo pessoal: contribuições de Luigi Giussani. In HOFFMANN, A. *et al.* (Org.). *Polifonias do coração.* Ribeirão Preto: Funpec, 2014, p. 117-138.

MAHFOUD, M. Estruturação da experiência segundo Luigi Giussani. *Estudos em Psicologia* (Campinas), v. 33, n. 3, 2016, p. 395-401.

MAHFOUD, M. Autoconsciência no relacionamento com uma presença: "teu nome nascia do que fitavas". In MAHFOUD, M. (Org.). *Quem sou eu?*: um tema para a psicologia. Belo Horizonte: Artesã, 2017, p. 69-109.

MAHFOUD, M., Vale a pena viver? A pergunta radical requer resposta pessoal. In ANGERAMI, V. A. (Org.). *Sobre o suicídio*: a psicoterapia diante da autodestruição. Belo Horizonte: Artesã, 2018, p. 423-433.

MAHFOUD, M. Reconhecer o movimento do eu: processos psicoterápicos. In ANGERAMI, V. A. (Org.). *Atualidades em psicoterapia fenomenológico-existencial.* Belo Horizonte: Artesã, 2020, p. 75-83.

MAHFOUD, M. *Experiência elementar em psicologia*: aprendendo a reconhecer. 2. ed. Belo Horizonte: Artesã, 2022.

RYZEWSKI, L. A.; STORTI, M. M. T. *Pedagogia do oprimido e protagonismo juvenil*: contribuições para uma práxis libertadora. Acervo Paulo Freire, 2008. Disponível em: https://acervo.paulofreire.org/handle/7891/4195 . Acesso em: 25 jan. 2015.

URIBE, M.; JARAMILLO, J. Rostow y Parsons: progreso, individualización y crisis. *Revista Colombiana de Sociología*, v. 44, n. 1, 2021, p. 263-287.

CAPÍTULO 7

Experiência elementar e relações familiares: entre intencionalidade subjetiva e contexto sociocultural

Giancarlo Petrini

O presente estudo[1] é fruto de resultados parciais do grupo de pesquisa "Família em Mudança", ligado ao Programa de Pós-graduação em Família na Sociedade Contemporânea, da Universidade Católica do Salvador. Na primeira parte desta comunicação, percorre-se o itinerário que delineia a crise da racionalidade moderna, de matriz iluminista e positivista, analisa-se suas repercussões na convivência social, com especial atenção à distância entre conhecimento e mundo da vida, e descreve-se o processo de banalização que interessa às mais diferentes manifestações nos ambientes da sociedade. Em seguida, estuda-se a categoria de "experiência elementar" como ferramenta adequada para melhor compreender a pessoa humana e seus valores e critérios de orientação na convivência social, e o encontro entre contextos socioculturais e exigências originárias pessoais. Por fim, estudam-se as relações familiares, entre as dinâmicas próprias do cálculo das conveniências e as dinâmicas da gratuidade e do dom.

Crise da razão e ciências humanas e sociais

A racionalidade moderna, desde a construção da máquina a vapor até o mapeamento do genoma humano, de um lado realiza conquistas

[1] Os textos originariamente em italiano foram traduzidos, no presente trabalho, pelo autor. As exceções estão assinaladas.

deslumbrantes, que parecem concretizar nova etapa da história, vitoriosa sobre limites da natureza e sobre deficiências humanas, de outro, especialmente ao longo do século XX, emergem guerras de alcance mundial, experiências totalitárias e regimes ditatoriais, violação dos direitos humanos, desastre ecológico de dimensões planetárias, produção de armas de grande poder destrutivo, extensão do comércio de armas e de drogas, além de outros problemas que são compreendidos como sintomas da crise da razão de matriz iluminista e positivista (Petrini, 2005, p. 33-34).

O desenvolvimento da ciência moderna e da organização social que dele resulta caracterizam-se, atualmente, por um mal-estar bastante difuso (Harvey, 1992; Taylor, 2002; Han, 2022). Com efeito, realizou-se um grande desenvolvimento nos domínios das ciências e da técnica, mas o esforço para dominar a natureza e a história acabou conduzindo a razão a servir o poder. Tendo abandonado as exigências elementares como ponto de referência para a sua atividade, restou à razão colocar-se a serviço do poder e do mercado (Petrini, 2003; Esposito, 2011).

A sociedade moderna, então, não entra em crise por um excesso de racionalidade, que tornaria árida a convivência social, devendo-se dar mais espaço ao sentimento para equilibrar a situação. A sociedade moderna apresenta-se problemática por uma carência da razão usada segundo o paradigma iluminista/positivista, que não é mais capaz de dar conta de todos os fatores da realidade, de orientar suas conquistas para responder às exigências humanas (Horkheimer, 1976; Esposito, 2023).

São diversos os fatores que convergem para reduzir o alcance dessa racionalidade, que aparece sempre mais inadequada para compreender a complexidade do real.

Os estudos elaborados de acordo com a tradição da comunidade científica, que tende a delimitar seus objetos de investigação, não conseguem, em muitos casos, dar conta da totalidade dos fatores envolvidos. Por causa disso, estão aumentando grupos interdisciplinares de pesquisa em busca de uma visão mais abrangente. O conhecimento, organizado e repartido nas diversas disciplinas aparece, frequentemente, como limitado para elucidar uma realidade que se apresenta mais complexa e multifacetada do que os esquemas elaborados para compreendê-la. Já Max Weber alertava para o fato de a realidade ser ilimitada, aliás, infinita. "A multiplicidade do mundo apresenta-se nos termos de uma complexidade infinita", afirma Vega, num antigo debate sobre Weber (Vega, 1981, p. 7). Ele afirma: "A complexidade virtualmente infinita dos dados possíveis é reduzida em segmentos ou secções finitas, cuja existência é determinada por uma fundamental dimensão de escolha" (Vega, 1981, p. 7).

A interdisciplinaridade representa um esforço significativo para superar as limitações anteriormente acenadas, e as ciências humanas e sociais são as mais sensíveis "à alienação do processo de conhecimento em relação ao mundo da vida" por causa do "drama social no qual está imersa a maioria da população." (Minayo, 1994, p. 62).

Todavia, certo reducionismo parece associado à produção do conhecimento, assim como se configurou no mundo acadêmico. Rozemberg e Minayo, movendo-se no campo das ciências da saúde, afirmam que, mesmo lançando mão dos saberes biológicos e psicológicos, estes não esgotam todas as questões presentes no caso observado. "Outras ordens de fatores, outras instâncias de relações, envolvendo o ser humano, sua cultura, seu entorno social e ambiental, por exemplo, não são necessariamente contempladas" (Rozemberg; Minayo, 2001, p. 117). O artigo relata o caso de uma moça gravemente enferma. Um único atendimento que ampliou o olhar a todos os fatores envolvidos naquela realidade e compreendeu a experiência fora dos limites de uma "objetivação científica", conduziu à cura que, de início, parecia improvável e que se realizou menos pela medicalização e mais por medidas jurídicas que alteraram significativamente o contexto de vida da paciente. Em seguida, as autoras especificam que:

> o reducionismo não é um privilégio de alguma área do saber em particular. Ele é a condição mesma do ato de conhecer, pois assim que racionalizamos alguns aspectos da experiência, mesmo que momentaneamente, excluímos os demais. Ao focalizar a atenção na tentativa de apreender algum aspecto da experiência nosso olhar é necessariamente redutor dessa experiência (Rozemberg; Minayo, 2001, p. 117).

Razão e Poder

Autores da Escola de Frankfurt elucidaram limites da ciência que nasce da matriz iluminista/positivista ao criticar a razão instrumental (Adorno; Horkheimer, 1985; Horkheimer, 1976). O próprio Habermas (1982), considerado como o último herdeiro dessa tradição crítica, entende que todo conhecimento é posto em movimento por interesses que o orientam, o dirigem, o comandam.

A aliança entre conhecimento técnico-científico e poder (militar, político, econômico, mediático, intelectual e ideológico) vem desenvolvendo um processo que se intensifica desde o século XX, pelo qual se realiza uma radical reforma moral e intelectual, uma mudança substancial da conduta humana, não mais orientada a aspectos limitados da realidade, mas à experiência humana e social global. Não é por acaso que alguns autores falam de "mutação antropológica" (Cf Lipovetsky, 1989, p. 48; Petrini, 2003, p. 174-180; Petrini, 2005, p. 41-42).

Não somente o mercado, aqui entendido como o conjunto articulado das diversas componentes do poder real, coloniza o mundo da vida (Petrini, 2005), mas também distorce ou encampa o próprio conhecimento científico, colocando-o a serviço de interesses econômico e/ou ideológicos, a serviço do poder, reduzindo a essencial dimensão crítica e humana. O horizonte do conhecimento identifica-se em boa medida com o horizonte do mercado: o que vale a pena conhecer é o que está ao alcance da razão que calcula, é o que pode ser analisado e avaliado em sua utilidade. Cria-se uma situação pela qual "nada mais parece transcender uma lógica de mercado que tende a tornar os valores mais altos radicalmente imanentes a seu próprio funcionamento" (Ferry, 2008, p. 27).

Dessa maneira, retira-se da história a esperança de um princípio superior à vontade do mais forte que seja capaz de ordenar a convivência social segundo critérios de justiça. Se esse é o horizonte no qual se desenvolve o atual progresso científico e técnico, pode-se prever razoavelmente o aumento da violência nos grandes centros urbanos e de atos de terrorismo como consequência da impossibilidade a esperar alcançar uma convivência social justa e digna através dos caminhos da racionalidade e da democracia, seu mais precioso fruto.

O interesse por conhecimento se mistura inevitavelmente com outros interesses não científicos, quer pela impossibilidade de controlar todas as variáveis presentes na investigação, quer pela deliberada opção de colocar o conhecimento produzido a serviço de alguma causa, mais ou menos nobre. É necessária uma grande tensão ideal para que o pesquisador tenha mais apreço e dedicação à verdade do que a seus interesses.

A mistura de saber e poder provoca distanciamento cada vez maior entre conhecimento e mundo da vida. Este é frequentemente atropelado pelas razões do poder, na sua pressa para definir o delineamento da realidade. Minayo aponta como característica da nossa época "a integração social do saber ao poder através do conhecimento aplicável" (Minayo,

1994, p. 55). Rozemberg e Minayo (2001) identificam outra dificuldade: o maior problema, afirmam elas, não está no olhar que o investigador dirige ao seu objeto e que pode ser parcial. O maior problema está:

> na pretensão de totalidade e de controle que as correntes de pensamento tendem a advogar para si mesmas e ainda, na instituição, de uma forma de ver o mundo sob um determinado ângulo, desconhecendo e desqualificando outros olhares (Rozemberg; Minayo, 2001, p. 117).

Emergem problemas quando se pretende identificar a razão com a atividade científica. A ciência, com efeito, pode renunciar a enfrentar certas questões, por carência de métodos adequados, ou pode decidir servir alguma forma de poder, mas a razão humana é mais ampla do que a ciência. Ela é mais flexível, móvel, podendo utilizar métodos diferentes a depender do objeto que espera elucidar, sendo capaz de iluminar todos os aspectos da realidade e da existência, mesmo quando seus juízos não apresentam características próprias dos construtos acadêmicos.

Racionalidade moderna e processo de banalização

Outro aspecto a ser considerado é o fato de a ciência moderna não ter competência ou interesse em responder a perguntas relevantes para a concreta existência das pessoas. Max Weber (1974, p. 169-170) no escrito *A ciência como vocação*, citando Tolstoi, afirma: "A ciência não tem sentido porque não responde à nossa pergunta, a única pergunta importante para nós: o que devemos fazer e como devemos viver?". E acrescenta: "É inegável que a ciência não dá tal resposta".

Weber questiona: "Se a ciência não dá, quem dará a resposta à pergunta: 'Que faremos e como disporemos nossas vidas?' [...]. 'Podemos dizer que somente um profeta ou um salvador podem dar as respostas.'". E logo se apressa a dizer que o profeta esperado não existe (Weber, 1974, p. 180). Em seguida, ele afirma que quem quiser vencer o desconforto de viver sem respostas às perguntas do porquê e do significado de todas as coisas deve fazer o "sacrifício intelectual", renunciando a usar a razão para poder ter acesso a um profeta ou a um salvador (Weber, 1974, p. 183).

Essa renúncia em buscar os significados da realidade foi expressa com clareza por Dewey (1930, p. 529), quando afirma, numa obra dos anos

1930: "Abandonar a busca da realidade, do valor absoluto e imutável pode parecer um sacrifício, mas esta renúncia é condição para empenhar-se em uma vocação mais vital", a saber, empenhar-se na solução de problemas práticos e técnicos e na procura de valores compartilhados por todos.

O abandono do interesse pelo significado da existência conduziu, inevitavelmente, a uma visão banal da realidade, a um processo de banalização que reduz o significado de todas as coisas: da vida e da morte, da paternidade e da maternidade, da amizade e do bem comum, da intimidade e do trabalho. A cultura de massa oferece quotidianamente produtos cuja marca é a superficialidade, juntamente com certa retórica da vulgaridade.

Inevitável não reconhecer, na esteira de Hannah Arendt (1989; 1999), uma conexão entre cultura da banalidade e o vertiginoso crescimento da violência urbana. Abriram-se as portas para graus antes desconhecidos de violência. E Lipovetsky pode celebrar:

> Todos os "cumes" se abatem pouco a pouco, arrastados pela vasta operação de neutralização e banalização sociais. Só a esfera privada parece sair vitoriosa desta vaga de apatia: [...] viver sem ideal e sem fim transcendente tornou-se possível (Lipovetsky, 1989, p. 48-49).

O passado foi cuidadosamente desconstruído, não podendo ser considerado como tempo da construção da civilização e habitado por heróis e santos, arquétipos significativos para o presente. E numa etapa sucessiva, as promessas de progresso que mobilizaram gerações para atitudes inovadoras cada vez mais radicais e abrangentes foram consideradas "metanarrativas", isto é, fabulações destituídas de fundamento (Lyotard, 2009).

Inaugura-se um tempo separado de suas origens e de seu destino: homens e mulheres sem raízes e sem metas, a não ser a fruição dos bens que a modernidade oferece, numa nova edição do *carpe diem*. Com a desvalorização do passado, vem a derrocada das construções voluntaristas e a tendência a abandonar qualquer sistema de significado que exige disciplina, sacrifícios e fidelidade aos compromissos assumidos, o período pós-moderno reduz de forma inédita o arco do tempo ao momento presente. E quando as possibilidades de satisfação no presente são reduzidas, como acontece com os países pobres, frustra-se a aspiração à realização, fica sem resposta o desejo de felicidade.

Sem retomar, por razões de espaço, o debate filosófico em curso a respeito do destino da subjetividade (Esposito, 2023), cabe recordar que a emancipação, isto é, a saída da menoridade do sujeito proclamada por Kant (1974) acabou transmutando-se, na feliz expressão de Guy Debord (1997), na sociedade do espetáculo, onde os cidadãos são "atores" que desempenham papeis, isto é, uma parte na sociedade, seguindo roteiros determinados por outros.

Não somente o sujeito foi removido, mas todos os valores iluministas e republicanos, bem como os ideais éticos, religiosos e políticos foram sistematicamente desarticulados, submetidos, especialmente durante o século XX, a uma intensa obra de desconstrução. Segundo Ferry, foram destruídas "até a raiz as tradições e os ideais transcendentes que freavam o 'movimento'" da globalização liberal (Ferry, 2008, p. 26-27).

Os modos reduzidos de usar a razão, anteriormente acenados e os objetivos de ganhar disputas intelectuais, muitas vezes dotadas de conotação ideológica, mais do que buscar e afirmar a verdade, favorecem posturas relativistas que abrem espaços para novas formas de niilismo. O resultado é uma falta de motivação, de paixão humana pela realidade, a ausência do gosto de viver e de lutar para construir pacientemente o quotidiano, em vista de um objetivo desejável (Espósito, 2023). Quase um século antes, Malraux se faz intérprete agudo dessa mentalidade, quando afirma: "Não há ideal ao qual possamos sacrificar-nos, porque de todos nós conhecemos as mentiras, nós que não sabemos o que é a verdade" (Malraux, 1926, p. 216).

O presente estudo procura indicar uma porta de acesso à realidade mais abrangente e um uso da razão que possa levar em consideração a totalidade dos fatores em jogo, inclusive os desejos e as expectativas do cidadão comum, na tentativa de superar os limites e as reduções anteriormente indicados.

A experiência elementar e o significado da vida

Para dar mais algum passo no diálogo que visa compreender dinâmicas sociais e culturais que influenciam a convivência social contemporânea, importa elucidar o ponto de contato entre a subjetividade individual e o contexto social. É interessante indagar o ponto de intersecção entre a intencionalidade da pessoa com seus desejos e as potencialidades do ambiente sociocultural, com suas oportunidades e condicionamentos. No encontro entre dinamismos pessoais e dinâmicas macrossociais, vai delineando-se o perfil concreto das pessoas, dos grupos e da própria sociedade.

Para essa finalidade, resulta de especial fecundidade a categoria de "experiência elementar", formulada inicialmente por Luigi Giussani (2023).

A experiência elementar é uma categoria que nasce de uma observação atenta persistente e apaixonada da totalidade da experiência humana, capaz de perceber na pessoa um conjunto de exigências que constituem o núcleo mais profundo da própria consciência. Trata-se das exigências da justiça, da liberdade, da verdade, da felicidade, de amar e ser amado que estão documentadas na filosofia antiga e na literatura universal, desde os tempos mais antigos. Elas também são identificadas por estudiosos de diversas ciências humanas no tempo presente.

Essas exigências, existencialmente percebidas como desejos, mobilizam as energias da pessoa que busca respostas e tendem a ir sempre além das metas já alcançadas, num dinamismo de crescimento que tende ao infinito. Por isso, elas constituem como que "o motor" da personalidade humana, mas também o crivo crítico a partir do qual avaliar as propostas que a pessoa encontra nos ambientes de sua existência. Evitando fazer uma longa lista de autores, limito-me a citar aqui dois trabalhos de Miguel Mahfoud: *Quem sou eu? Um tema para a psicologia* (2017) e *Experiência elementar em psicologia: Aprendendo a conhecer* (2022). Entre outros, ainda vale citar o filósofo Massimo Borghesi: *Luigi Giussani- Conoscenza amorosa ed esperienza del vero. Um itinerário moderno* (2015) e o filósofo Francesco Botturi. *Desiderio e veritá* (1985).

Giussani afirma:

> Em que consiste essa experiência original? Trata-se de um conjunto de exigências e evidências com as quais o homem é lançado no confronto com tudo o que existe. A natureza lança o homem na comparação universal consigo mesmo, com os outros e com as coisas, dotando-o – como instrumento de tal confronto universal — de um conjunto de evidências e exigências originais, tão originais que tudo o que o homem diz ou faz depende delas. A elas podem ser dados muitos nomes, por meio de diversas expressões, como: exigência de felicidade, exigência de verdade, exigência de justiça, e outras. Seja como for, são como uma centelha que põe em ação o motor humano; antes delas não ocorre nenhum movimento, nenhuma dinâmica humana. Qualquer afirmação de uma pessoa, desde a mais banal e quotidiana até a mais ponderada e plena de consequências,

> só pode ser feita tendo por base esse núcleo de evidências e exigências originais (Giussani, 2023, p. 22-23).

Desde Homero e os clássicos da tragédia grega até autores contemporâneos, podem ser encontradas obras que descrevem esta aspiração infinita à satisfação, à maior realização humana possível. Essa é a razão pela qual obras filosóficas e obras de arte de tempos passados despertam interesse. Não se trata apenas de uma curiosidade por coisas do passado. Elas são capazes de comover o observador: algo naquelas obras tem a capacidade de falar ao coração do homem e da mulher de hoje, assim como falou aos homens e às mulheres do próprio tempo. Vale a pena exemplificar com um poema de Alfonso Di Nola, que dá a palavra a um pássaro:

> O pássaro:/Não sei o que sinto,/Mas sinto que a terra me foge,/ Ou que fujo da terra,/Que a terra é azul,/Mas prefiro o azul do céu./Não sei o que sinto.../Mas sinto que preciso subir,/Que preciso voar, que preciso do espaço infinito./O que sinto são as asas que pedem mais azul,/são as asas que pedem mais espaço,/ São as asas que pedem mais estrelas. Não sei o que sinto.../Mas sinto que a terra não basta,/Não basta para mim,/Pássaro do caminho[2] (Nola, 1956, p. 47).

A experiência elementar não nasce da dedução de aspectos da realidade humana a partir de algum princípio metafísico, mas da observação realista da experiência humana, seguindo o método fenomenológico, procurando retornar às coisas mesmas (Bello, 2004). Para superar o ponto de chegada do humanismo que conduz à remoção do sujeito e ao niilismo, o pensamento fenomenológico afirma que as pessoas do tempo presente necessitam retornar à experiência elementar.

A experiência elementar recebe influências de cada contexto histórico-cultural, mas não é apenas produto de uma determinada cultura. Ela, quando é reconhecida e levada a sério, constitui o núcleo mais profundo da identidade pessoal, capaz de mover a existência e, ao mesmo tempo, o crivo crítico para avaliar cada circunstância e cada proposta encontradas. Ela caracteriza-se por uma irresistível inquietação que move a pessoa em

---

[2] Tradução de Rose Marie Muraro em MURARO, R. M.; CINTRA, R. *As mais belas orações de todos os tempos*. São Paulo: Pensamento, 2001.

busca de respostas cada vez mais satisfatórias, porque o desejo humano tende ao infinito, considerando provisória e apenas momentaneamente adequada, qualquer resposta encontrada.

A inquietação move a pessoa a procurar testemunhas do passado ou do presente que documentam percursos interessantes, e motiva a encontrar pessoas, estabelecer relações, valorizando as que pode reconhecer como significativas.

A cultura dominante especializou-se em administrar e providenciar respostas às necessidades, que sempre são concretas, mensuráveis como, por exemplo, a necessidade de moradia, de alimentação, a necessidade de educação, de saúde, de trabalho, entre outras. O mercado e/ou a administração pública se organizam para responder a todas as necessidades, reconhecidas como relevantes por parte da população disposta a pagar o preço quando compra produtos de que necessita ou a pagar impostos e a retribuir com o voto aos governantes que respondem a algumas necessidades básicas. O universo das necessidades materiais delimita o debate público nos regimes democráticos (Petrini, 2022, p. 17-29).

A experiência elementar e as exigências originárias que a caracterizam não se referem a bens materiais, não podem ser quantificadas e precificadas e tanto o mercado como a administração pública nada podem oferecer para satisfazê-las. As exigências elementares configuram perguntas inevitáveis que buscam significados: da vida, do amor, do estudo, do trabalho da dor, da morte. Afinal, a questão ineludível é: por que vale a pena viver? E não são respostas adequadas o progresso na carreira, melhores salários, viagens ao exterior, e outros bens que possam ser adquiridos.

A cultura dominante não somente ignora essas questões, mas tende a descartá-las para que sejam consideradas sem relevância, próprias da adolescência inquieta e destinadas a desaparecer quando a pessoa "amadurece", procurando um bom emprego e uma moradia melhor! Anteriormente, vimos como Weber (1974) e Dewey (1930) se moveram nesse horizonte. Ou então, essas exigências são consideradas como aspectos da subjetividade fluidas e variáveis, de acordo com o arbítrio individual, totalmente absorvidas no processo de banalização próprio da cultura contemporânea.

O filósofo Luc Ferry (2008), de indubitável credo laico, em busca do fundamento teórico para um novo humanismo pós-metafísico e pós-nietzschiano, parece intuir algo que se aproxima da experiência elementar quando afirma:

> Eu não "invento" a verdade, a justiça, a beleza ou o amor, eu os *descubro* em mim mesmo, mas como algo que me ultrapassa e que, por assim dizer, me é dado a partir de fora — sem que eu possa identificar o fundamento último dessa doação. Subsiste um mistério da transcendência que não há como assimilar (Ferry, 2008, p. 99)

Giussani compreende a experiência elementar e as exigências originárias que a descrevem como aspectos objetivos da subjetividade humana. Essas exigências emergem aos olhos do observador como fenômenos da realidade, são detectáveis como dados da experiência humana. As exigências elementares fazem parte da subjetividade da pessoa, que pode procurar livremente as respostas que pareçam mais apropriadas, inclusive as mais contraditórias ou as mais absurdas. Mas a pessoa não pode evitar que essas exigências aflorem como desejo e que produzam inquietação, elas permanecem, como brasas que continuam acesas debaixo das cinzas, mesmo quando são encobertas por grande quantidade de banalidades.

Nesse sentido, a experiência elementar identifica o ponto de encontro entre a livre subjetividade da pessoa e uma dimensão objetiva. Na realidade, ela desperta a energia da inteligência e a força da liberdade para avaliar e para escolher entre as infinitas possibilidades, o que mais lhe corresponde.

A categoria da "experiência elementar", passando ao largo de uma ingênua reafirmação do sujeito segundo a tradição idealista, oferece a possibilidade de ir além do impasse atual. Com efeito, o conjunto de exigências identifica um ponto de consistência que permite observar sujeitos/atores em suas dinâmicas de vida, podendo analisar o fluxo da existência na sua dimensão pessoal e nas interações com o ambiente familiar e de trabalho e com o contexto cultural e político.

Relações humanas e familiares na contemporaneidade

Nas décadas passadas as famílias eram estudadas como fatores de proteção para as pessoas que vivem em situação de risco, investigando as redes de solidariedade, a importância do parentesco, a significação das relações familiares e dos vínculos de pertencimento. Mais recentemente, emergem diferentes modos de viver o afeto e a sexualidade. Mais que a solidariedade e a cooperação entre os casais, focaliza-se a individualização, que relativiza a importância dos vínculos e torna mais frágeis as relações interpessoais e familiares (Singly, 2007).

Tornou-se normal a possibilidade de construir e desconstruir relações de casal, priorizando as próprias necessidades, desde o desenvolvimento profissional até as oportunidades de experiências afetivas intensas com diferentes parceiros. O processo de individualização delineia uma subjetividade livre de responsabilidades vinculantes e de controles externos, numa progressiva recusa de normas que possam limitar a autonomia. François de Singly descreve a dinâmica das relações familiares orientadas para a identidade individualizada. A família é percebida como importante para "ajudar cada um a se realizar como pessoa autônoma" (2007, p. 134-135).

O fato que duas pessoas decidam constituir um casal não coincide mais com a decisão de formar família, "aliás, parece que o casal se torna alternativa à família" (Donati, 2012, p. 19). Nota-se pouca disponibilidade para gerar, enquanto aumentam os nascidos fora do contexto familiar. Ulrich Beck, descrevendo a sociedade alemã moderna, afirma:

> Uma modernidade modelada no mercado e pensada até as últimas consequências implica uma sociedade sem famílias e filhos. Cada um deve ser independente, livre para as exigências do mercado, a fim de garantir a própria existência econômica (Beck, 2006, p. 172).

Na sociedade contemporânea, as pessoas têm muita mobilidade, interagem com muitos ambientes, participam de uma densa rede de comunicações. As relações humanas são quotidianamente produzidas, consumidas, modificadas, postas de lado. Elas são fluidas, nas palavras de Lipovetsky (1989), líquidas, para Bauman (2004), ou flutuantes, segundo a expressão de Donati (2006).

Todas as relações humanas geram algum tipo de vínculo. No ambiente da sociedade atual, muitas relações são frágeis, com escassos envolvimentos recíprocos, como pode ser simbolicamente exemplificado pelas relações entre os youtubers e seus seguidores.

As relações mais estudadas e socialmente valorizadas são as funcionais. Elas geram um vínculo funcional, que se refere a aspectos limitados da pessoa, a partir de alguma competência que lhe permite desempenhar uma função específica, que corresponde a uma necessidade socialmente definida e, portanto, representa uma utilidade por causa da qual a pessoa recebe uma compensação. As relações funcionais caracterizam a sociedade moderna e contemporânea, pois cada pessoa é valorizada e avaliada a partir da sua funcionalidade. Essas relações são, por definição, limitadas aos aspectos da competência funcional, descritas em protocolos. É criado, assim, um vínculo entre a pessoa que é "funcionário" e a instituição ou o organismo que contrata seus serviços. O vínculo é consolidado, em geral, por um contrato que define as atribuições e os deveres bem como as compensações devidas pela função assumida. O vínculo assim constituído, em geral, é temporâneo, podendo ser rompido a qualquer momento, quando deixa de ser interessante para a pessoa contratada como também pela pessoa contratante.

O vínculo de tipo funcional "deixa fora do seu foco o conjunto de fatores que constituem sua identidade" (Petrini, 2019, p. 49). Nessa perspectiva, cada relação constitui um fragmento da pessoa: a atividade profissional, o grupo com quem joga bola, o estudo a que se dedica, o namoro, e assim por diante. Cada fragmento demanda um visual definido por vestimentas e outros adereços diferentes em cada ambiente. A linguagem também se diversifica em cada ambiente, onde uma função coagula um conjunto de relações.

Os valores e os critérios que orientam a conduta, diferenciando o que é aprovado e valorizado do que é recusado, também variam em cada ambiente. A pessoa convive com um conjunto de fragmentos que podem ser interessantes, mas em nenhum lugar é levada em consideração na totalidade de seu ser, para além de cada função e até mesmo da soma das funções que desempenha e que permanecem fragmentos que compõem sua vida em sociedade. Ela mesma, muitas vezes, pode perder a clareza da sua identidade mais profunda, da sua personalidade real, da sua pessoa como evento único.

Se as pessoas são instáveis e as relações são flutuantes, tem razão Marshall Berman quando descreve a última etapa da sociedade moderna, usando como título do seu livro: *Tudo o que é sólido desmancha no ar* (Berman, 1988).

No entanto, não são todas as relações humanas que são funcionais. As relações familiares são suprafuncionais. Afirma Donati:

> A família não existe para satisfazer uma ou algumas funções sociais, mas um leque potencialmente indefinido, enquanto a família é uma relação social plena, ou seja, um fenômeno social total [...] que implica todas as dimensões da existência humana, desde as biológicas à psicológicas, econômicas, políticas e religiosas (Donati, 2008, p. 55).

Nessa inconsistência dos vínculos que afetam em boa medida também as relações familiares, a família permanece como o lugar mais significativo, em que a pessoa entra em relação com a totalidade do seu ser. Sentimentos, valores e crenças, interesses e ideais, preocupações e trabalho, sucessos e doenças são compartilhados, eventualmente discutidos e acolhidos pelas pessoas que, dessa maneira, vão tecendo a trama das relações de intimidade. Essas relações familiares têm o caráter da totalidade, por isso elas são suprafuncionais, elas contribuem decisivamente para delinear o rosto com o qual cada homem e cada mulher enfrentam a convivência quotidiana, o ambiente da escola, do trabalho, da cidade, da administração pública, do poder político. E Donati afirma: "Por causa dessa sua característica de suprafuncionalidade, o símbolo da família é um dos mais fortes, estáveis e relevantes ao longo da vida social, desde o início da história humana até hoje" (Donati, 2008, p. 55).

A seguir, são dedicadas algumas reflexões ao tema da experiência elementar, com a finalidade de elucidar como configuram relações humanas e familiares, quando são reconhecidas e valorizadas.

Experiência elementar e relações familiares

É interessante compreender a família no horizonte da sociologia relacional, que tem em Donati seu fundador internacionalmente reconhecido, movendo-se na linha do realismo crítico, analítico e relacional (Donati, 2022). Nessa perspectiva, a família é reconhecida como relação social plena, como uma totalidade suprafuncional, que se articula em dimensões governadas pelo princípio da reciprocidade e que realiza uma troca simbólica entre gêneros e gerações (Donati, 2009). Dessa maneira, a família torna-se ponto de encontro entre uma dimensão pública, social, e uma dimensão privada, caracterizada por relações intersubjetivas próprias do mundo vital (Petrini; Moreira, 2020).

Isso quer dizer que as relações familiares se diferenciam de relações trabalhistas, comerciais, esportivas, que costumam mover-se num horizonte bem delimitado de temas e problemas aos quais dedicar-se, sendo determinadas por critérios funcionais que delimitam os aspectos das interações.

A família configura uma relação social plena, como dito anteriormente, isto é, aberta à totalidade da vida de cada membro: o interesse para conhecer e acolher o passado, a disponibilidade a cooperar e apoiar o enfrentamento dos desafios futuros, mesmo sem saber com antecedência quais serão, incluindo as dinâmicas quotidianas da compreensão recíproca, com seus desafios, tais como desculpar e perdoar, acolher e valorizar diferenças. Torna-se particularmente significativa a mediação dos pais com os filhos adolescentes, para iluminar oportunidades e alertar riscos ao fazer escolhas que serão decisivas para definir os estudos, a futura profissão e muito mais.

A família gera, dessa maneira, bens relacionais, entre os quais, a confiança, como o bem que permite a um membro se arriscar numa tarefa ou numa responsabilidade que, de início, parece exigir dele mais do que as capacidades de que dispõe. Isso vale desde uma tarefa simples, como aprender a andar de bicicleta, confiando em quem o acompanha para evitar possíveis quedas, até o enfrentamento de situações bem mais exigentes e desafiadoras, podendo contar com a proximidade de alguém de confiança.

Além disso, as relações familiares contribuem para delinear de maneira nova a própria identidade pessoal: eu sou pai, eu sou marido/companheiro de; ou sou a mãe, eu sou filho, e assim por diante. Essas identidades comportam a responsabilidade de algumas "funções", mas têm um alcance muito mais amplo e "delas derivam quer bens individuais, quer bens da comunidade e do seu entorno." (Donati, 2018, p. 40). Isso é possível graças à qualidade dos vínculos familiares que vão além da utilidade.

As observações anteriores não tiram a possibilidade que sejam gerados também males relacionais, que poderão ser mais carregados de consequências negativas. Afinal, as relações familiares são vivenciadas por pessoas, portadoras, sem exceção, de limites. E, além disso, elas transcorrem no contexto mais amplo da sociedade, onde se encontram e interagem com interesses, sensibilidades, escolhas de vida diferenciados.

É interessante estudar as relações familiares, observando não somente as interações nos atos de administrar recursos, enfrentar necessidades, negociar direitos, explorar oportunidades, lidar com carências e limites, enfrentar desafios que o contexto social e o familiar apresentam. Essas relações podem ser construídas e administradas dinamicamente em vista de um ideal de satisfação e de felicidade compartilhado, buscando a confirmação do caminho escolhido, da sua positividade no quotidiano. As experiências da intimidade sexual, da reciprocidade afetiva podem ser realizadas com graus diferentes de consciência e de significado, com níveis diferentes de correspondência aos desejos. Donati explicita de maneira clara esta dimensão presente nas relações familiares, quando observa:

> Espera-se uma reciprocidade, sim, mas não uma qualquer e com qualquer um. Não se trata da reciprocidade dos contratos, nem da prestação ou contraprestação num circuito de troca entre os que compartilham uma rede de confiança, mas somente entre os que são reconhecidos como ligados por um vínculo familiar. Há intimidade sexual, sim, mas não uma sexualidade —intimidade— qualquer e com qualquer um. O amor esponsal se dirige somente a quem é amado com aquele amor. Ter filhos sim, mas não de qualquer modo ou com qualquer um (Donati, 2008, p. 79).

As necessidades humanas básicas são facilmente identificáveis. Elas movem o mercado. Mas, as exigências elementares, isto é, os desejos, por sua natureza, tendem ao infinito e movem as pessoas e a história. "O mercado, organizado para dar resposta às necessidades humanas, encontra-se impotente diante do desejo, por isso tende a censurá-lo" (Petrini, 2003, p. 38). Pode-se responder à necessidade de moradia. Mas, não se sabe como responder ao desejo de que a habitação seja também um lar. É possível responder com relativa facilidade às necessidades sexuais das pessoas, mas é muito mais difícil responder ao desejo de amar e de ser amado que cada pessoa traz dentro de si. A razão humana, entendida como capacidade de dar-se conta da realidade segundo a totalidade de seus fatores, pode enfrentar essas questões, mesmo que elas não sejam manuseáveis como as necessidades básicas.

Relações familiares: entre cálculo e dom

Um último passo é importante para delinear, ainda que de maneira sucinta, algumas dificuldades que as famílias encontram na contemporaneidade, tendo que mover-se entre o ambiente doméstico, caracterizado por atitudes afetivas, gestos gratuitos, disponibilidade à cooperação e até ao sacrifício para o bem de outro e o ambiente de trabalho em contexto urbano moderno, caracterizado pela competição, pelo rigoroso cálculo das conveniências. O leitor pode imaginar a facilidade com a qual podem surgir conflitos entre esses critérios que orientam a conduta de maneira bastante diferenciada no ambiente familiar e no contexto social.

O sociólogo francês, Marcel Mauss, socialista clássico, que viveu no início do século passado, estava preocupado com o individualismo que observava na França do seu tempo e que reduzia a solidariedade de classe entre os trabalhadores, necessária para que as lutas operárias pudessem ter algum sucesso. Afirma ele: "Não faz muito tempo que ele (o ser humano) tornou-se uma máquina, uma complicada máquina de calcular". E, logo em seguida explicita as razões da sua preocupação: "A perseguição brutal dos objetivos do indivíduo é prejudicial para os objetivos e a paz do conjunto, para o ritmo de seu trabalho e das suas alegrias e — pelo efeito de retorno — para o próprio indivíduo" (Mauss, 2001, p. 189).

O processo de expansão da cultura utilitarista motivou Mauss a pesquisar o fenômeno do dom entre tribos da Polinésia, da Melanésia e do Noroeste americano, com a finalidade de estudar o sistema de intercâmbio de bens, de riquezas, como também de festas, ritos, serviços militares, mulheres, crianças, danças num horizonte totalmente distinto das trocas comerciais de equivalentes no mercado moderno. O Autor chama essas trocas de "sistema de prestações totais" (Mauss, 2001, p. 56).

A pesquisa foi publicada no tomo I de *L'Année Sociologique*, em 1923-1924, com o título de *Essai sur le don*. A palavra francesa *don* foi traduzida em português com a palavra poética *dádiva*, mas as duas palavras são utilizadas como sinônimos.

Mauss identificou um núcleo do dom que permanece igual em todas as tribos estudadas e que consiste em três movimentos, que constituem obrigações: dar, receber, retribuir. Trata-se de obrigações, porque recusar-se a dar ou rejeitar o dom significa recusar a aliança e a comunhão, recusar o que é sinal de uma ligação espiritual (Cf. Mauss, 2001, p. 67-68). Nesse sentido, o dom não é gratuito e desinteressado, mas a retribuição não exige uma equivalência de valor material. Afirma Mauss: "O vínculo [...], ligação pelas coisas, é uma ligação de almas, porque a própria coisa tem uma alma, é alma. Donde se segue que apresentar qualquer coisa a alguém é apresentar qualquer coisa de si" (Maus, 2001, p. 66).

A dádiva nasce do interesse de estabelecer alianças, laços de convivência que mantêm afastadas das tribos as hostilidades e até mesmo a guerra. O fruto maior da troca é a constituição e a consolidação de um vínculo. Compreende-se, avisa Mauss, como neste sistema:

> [...] é necessário retribuir a outrem aquilo que é, na realidade, parcela da sua natureza e substância; porque aceitar qualquer coisa de alguém é aceitar qualquer coisa da sua essência espiritual, da sua alma. [...] Essa coisa dada não é uma coisa inerte (Mauss, 2001, p. 66).

Nesse sentido, Lanna afirma: "O argumento central do Ensaio é de que a dádiva produz a aliança, tanto alianças matrimoniais, como as políticas, [...] religiosas, [...] econômicas, jurídicas e diplomáticas (incluindo-se aqui as relações pessoais e de hospitalidade)" (Lanna, 2000, p. 175).

O dom sinaliza algo mais significativo do que o valor de uso ou de troca do bem oferecido e recebido, contém um excedente de significado que é a relação que o dom chama à existência ou consolida, porque o vínculo se renova e é confirmado ao longo do tempo, nas grandes festas anuais que reuniam diversas tribos nas quais dons eram dados, recebidos e retribuídos.

Assim, configura-se um tipo de relação de troca através do dom que se situa no polo oposto do intercâmbio comercial moderno. Com efeito, a troca mercantil não cria vínculos, antes, os elimina quando o bem comprado é recebido e o valor equivalente é pago. Além disso, grande parte de trocas comerciais são substituídas atualmente por alguma forma de autoatendimento ou por máquinas.

No final da pesquisa, da qual são considerados somente alguns aspectos, pela limitação do espaço, Mauss alerta o leitor que a dádiva pode ser perigosa. Ele recorda que nas línguas anglo-saxônicas o termo *gift* significa dom ou dádiva, mas significa também veneno (Mauss, 2001, p. 172). O dom pode ser envenenado quando quem doa visa condicionar a liberdade de quem recebe o dom. A dinâmica do dom pode revestir-se de ambiguidades, e gerar desilusões e conflitos. Cabe a cada interlocutor procurar avaliar de maneira ponderada o significado do gesto do qual participa, dando um juízo que lhe permite avançar na relação que quer estabelecer uma aliança ou interromper o que assume o aspecto de uma cilada. Mas não é conveniente fazer generalizações que consideram qualquer dom como uma falsa moeda. Jacques Godbout, comentando a dificuldade de Autores reconhecerem que dons são trocados também em ambientes modernos, afirma:

> Toda tentativa de negar a lei da equivalência contábil é, no mínimo, suspeita ou ridícula. [...] ou então é uma forma de fingir, de simular gratuidade e desinteresse onde predominam, como em toda parte, apenas o interesse e a equivalência (Godbout, 1999, p. 13).

De acordo com Godbout, a dádiva constitui um sistema de circulação de bens, ao lado do mercado e do Estado, pois o sistema da dádiva é, acima de tudo, um sistema social de relações interpessoais de tipo primário, que responde a exigências originárias de cultivar vínculos pessoais, em ambientes que, por sua natureza, tendem a reduzi-los.

"A família é o lugar básico para a dádiva em qualquer sociedade, o lugar onde ela é vivida com maior intensidade, o lugar onde se faz a aprendizagem dela" (Godbout, 1999, p. 41).

Vale a pena recordar alguns dons que se encontram facilmente no âmbito das relações familiares. A presença é uma forma de dom muito significativa. Presença no quotidiano do pai junto ao filho, desde o acompanhamento no útero materno através da ultrassonografia, até as escolhas e os possíveis dramas na idade adulta. A presença, nesse caso, não cumpre apenas a norma que proíbe o abandono paterno. Trata-se da expressão da identidade pessoal como pai, que qualifica uma atenção à totalidade da existência de filho e um pertencer que tende a tornar-se recíproco, com o decorrer do tempo.

O tempo doado constitui outra dádiva de grande valor, pois trata-se de um bem escasso, que não pode ser estocado e, quando gasto, não há como repor, pois "é impossível comprar no mercado", alerta Machado (2004, p. 54). O tempo que pai e mãe dedicam aos filhos, mas também o tempo que um filho passa com a mãe já idosa e doente constituem dons de grande significado que vão além do desempenho de uma função parental socialmente recomendada, tornando-se expressões da identidade pessoal. Mesmo que a presença do filho junto da mãe não tenha uma utilidade para amenizar a situação, o dom do tempo dedicado documenta que a pessoa da mãe importa, podendo tornar-se o tempo da memória de afetos passados e, às vezes, da misericórdia, quando resgata incompreensões passadas.

As ciências sociais descobriram, nos últimos anos, bens que não são coisas materiais, nem ideias, e nem prestações. Eles consistem em relações sociais que são percebidas como bens porque satisfazem exigências estritamente humanas. Trata-se de um "bem" na medida em que realiza essa satisfação. São relações que humanizam a pessoa humana (Donati, 2019).

As trocas afetivas entre o casal constituem uma dádiva característica da relação conjugal, que não podem ser reivindicadas como um direito e nem exigidas como um dever. Os bens relacionais nascem graças a uma reflexividade pessoal, em contexto de reciprocidade intencional, que busca construir e fruir daqueles bens. (Donati, 2019).

Considerações finais

A razão iluminista/positivista torna-se razão instrumental, tomando como seu ponto de referência o poder (econômico, ideológico, militar, midiático, político) e tende a construir um "mundo totalmente administrado". A razão expande de maneira impressionante sua eficiência para elaborar tecnologias sempre mais sofisticadas. No entanto, pode-se afirmar que ela se torna problemática, porque seleciona os objetos de estudo a partir interesses que movem o mercado e tende a ignorar as exigências elementares que movem as pessoas, suas motivações mais profundas e as relações que elas estabelecem na convivência social. Nessa perspectiva, os ambientes sociais emergem cada vez mais marcados por problemas que afetam gravemente as pessoas e sua convivência, criando-se um contexto social cada vez mais desumano.

A recusa a pensar o fundamento da realidade, a debruçar-se sobre o significado de todas as coisas, especialmente quando se referem à condição humana, à busca da justiça, da liberdade, da verdade, para além de sua utilidade, empobrece a experiência humana e dificulta a possibilidade de conviver e dialogar com todos, sem restrições, podendo considerar todos os fatores da realidade, com acolhimento às mais diversas experiências humanas e autênticas formas de inclusão.

O reconhecimento das exigências originárias como movente para a ação e como critério que tudo submete a avaliação crítica restitui à pessoa um importante protagonismo na construção da própria existência pessoal, de suas relações familiares e da convivência na sociedade.

É necessário restituir à razão humana toda a sua extensão e capacidade de dirigir seu foco a todos os aspectos da realidade, nada descartando do que é humano. Somente uma razão que usa suas capacidades sem restrições poderá vencer a era do vazio, reverter o processo de banalização da cultura, superar a onda do niilismo.

Dessa maneira, a pessoa reencontra seu eixo mobilizador, que unifica os diversos aspectos da sua personalidade, valoriza e cultiva as relações, especialmente as que são constitutivas, porque convergem para configurar a própria identidade pessoal e as que são particularmente significativas, porque contribuem para o delineamento de condutas, de escolhas, de empenhos. Nesse contexto, as relações familiares adquirem relevância porque proporcionam a experiência de bens relacionais, bens que só emergem da qualidade daquela convivência. Assim, a pessoa encontra respostas mais adequadas à sua inquietação em busca de realização e de satisfação, às suas exigências originárias, e a sociedade inclusiva se beneficia dessa convivência social na paz e na solidariedade. Fortalecer uma democracia substancial, que passe ao largo das tendências do autoritarismo, que afloram de maneira preocupante no mundo moderno, requer que a razão retome o lugar que lhe cabe, não somente para enfrentar os desafios da produção de bens e serviços, não apenas para produzir maiores lucros e poder mais concentrado, mas para esclarecer todo o universo configurado pelas exigências com as inquietações que provocam, buscando uma existência mais humana e digna de ser vivida pela qualidade das relações interpessoais nos ambiente da família e da sociedade mais ampla.

Referências

ADORNO, T.; HORKHEIMER, M. *Dialética do Esclarecimento*. Tradução: Guido A. De Almeida. Rio de Janeiro: Zahar, 1985.

ARENDT, H. *Origens do totalitarismo*. Tradução: Roberto Raposo. São Paulo: Cia das Letras, 1989.

ARENDT, H. *Heichmann em Jerusalém*: um relato sobre a banalidade do mal. Tradução: Rubens Siqueira. São Paulo: Cia das Letras, 1999.

BAUMAN, Z. *Amor líquido*: sobre a fragilidade dos laços humanos. Tradução: Carlos Alberto Medeiros. Rio de Janeiro: Jorge Zahar, 2004.

BECK, U. *La societá del rischio*. Traduzione: Walter Privitera. Roma: Carocci, 2006.

BELLO, A. *Fenomenologia e ciências humanas*. Tradução: Miguel Mahfoud e Marina Massimi. Bauru: EDUSC, 2004.

BERMAN, M. *Tudo o que é sólido desmancha no ar*. Tradução: Carlos Felipe Moisés, Ana Maria L. Ioriatti. São Paulo: Cia das Letras, 1988.

BORGHESI, M. *Luigi Giussani. Conoscenza amorosa ed esperienza del vero.* Un itinerário moderno. Bari: Edizioni di Pagina, 2015.

BOTTURI, F. *Desiderio e veritá*. Milano: Ed. Massimo, 1985.

DEBORD, G. *A sociedade do espetáculo*. Tradução: Estela dos Santos Abreu. Rio de Janeiro: Contraponto, 1997.

DEWEY, J. *The quest for certainty*. London: George Allen & Unwin, 1930.

DONATI, P. (Org.). *La relazione di coppia oggi*. Trento: Ed. Erickson. 2012.

DONATI, P. *Sociologia delle politiche familiari*. Roma: Carocci Editore, 2003.

DONATI, P. *Manuale di sociologia della famiglia*. Roma-Bari: Laterza, 2006.

DONATI, P. *Família no século XXI*: abordagem relacional. Tradução: Giancarlo Petrini. São Paulo: Paulinas, 2008.

DONATI, P. *Teoria relazionale della società*: i concetti di base. Milano: Franco Angeli, 2009.

DONATI, P. *Che cosa significa dire che la famiglia é un 'bene relazionale'? Revista d'Humanitats*. Barcelona-São Paulo, 2018, p 38-65.

DONATI, P. *Scoprire i beni relazionali per generare uma nuova spcialitá*. Soveria Mannelli: Ed. Rubettino, 2019.

DONATI, P. (Org.). *La teoria relazionale nelle scienze sociali*: sviluppi e prospettive. Bologna: Il Mulino, 2022.

ESPOSITO, C. *Una Ragione Inquieta*. Interventi e riflessioni nelle pieghe del nostro tempo. Bari: Ed. Pagina, 2011.

ESPOSITO, C. *O niilismo do nosso tempo*: uma crítica. Tradução: Enio Paulo Giachini. São Paulo: Loyola, 2023.

FERRY, L. *Famílias, amo vocês*: política e vida privada na era da globalização. Tradução: Jorge Bastos. Rio de Janeiro: Editoras Objetiva, 2008.

GIUSSANI, L. *O senso religioso*. Tradução: P. A. Oliveira. São Paulo: Companhia Ilimitada, 2023.

GODBOUT, J. *E espírito da dádiva*. Com Alain Caillé. Tradução: Patrice Charles F. X. Wuillaume. Rio de Janeiro: FGV, 1999.

HABERMAS, J. *Conhecimento e interesse*. Tradução: José N. Hec. Rio de Janeiro: Zahar, 1982.

HAN, B.-C. *Infocracia: digitalização e a crise da democracia*. Tradução: Gabriel S. Philipson. Petrópolis, 2022.

HARVEY, D. *Condição Pós-Moderna*. Tradução: Adail Ubirajara Sobral e Maria Stela Gonçalves. São Paulo: Loyola, 1992.

HORKHEIMER, M. *Eclipse da razão*. Tradução: Sebastião Uchoa Leite. Rio de Janeiro: Labor, 1976.

KANT, I. Resposta à pergunta: que é "Esclarecimento?". In KANT, I. *Textos seletos*. Tradução: Floriano de Sousa Fernandes e Raimundo Vier. Petrópolis: Vozes, 1974, p. 100-117.

LANNA, M. Nota sobre Marcel Mauss e o Ensaio sobre a Dádiva. In *Revista de Sociologia e Política*, n. 14, p. 173-194, jun. 2000.

LIPOVETSKY. G. *A era do vazio*: ensaio sobre o individualismo contemporâneo. Tradução Miguel Serras Pereira e Ana Luísa Faria. Lisboa: Ed. Relógio d'Agua, 1989.

LIPOVETSKY, G. *Os tempos hipermodernos*. Tradução: Mario Vilela. São Paulo: Barcarolla, 2004.

LYOTARD, J.-F. *A condição Pós-moderna*. Tradução: Ricardo Corrêa Barbosa. – 12a edição. Rio de Janeiro: José Olympio, 2009.

MACHADO, N. J. *Conhecimento e valor*. São Paulo: Moderna, 2004.

MAHFOUD, M. (Org.). *Quem sou eu?* Um tema para a psicología. Belo Horizonte: Artesã, 2017.

MAHFOUD, M. *Experiencia elementar em psicología:* aprendendo a reconhecer. 2. ed. Belo Horizonte: Artesã, 2022.

MALRAUX, A. *La tentation de l'Occident*. Paris: Bernard Grasset, 1926.

MAUSS, M. *Ensaio sobre a dádiva*: Introdução de Claude Levi Strauss. Tradução: Antônio Filipe Marques. Lisboa: Edições 70, 2001.

MINAYO, M. *Interdisciplinaridade: funcionalidade ou utopia? Saúde e Sociedade,* Rio de Janeiro, v. 3, n. 2, p. 42-64, 1994.

NOLA, A. M. Di. *Le livre d'or de la priére*. Verviers: Marabout Université, 1956.

PETRINI, G. *Família XXI*: entre Pós-Modernidade e Cristianismo. 1. ed. São Paulo: Companhia Ilimitada, 2003.

PETRINI, G. *Pós-Modernidade e Família*: um itinerário de compreensão. Bauru/SP: EDUSC, 2003.

PETRINI, G. Mudanças sociais e mudanças familiares. In PETRINI, G.; CAVALCANTI, V. *Família sociedade e subjetividade*. Petrópolis: Vozes, 2005, p. 29-53.

PETRINI, G. O Pai: entre decadência e renovação. In MOREIRA, L. V. de C.; CARVALHO, A. B. de; PETRINI, G. *Homem adulto: Paternidade*. Olhares interdisciplinares. Curitiba: Editora CRV, 2019, p. 38-63.

PETRINI, G. Necessidades movem o mercado, exigências originais movem a pessoa e a história. In MAHFOUD, M. *Experiencia elementar em psicología*: aprendendo a reconhecer. 2. ed. Belo Horizonte: Artesã, 2022, p. 17-29.

PETRINI, G.; MOREIRA, L. V. de C. Relações Familiares. In MOREIRA, L. V. de C; PETRINI, G. *Relações e políticas familiares*. Belo Horizonte: Dialética, 2020, p. 27-49.

PETRINI, J. C. Introdução. In DONATI, P. *Família no século XXI*: abordagem relacional. São Paulo: Paulinas, 2008, p. 13-46.

ROZEMBERG, B.; MINAYO, M. C. de S. A experiência complexa e os olhares reducionistas. *Ciência e Saúde Coletiva*, Rio de Janeiro, v. 6, n. 1, p. 115-123, 2001.

SINGLY, F. *Sociologia da família contemporânea*. Tradução: Clarice Ehlers Peixoto. Rio de Janeiro: FGV, 2007.

TAYLOR, C. *Il disagio della modernitá*. 2. ed. Roma: Laterza, 2002.

VEGA, S. Il metodo e le condizioni dell "oggettivitá". In VEGA, S. *et al. Max Weber e l'analisi del mondo moderno*. Torino: Einaudi, 1981, p. 3-26.

WEBER, M. *Ensaios de sociologia*. 3. ed. Tradução: Waltensir Dutra. Rio de Janeiro: Zahar, 1974.

CAPÍTULO 8

Ampliando horizontes: o estilo clínico "Ser e Fazer" e a experiência elementar

Tania Aiello-Vaisberg

No presente capítulo, refletiremos sobre duas importantes questões com as quais se deparam psicólogos que frequentam o texto winnicottiano a partir de um posicionamento que valoriza teorizações concretas, maximamente próximas ao acontecer clínico, a partir da psicologia psicanalítica concreta inaugurada por Bleger (1963/2012). A primeira questão diz respeito à concepção antropológica, que se mantém hegemônica no campo psicanalítico, conforme a qual o humano deve ser concebido como "ser da falta". A segunda se refere à noção de *self*, frequentemente entendida, malgrado os esforços do próprio Winnicott (1958/2000; 1965/1993; 1971/1975) e de seus comentaristas, como autorrepresentação psíquica.

É possível que esses dois problemas sejam gerados pelo fato de termos optado por uma formação psicanalítica que, entretecendo contribuições de Bleger (1958; 1963/2012; 1966) e Winnicott (1958/2000; 1965/1993; 1971/1975), evidentemente não seguiu o *mainstream*. Contudo, é importante lembrar que, se esse fato gera estados de desconforto e insatisfação, também resulta, paradoxalmente, na persistência de uma procura contínua por maior compreensão, enquanto não nos esquivamos de atuar, na clínica, na docência e na pesquisa, apesar das nossas dúvidas — já que o sofrimento humano, entre os quais se destacam os sofrimentos sociais, não podem esperar. Esse é o quadro a partir do qual nos aproximamos da contribuição de Miguel Mahfoud (2012/2022) acerca da experiência elementar, na expectativa de que suas colocações possam iluminar nossa trajetória e inspirar nossas reflexões.

O que hoje conhecemos como estilo clínico "Ser e Fazer" corresponde a uma abordagem psicológica que nasceu em 1997, no Instituto de

Psicologia da Universidade de São Paulo, em um serviço de atendimento à comunidade vinculado ao Grupo de Pesquisa USP/CNPq "Psicopatologia, Psicanálise e Sociedade". Sua proposição foi motivada pela constatação de que os conhecimentos gerados pela psicanálise, um dos mais importantes referenciais da psicologia, dificilmente eram usados em nosso país em benefício das camadas subalternizadas da população. Assim, voltamo-nos para a criação e estudo de enquadres diferenciados que permitissem atuar em serviços públicos de saúde, educação, justiça e assistência social, bem como em organizações não governamentais, onde seja praticado atendimento psicológico a populações vulneráveis a sofrimentos emocionais socialmente determinados.

É importante esclarecer, dada a multiplicidade de vertentes que compõe a psicanálise contemporânea, que cunhamos nossa proposta de enquadres clínicos diferenciados a partir de uma leitura crítica do pensamento winnicottiano, pautada na observação das recomendações epistemológicas da psicologia psicanalítica concreta, tal como proposta por José Bleger (1963/2012). Essa baseia-se nas elaborações críticas e propositivas que a leitura da *Interpretação dos Sonhos*, de Freud, provocou em Politzer (1929/2004), que se encantou com a obra, compreendendo-a como importante passo na constituição de uma ciência humana em primeira pessoa, voltada concretamente ao estudo da experiência vivida. Entretanto, o filósofo não deixou de denunciar a ocorrência de uma inconsistência epistemológica grave no texto freudiano, resultante de um modo extremamente abstrato, positivista e objetivista de teorizar, não condizente com a prática eminentemente relacional que demandaria outro tipo de teorização, mais próxima do acontecer inter-humano. A seu ver, seria possível solucionar esse problema mediante a fundação de uma psicologia concreta a partir da articulação de conceitos dramático-vinculares e do abandono das formulações metapsicológicas, tarefa de que Bleger (1958; 1963/2012; 1966) veio a se encarregar com entusiasmo, vinculando-a inclusive à (re) criação da profissão de psicólogo na Argentina.

Alicerçado em respeitável formação clínica e numa admirável dedicação à docência, desenvolvida com muito brilho na Universidade de Buenos Aires, ou seja, numa trajetória bastante diversa da de Politzer (1929/2004), filósofo e ativista político, Bleger (1963/2012) partiu de uma sistematização epistemológica segundo a qual a conduta dos seres humanos concretos seria o objeto de estudo compartilhado por todas as ciências humanas. Corrigia, assim, o equívoco de atribuir objetos de estudo específicos a cada uma dessas disciplinas, para entender que a complexidade da conduta humana exigiria que seu estudo se realizasse a partir de variados recortes disciplinares e conforme diferentes perspectivas teórico-metodológicas. Cada recorte selecionaria conjuntos de características, aspectos e qualidades da mesma complexidade, sem que isso viesse a significar uma multiplicidade de objetos. Esse posicionamento é suficiente para mostrar que, ao utilizar o termo conduta, Bleger (1963/2012) não estava pensando em termos do *behavior* americano, mas sim na *conduite* dos franceses (Lagache, 1948/1986), vale dizer, num conceito que abrangeria todos os tipos de atos humanos, performados por pessoalidades individuais, coletivas ou transindividuais, passíveis de serem abordados sociologicamente, historicamente, antropologicamente, economicamente, geopoliticamente e assim por diante.

Estudada a partir de referenciais da psicologia, que se voltam para as dimensões afetivo-emocionais do viver, a conduta deveria ser recortada enquanto experiência vivida. Essa expressão serve, sob a pena de Bleger (1963/2012), que frequenta o pensamento merleaupontyano, para designar tanto aquilo que ocorre pré-reflexivamente, como o que entra no campo da consciência. Sendo assim, ainda que se considere psicanalista, e se mantenha associado à Associação Psicanalítica Argentina, o pensamento blegeriano inclui clara rejeição à visão freudiana do inconsciente, aderindo à perspectiva de que o inconsciente seria o próprio sentir, vivido por pessoalidades individuais ou coletivas, e não um fenômeno passível de ser apreendido a partir de um ponto de vista representacional. Tal visão, que busca pensar a dimensão inconsciente em termos concretos, como fenômeno que ocorreria sempre em campos intersubjetivos de sentido afetivo-emocional, inserindo-se em contextos microssociais e macrossociais, pode ser reconhecida como bastante próxima do inconsciente merleaupontyano. Diz o filósofo:

> Nada do que é humano é incorpóreo. Uma filosofia da carne se opõe a interpretações do inconsciente em termos de "representações inconscientes", tributo pago por Freud à psicologia do seu tempo. O inconsciente é o sentir mesmo, já que o sentir não é a possessão intelectual "daquilo que" é sentido, mas despossessão de nós mesmos em seu benefício, abertura ao que não temos necessidade de pensar para reconhecer. [...] O inconsciente do recalcamento seria, então, uma formação secundária,

contemporânea da formação de um sistema de percepção-consciência, e o inconsciente primordial seria o deixar ser, o sim inicial, a indivisão do sentir (Merleau-Ponty, 1959/2016, p. 1485).

A visão blegeriana, que aqui apresentamos, ressaltando apenas alguns pontos fundamentais, entusiasmou muitos profissionais e estudantes latino-americanos, mas recebeu também fortes críticas de psicanalistas que valorizavam profundamente a construção metapsicológica — o que, na prática, significava acreditar que o grau de cientificidade das disciplinas humanas manter-se-ia insatisfatório, a não ser que seguissem as diretrizes epistemológicas da física e da biologia. Por suprimir a metapsicologia, as contribuições de Bleger (1958; 1963/2012; 1966) foram vistas, por psicanalistas adeptos do pensamento pulsional, como contaminadas por um viés fenomenológico que as tornariam psicanaliticamente incompletas e insuficientes (Sastres, 1974).

Ainda que muitos psicanalistas sigam considerando as formulações metapsicológicas como absolutamente necessárias, o panorama psicanalítico felizmente mudou, acompanhando avanços da epistemologia das ciências, que reconhece, baseando-se na distinção ontológica entre as esferas inorgânica, orgânica e social (Lukács, 1978/2013), que as ciências humanas podem revelar-se rigorosas sem seguir os mesmos ditames das ciências da natureza inorgânica e orgânica. Assim, a supressão do modelo de aparelho psíquico, percorrido por energias impessoais, exigida por Politzer (1929/2004) e concretizada por Bleger (1963/2012), acabou sendo independentemente adotada pelo que hoje conhecemos como psicanalistas relacionais, que não passaram pela leitura desses dois autores (Liberman, 2014a).

Na prática, os esforços de Stephen A. Mitchell (1988) foram decisivos no que diz respeito a tornar visível a suficiência e importância teórica e clínica de conceitos eminentemente relacionais (Liberman, 2007). Desse modo, a abordagem psicanalítica relacional contemporânea corresponde à congregação de diferentes referenciais psicanalíticos que dialogam entre si, superando a era anterior, de luta e concorrência entre escolas psicanalíticas, que isolava umas das outras, dificultando a realização de debates e intercâmbios. Nossos principais interlocutores, Bleger e Winnicott, são atualmente reconhecidos como importantes precursores da abordagem relacional, como atestam Liberman (2014b), ao estudar as contribuições da escola rioplatense, e Sáinz-Bermejo (2017), ao estudar a constituição do pensamento winnicottiano. Além disso, cabe destacar que a abordagem psicanalítica relacional tem incentivado interlocuções reflexivas com pesquisadores da psicologia, que não usam o referencial psicanalítico, bem como com pesquisadores de outras ciências humanas. Assim, constitui-se como ambiente que estimula iniciativas, como a que aqui levamos a cabo, de busca de aproximação com outro modo de compreender e praticar a clínica psicológica, em busca de sermos provocados e de também provocar.

Consideramos como um avanço relevante a superação de concorrência pura e simples, entre as diferentes escolas de pensamento psicanalítico, em favor de uma visão que valoriza a pluralidade e o diálogo em vez do encastelamento e a distância entre os vários grupos. Entretanto, não há dúvida de que a concordância quanto ao valor das teorizações relacionais, mais afinadas com o pensamento fenomenológico, não evita divergências, fato que nada tem de negativo, já que pode se revelar útil e estimulante para aqueles autenticamente comprometidos com a busca de conhecimento. A diversidade tampouco evita concordâncias, valendo, ainda, recordar que essas podem ser eventualmente problemáticas, pois, muitas vezes, o que é voz geral não passa de equívoco que pode perdurar no tempo, gerando prejuízos para todos.

Escolhemos abordar, no presente capítulo, duas questões que nos preocupam como pessoas que praticam o estilo clínico "Ser e Fazer", que, como sabemos, fundamenta-se na psicologia psicanalítica concreta. A primeira delas consiste na adesão de uma maioria de psicanalistas à antropologia que concebe o ser humano como "ser da falta". A segunda diz respeito às dificuldades que encontram os winnicottianos para se fazerem entender quando descrevem sua atividade com psicanálise do *self*, termo que ainda não alcançou legitimidade suficiente para ser incluída em dicionários de psicanálise.

A psicanálise e o "Ser da Falta" à luz da experiência elementar

Consideramos que a adesão generalizada de psicólogos psicanalistas à concepção antropológica do ser humano como "ser da falta" como um grave problema, que afeta profundamente a clínica e extravasa para o campo cultural. A nosso ver, aqueles que, como nós, acreditam que essa visão não é inócua, mas prenhe de consequências desastrosas, encontram dificuldade para debater esse problema nos círculos psicanalíticos, motivo pelo qual valorizam o intercâmbio com pesquisadores que, trabalhando a partir de outras linhas de pensamento, são capazes de fazer colocações que instiguem e incentivem a reflexão. Como veremos a seguir, a experiência elementar, que Mahfoud (2012/2022) tem usado no campo da psicologia, a partir das elaborações filosóficas de Giussani (1986/2008), aportam ponderações e esclarecimentos que nos permitem questionar a antropologia do "ser da falta", predominante na psicanálise, em favor de uma visão mais acurada.

Se focalizarmos a convergência psicanalítica, praticamente consensual, segundo a qual o ser humano deve ser definido como "ser da falta", não teremos dificuldade de perceber que gera efeitos significativos no modo como conduzimos a clínica psicológica, em vertentes psicoprofiláticas e psicoterapêuticas, bem como no posicionamento ético-político dos profissionais, que afeta não apenas seus pacientes, mas um bom número de intelectuais e não intelectuais. Afinal de contas, o pensamento psicanalítico penetrou profundamente na cultura ocidental, na qual se insere o mundo latino-americano de que fazemos parte (Plotkin, 2017).

Provavelmente, os adeptos dessa visão acreditam estar fazendo uma opção corajosa, já que provoca um profundo pessimismo. Além disso, o que já não é pouco, a concepção antropológica do "ser da falta" certamente favorecerá conformismo, submissão e passividade, podendo considerar saudáveis estados que, sob outra luz, seriam interpretados como depressão subclínica. Tal posicionamento colide frontalmente com o pensamento winnicottiano porque, no seu âmbito, os quadros psicopatológicos correspondem a defesas contra ambientes, microssociais e macrossociais, que tentam forçar a pessoa a submeter-se e a renunciar à própria espontaneidade e criatividade. Ainda que os sistemas de submissão, na ótica winnicottiana, nunca vencem totalmente porque nenhum potencial humano pode ser realmente destruído, permanecendo protegido à espera de melhores condições ambientais. Entretanto, dado que a submissão gera profundos sofrimentos, não há como negar que seja prejudicial e malfazeja.

Um posicionamento ético-político, pautado na concepção do ser humano como "ser da falta", é certamente visto como nocivo se examinado à luz das visões de pensadores como Paulo Freire (Streck; Redin; Zitkoski, 2018) ou Martín-Baró (1983; 1987), que advertem contra a combinação nefasta que resulta do cultivo do pensamento crítico com o fatalismo e a desesperança, impedindo, de modo radical, tentativas de transformação da realidade humana tanto em dimensões individuais como sociais. A assimilação da crença de que o ser humano pode ser definido como prisioneiro de desejos fadados a jamais se realizarem, permanecendo sempre internamente dividido e atingindo a maturidade emocional possível apenas quando se admite como "ser da falta", harmoniza-se, evidentemente, com posicionamentos indiferentes e insensíveis diante do desamparo, da humilhação e da injustiça que se encontram na origem dos sofrimentos sociais — que são definidos como sofrimentos emocionais determinados por condições estruturais das sociedades.

Não há como negar, diante da vasta literatura psicanalítica, atualmente acessível, bem como diante de manifestações culturais e artísticas, que se revelam impregnadas pela aceitação do ser humano como "ser da falta", que uma grande maioria de psicanalistas tem permanecido aderida a uma visão, de caráter visivelmente ideológico, segundo a qual o ser humano estaria condenado a desejar o inalcançável. Aliás, tal condenação seria, nessa perspectiva, constitutiva do humano e, diante dela, só uma, entre duas atitudes, seriam possíveis: a do autoengano defensivo, mais ou menos patológico, ou a tomada de consciência de sua própria miséria. Ou seja, a sanidade possível surgiria para aqueles que, sendo considerados suficientemente lúcidos e racionais, renunciariam à toda espera e à toda esperança, e aqui é impossível deixar de lembrar da inscrição à entrada do inferno de Dante: *"Lasciate ogne speranza, voi ch'intrate"*...

Entretanto, outra será nossa visão se conseguirmos, ao observarmos e ao vivermos experiências de desejo, não ficar obcecados pela ausência daquilo que é desejado, e pudermos compreender em outros termos o posicionamento existencial daquele que deseja. É o que realiza a teoria da experiência elementar, ao reconhecer, em primeiro plano, que somos constituídos pela exigência de encontro com o que está além de mim mesmo. A ausência do que é desejado deixa, assim, de capturar totalmente minha atenção, permitindo a proposição de uma antropologia que pode fornecer fundamentos sumamente interessantes para psicólogos que têm em Winnicott (1958/2000; 1965/1993; 1971/1975) um interlocutor importante.

Aqui um esclarecimento se faz necessário. Não apelamos para a leitura de Mahfoud (2012/2022) porque desconhecemos as explicações winnicottianas sobre o potencial humano herdado ou sobre a tendência inerente ao desenvolvimento. Na verdade, tais argumentos não nos satisfazemos porque não correspondem a proposições psicológicas concretas, maximamente próximas do acontecer inter-humano e do encontro clínico, dado seu caráter abstrato e, em última instância, seu biologismo. Na verdade, essas são afirmações logicamente equivalentes à postulação freudiana de uma pulsão de morte, delas diferentes apenas na medida em que decorrem da observação da vida orgânica e não de fenômenos inorgânicos, como o princípio físico da entropia. Assim, se é bem verdade que o pensamento winnicottiano não inclui o uso de modelos físico-químicos, para pensar a clínica, por outro lado, mantém-se bastante próximo dos fenômenos propriamente orgânicos — o que não surpreende, dada a antiga dificuldade do mundo ocidental de distinguir vida no sentido estritamente biológico e vida enquanto experiência de viver. Por essa via, constatamos que o texto winnicottiano apela para princípios que parecem reger a totalidade da vida biológica. Seguindo essa linha de pensamento, poderíamos considerar que do mesmo modo que tigres, camelos ou roseiras realizam, em ambientes propícios, potencialidades inscritas em seus códigos genéticos, o ser humano realizaria as potencialidades de sua condição de animal humano, vale dizer, autoconsciência, inteligência e criatividade, entre outras, em ambientes favoráveis, a partir de um processo de amadurecimento.

Assim, continuamos insatisfeitos, como estudiosos que buscam manter-se epistemologicamente no âmbito da esfera antropológica sócio-humana, sem cair em biologismos ou fisicalismos, quando pensamos em termos de pressupostos que nos retiram do âmbito das ciências humanas. A insatisfação não decorre da nossa incapacidade de perceber que a vida humana depende das esferas orgânica e inorgânica, mas de reconhecermos que a elas não pode, a nosso ver, ser reduzida.

A observação de manifestações de falta, sejam colocadas em termos de desejo, aspiração ou necessidade não atendida, foi descrita por Mahfoud (2012/2022) de modo acurado, tendo em vista anunciar uma forma alternativa de lidar com o desejo humano, compreendendo-o não como mera falta e incompletude e, sim, como exigência constitutiva, o que tem efeito transformador sobre o posicionamento ético-político. Deste modo, a experiência elementar nos fornece uma abertura de pensamento compatível com a admissão da ocorrência tanto de experiências de necessidade e desejo, como de frustração, perda, desesperança e até desespero. Contudo, coloca-as sob nova luz, que transforma inclusive o modo como as percebemos, permitindo-nos um pensar que transcende a crença no "ser da falta". Respondendo a um dos participantes de uma plateia a que se dirigia num certo momento, Mahfoud diz:

> Você está nos lembrando de que estamos dentro de uma tradição que olha o sujeito como irremediavelmente cindido e o desejo é interpretado pela falta, mais do que motivado pelo objeto. Dizer que o sujeito tem uma falta ou cisão fundamental, fundante, e que não há objeto que possa realizá-lo — equivalendo a dizer que a busca é sem saída — é culturalmente muito diferente de acentuar a constante necessidade de um objeto, acentuar o fato de que cada objeto encontrado nos remete a outro ainda. Faz-se um percurso cultural completamente diferente. Ao acentuar um desejo que permanece se dá certa dinâmica; ao acentuar a falta e que o auge do processo seria admitir que não houvesse realização, dá-se outra. O que estamos afirmando é que a realização está sempre num horizonte além, por mais que nos aproximemos. Então, nosso desejo (tomado aqui como exigência constitutiva) é motor humano, é espera do objeto (Mahfoud, 2022, p. 69).

Mais adiante o autor ainda esclarece:

> Diante de uma falta, acentuar o desejo do objeto me possibilita uma unidade e uma dinâmica; acentuar a falta, por si mesma, as impossibilita. Se acentuo "o meu amigo não está aqui, meu desejo é que estivesse, mas não está aqui", me desmonto. E parece a afirmação mais realista, porque o amigo efetivamente não está. Por que não é a mais realista? Como dinâmica do sujeito, é mais correspondente à constituição humana aquela que emerge ao dizer "eu preciso que o meu amigo chegue". Independentemente de chegar ou não, do que virá a acontecer depois, dizer, nesse momento, "eu tenho necessidade do meu amigo" possibilita a unidade do meu eu. Acentuar "o que tenho é falta, meu amigo não está aqui" não é mais realista porque, para manter essa posição, é preciso negar uma espera que me constitui, que permanece presente (Mahfoud, 2022, p. 70).

Como se vê, Mahfoud (2012/2022) expõe uma visão outra, que tem o poder de resgatar o pensamento de psicanalistas que, a exemplo de Winnicott (1958/2000; 1965/1993; 1971/1975), não aderem à noção do humano como "ser da falta", mas como dotado de um potencial que o mantém em busca de acontecer como pessoa na experiência de viver. Entretanto, há uma diferença enorme entre apelar para princípios próprios da esfera ontológica orgânica, como se nos bastassem para compreender o humano, e em firmar a constituição humana em termos de exigências que são vividas como experiencia elementar e não meramente postuladas. Aqui nos lembramos das colocações de Mitchell (1988) quando faz uso de interessantes metáforas ao refletir sobre as concepções de ser humano em Freud e em Winnicott, ambas metáforas provenientes do mundo orgânico, animal e vegetal. A seu ver, o primeiro lidaria com uma "besta" — ou seja, com um animal imaginário — governada por impulsos sexuais e agressivos, enquanto o segundo lidaria com um "bebê botânico":

> O bebê moderno [winnicottiano] às vezes parece quase mais botânico do que zoológico, pré-conflituoso, inocente. O bebê moderno é retratado, em circunstâncias normais, como alguém que se adapta perfeitamente ao seu ambiente interpessoal, buscando de forma inabalável, como uma planta que se curva em direção à luz, as condições necessárias ao seu desenvolvimento (Mitchell, 1988, p. 130).

Entretanto, é sumamente interessante constatar como a teoria winnicottiana do amadurecimento termina, como bem destaca Plastino (2012), na conquista — ou no fracasso da conquista — de um posicionamento existencial conforme exigências éticas que não fazem parte da esfera ontológica do ser orgânico. A nosso ver, o pensamento de Plastino (2012), como psicanalista winnicottiano, converge com a percepção de que o modo humano de ser se funda e se expressa por meio de exigências radicais (Mahfoud, 2012/2022). É por esta razão que Plastino (2012) pode pensar o atendimento psicoterapêutico como marcha rumo a um amadurecimento ético, que se firma a partir de um direcionar-se constante para estados de integração pessoal que se dão no encontro com o outro, que será percebido como digno do nosso cuidado e consideração. Em outros termos, tanto os encontros psicoterapêuticos, como todos os encontros inter-humanos, rumariam, segundo as exigências radicais, constituintes de nossa humanidade, no sentido de posicionamentos que possam se tornar cada vez mais presentes, mais reais, mais criativos e mais próximos de uma gestualidade espontânea, em suma, o que, no jargão winnicottiano, costuma ser designado como "mais verdadeiro *self*". O advérbio "mais", no caso, sinaliza duas questões: a de que não existe um ponto fixo de chegada e a de que se trata de uma condição que é alcançada, eventualmente perdida, e, quando tudo corre bem, retomada, sucessivas vezes. O "mais" contribui muito para nossa compreensão, colocando-nos em consonância clara com a filosofia do "ser mais", por meio da qual Paulo Freire (1996), cujo pensamento guarda, a nosso ver, convergência com a experiência elementar, busca esclarecer o que seria a vocação básica do ser humano.

A psicanálise winnicottiana do *self* e a experiência elementar

A segunda questão que nos propomos abordar no presente capítulo diz respeito ao uso da noção de *self* na obra winnicottiana, com a qual os psicoterapeutas que adotam o estilo clínico "Ser e Fazer" mantêm constantes interlocuções. Justificamos tratar aqui dessa questão porque mesmo os psicólogos que tomam o pensamento winnicottiano como referência para pensar a clínica seguem enfrentando dificuldades de compreensão, que não são incomuns, antes o contrário, relativas aos conceitos nucleares de *self*, em seus aspectos de verdade ou falsidade.

Não deixando de reconhecer os esforços de vários autores, a exemplo de Galvan (2013), que dedicou seu doutorado ao estudo do uso da noção de *self*, observamos que muitas vezes as dificuldades de compreensão associam-se, ainda que não diretamente, ao assunto que acabamos de abordar. Enredados numa visão organicista e positivista do aparelho psíquico, que se atrela a uma concepção entrópica do universo inorgânico, os estudiosos da psicanálise tendem a entender o *self* como autorrepresentação psíquica, ou seja, a pensá-lo em um registro representacional. Mas o *self* para Winnicott (1958/2000; 1965/1993; 1971/1975) não é representacional e, sim, experiência vivida, de modo que não corresponde a instância da metapsicologia freudiana: "[...] o *self* verdadeiro é a posição teórica de onde vem o gesto espontâneo e a ideia pessoal. O gesto espontâneo é o *self* verdadeiro em ação" (Winnicott, 1965/1993b).

Outros comentaristas de alto calibre que se dedicaram ao estudo do *self* winnicottiano também poderiam ser aqui lembrados. Como representantes desses esforços, recordamos, por exemplo, os trabalhos de

Silva, Lima e Pinheiro (2014), que se valeram da apresentação primorosa de um caso clínico, ou Fulgencio (2014), que acompanha o desenvolvimento winnicottiano da ideia de *self*, tal como se contrapõe ao conceito de ego, atribuindo-lhe um caráter descritivo da experiência individual. Tampouco seria correto deixar de mencionar a obra do Professor Titular Gilberto Safra, cuja leitura do pensamento winnicottiano, articulada à sensível experiência clínica e notável capacidade reflexiva, impressiona profundamente e abre perspectivas que muito contribuem para uma elucidação da psicanálise winnicottiana do *self*.

Contudo, aqueles que, como nós, chegaram a Winnicott (1958/2000; 1965/1993; 1971/1975) pela via da busca de uma psicanálise psicanalítica concreta, guiados pelos ensinamentos blegerianos, o próprio uso do termo *self*, em forma substantivada, oferece dificuldade. Não desprezamos o fato de ser claramente enunciado um vínculo com a gestualidade espontânea, que nos retira de associações quase inevitáveis, na cultura ocidental, com a *res cogitans* cartesiana, equívoco sério que tentamos evitar, retornando para o registro da gestualidade que pode nos recolocar no plano da conduta. Entretanto, o fato é que a maioria corre o risco de cair em uma forma binária de pensamento, definindo apenas o falso *self* de modo concreto e perdendo-se no que diz respeito à compreensão do self e do *self* verdadeiro.

A nosso ver, a perspectiva da experiência fundamental pode contribuir firmemente para que possamos chegar a uma compreensão do *self* como experiência vivida pela pessoa, não se confundindo, no contexto winnicottiano, com o entendimento de que corresponderia à autorrepresentação psíquica de si mesmo. O próprio Winnicott (1971/1994) tem uma de suas frases frequentemente lembrada: "Para mim o self, que não é o ego, é a pessoa que é eu, que possui uma totalidade baseada no processo de maturação" (p. 210).

Entretanto, ao apontar que a existência pessoal se firma a partir de um conjunto de exigências vividas na experiência, que nos colocam em movimento, Mahfoud (2012/2022) descortina um novo panorama ao psicoterapeuta winnicottiano, que opera desde o estilo clínico Ser e Fazer, fornecendo-lhe um fundamento confiável tanto para pensar o processo de amadurecimento, em termos específicos do modo humano de ser, como ressalta Plastino (2012), como para aprimorar o caminho a percorrer para preparar-se existencialmente para o encontro com o paciente. Isso porque o processo de amadurecimento emocional humano difere profundamente dos processos de amadurecimento que ocorrem na esfera orgânica, já que inclui exigências radicais que definem a experiência elementar, as quais não se dissociam da constituição do próprio *self*.

Aqui se torna interessante retomar o modo como o autor faz uso da experiencia elementar em sua atividade clínica que, se bem compreendemos, consiste, basicamente, em buscar identificar modos singulares e específicos por meio dos quais a experiência elementar se expressa no contexto da vida individual e do encontro com o psicoterapeuta. Diz Mahfoud:

> Ao falarmos de experiência elementar estamos nos referindo a algo observável, com o qual entramos em contato: podemos observar uma manifestação. É o que queremos aprender a reconhecer, de modo a fazer um trabalho psicológico sintonizado com essa manifestação, que a respeite. E ela se manifesta numa dinâmica. A manifestação é dinâmica. (Mahfoud, 2022, p. 68).

Seguem-se esclarecimentos que nos colocam em contato com um aspecto fundamental da experiência elementar: trata-se de uma experiência de *self* e não de um conceito abstrato como aquele de pulsão de vida, uma entidade metapsicológica evidentemente distanciada da concretude do viver, solo no qual se dá a prática psicoterapêutica:

> Não se trata de criar, mas de reconhecer a dinâmica que é própria do humano e nos sintonizarmos com ela. Trabalhamos para acompanhar essa dinâmica, favorecê-la. Ela pode também ser orientadora da nossa presença no relacionamento. A experiência [...] tem uma dinâmica própria, tem uma unidade, tem uma articulação, tem conexões de sentido próprias, que não são inventadas, não podem ser inventadas por nós, psicólogos, nem pelo próprio sujeito. Não é questão de decidir o que fazer da vida como se se pudesse inventá-la. Nós reconhecemos uma direção que a vida tem (Mahfoud, 2022, p. 68).

Finalizamos destacando que, a nosso ver, quando se fala em vida, na experiência elementar, estamos pensando em trajetória humana que segue o chamado ciclo vital, e o transcende, na medida em que será sempre biografia e não apenas biologia. Deste modo, concluímos avaliando que o diálogo com Mahfoud (2012/2022), circunscrito a apenas uma de suas obras que, contudo, consideramos central em sua produção, revelou-se extremamente benéfico e positivo, encorajando-nos a aprofundar o estudo do seu pensamento.

Dotado de um pensamento mais aberto e flexível que o nosso, ensinou-nos o saudoso professor Tolentino Rosa que a verdade pode brotar a partir de diferentes visões quando é possível o estabelecimento de diálogo. Confirmo esse ensinamento na experiência atual de ter refletido sobre duas questões problemáticas à luz de um referencial que se revela precioso justamente por estar fora do campo da psicanálise e, portanto, não limitado ao seu horizonte.

Se, como afirmou Merleau-Ponty (1959/2016), Freud pagou um tributo à psicologia de seu tempo, também Winnicott pagou um tributo à biologia e à psicanálise de seu tempo. A nosso ver, as duas questões que aqui colocamos como incômodos vividos na clínica "Ser e Fazer" estão ligadas a esses tributos, mas podem ser esclarecidas se nos aproximarmos de modos de pensar que se enraízam na fenomenologia. A experiência elementar, proposta por Giussani (1986/2008) e aplicada por Mahfoud (2012/2022) ao campo da psicologia, parece-me um caminho promissor que pode contribuir de modo relevante para as reflexões dos winnicottianos em geral e daqueles que se pautam pelo estilo clínico "Ser e Fazer".

Referências

BLEGER, J. *Psicoanalisis y dialéctica materialilsta.* Buenos Aires: Paidós, 1958.

BLEGER, J. *Psicohigiene y psicología institucional.* Buenos Aires: Paidós, 1991. (Original Publicado em 1966).

BLEGER, J. *Psicologia de la donducta.* Buenos Aires: Paidós, 2012. (Original Publicado em 1963).

FREIRE, P. *Pedagogia da autonomia.* São Paulo: Paz e Terra, 1996.

FULGENCIO, L. Aspectos diferenciais da noção de ego e de *self* na obra de Winnicott. *Estilos Clínicos,* v. 19, n. 1, p. 183-198, 2014.

GALVAN, G. B. O conceito de falso si-mesmo na teoria do amadurecimento pessoal de Winnicott. Tese de Doutorado. São Paulo: Universidade de São Paulo, 2013.

GIUSSANI, L. *El sentido religioso.* Tradução: José Miguel Oriol López-Montenegro. Madrid: Encuentro, 2008 (Original publicado em 1986).

LAGACHE, D. La psychanalyse envisagée comme analyse de la conduite. In LAGACHE, D. *La folle du logis*. Paris: PUF, 1986, p. 287-306. (Original publicado em 1948).

LIBERMAN, A. Stephen A. Mitchell: un constructor de puentes. *Revista de la Sociedad Argentina de Psicoanalisis*. n. 10, p. 19-41, 2007.

LIBERMAN, A. Teoria del campo en psicoanálisis. Parte I: Harry Stack Sullivan y Madeleine y Willy Baranger. *Aperturas Psicoanalíticas*, n. 47, 2014a. Disponível em: www.aperturas.org/articulo.php?articulo=0000851.

LIBERMAN, A. Stephen A. Mitchell y el psicoanálisis rioplatense clásico (Bleger): algunas convergencias. *Clínica e Investigación Relacional*. v. 8, n. 1, p. 51-60, 2014b.

LUKÁCS, G. *Ontologia do ser social*. 2v. Tradução: Carlos Nelson Coutinho, Mario Duayer e Nélio Schneider. São Paulo: BoiTempo, 2013. (Original Publicado em 1978).

MAHFOUD, M. *Experiência elementar em psicologia*: aprendendo a reconhecer. 2. ed. Belo Horizonte: Artesã, 2022. (Original Publicado em 2012).

MARTÍN-BARÓ, I. *Acción e ideología: psicología social desde centroamérica*. El Salvador: UCA,1983.

MARTÍN-BARÓ, I. El latino indolente: carácter ideológico del fatalismo latino-americano. In MONTEIRO, M. (Org.). *Psicología política latinoamericana*. Caracas: Universidade Central de Venezuela, 1987, p. 135-162.

MERLEAU-PONTY, M. Nature et logos: le corps humain. In *Resumés de Cours*: Collège de France 1952-1960. Paris: Gallimard, 2016, p. 100-104. (Original Publicado em 1959).

MITCHELL, S. A. *Relational concepts in psychoanalysis*: an integration. Cambridge: Harvard University Press, 1988.

PLASTINO, C. A emergência espontânea do sentimento ético como tendência da natureza humana. *Winnicott e-prints*. v. 7, n. 1, p. 80-113, 2012.

PLOTKIN, M. B. El psicoanálisis como sistema de creencias: um bosquejo de programa de investigación. *História, ciências, saúde*, v. 24, n. 1, p. 15-31, 2017.

POLITZER, G. *Critique des fondements de la psychologie*. Paris: PUF, 2004 (Original publicado em 1929).

SÁINZ-BERMEJO, F. *Winnicott y la perspectiva relacional en el psicoanálisis*. Barcelona: Herder, 2017.

SASTRES, C. L. *La psicología, red ideológica*. Buenos Aires: Tiempo Contemporáneo, 1974.

SILVA, G. V.; LIMA, A. A.; PINHEIRO, N. N. B. Sobre os conceitos de verdadeiro *self* e falso *self*: reflexões a partir de um caso clínico. *Cadernos de Psicanálise* - CPRJ, v. 36 n. 30, p. 113-127, 2014.

STRECK, D. R.; REDIN, E.; ZITKOSKI, J. J. *Dicionário Paulo Freire*. São Paulo: Autêntica, 2018.

WINNICOTT, D. W. *O brincar e a realidade*. Tradução: José Octavio de Aguiar Abreu. *Et al.* Rio de Janeiro: Imago, 1975. (Original Publicado em 1971).

WINNICOTT, D. W. *Consultas terapêuticas em psiquiatria infantil*. Tradução: Joseti Marques Xisto Cunha. Rio de Janeiro: Imago, 1984 (Original publicado em 1971).

WINNICOTT, D. W. *O ambiente e os processos de maturação*. Tradução: Irineo Constantino Schuch Ortiz. Porto Alegre: Artes Médicas, 1993a. (Original Publicado em 1965).

WINNICOTT, D. W. Distorções do ego em termos de falso e verdadeiro *self*. In WINNICOTT, D. W. *O ambiente e os processos de maturação*. Tradução: Irineo Constantino Schuch Ortiz. Porto Alegre: Artes Médicas, 1993b, p. 128-139. (Original Publicado em 1965).

WINNICOTT, D. W. As Bases para o *self* no corpo. In WINNICOTT, C.; SHEPHERD, R.; DAVIS, M. (Org.). *Explorações psicanalíticas*. Tradução: José Octavio de Aguiar Abreu. Porto Alegre: ArtMed, 1994, p. 203-210. (Original Publicado em 1971).

WINNICOTT, D. W. *Da pediatria à psicanálise*: textos escolhidos. Tradução: José Octavio de Aguiar Abreu. Rio de Janeiro: Imago, 2000. (Original Publicado em 1958).

CAPÍTULO 9

A experiência emocional da mãe da criança obesa como sofrimento social: um diálogo entre psicanálise e experiência elementar

Maria Camila Mahfoud Marcoccia
Tania Maria José Aiello Vaisberg

O cuidado infantil é predominantemente visto como uma responsabilidade da mulher[1], que seria aquela que melhor entenderia as necessidades das crianças (Granato; Tachibana; Aiello-Vaisberg, 2011; Granato; Aiello-Vaisberg, 2013). No entanto, esse arranjo cultural não deixa de ter custos, especialmente a partir do momento em que as mulheres começaram a se inserir no mercado de trabalho, deixando de se dedicar inteiramente à vida doméstica. Nessa linha, compreendemos os apontamentos de Visintin e Aiello-Vaisberg (2017) e Schulte (2016), que demonstram que, na atualidade, a maternidade se configura como um sofrimento social, pois ocorre sob a vigência de imaginários que exigem que a mulher se torne mãe, que a maternidade seja exercida com dedicação absoluta à criança, mas que, ao mesmo tempo, a mulher participe do mundo laboral.

É claro que essa conclusão não significa desconsiderar as inegáveis gratificações afetivo-emocionais que a maternidade pode trazer, nem que ela seja vivenciada de maneiras diferentes, mais ou menos problemáticas, dependendo de diversas condições, como etnia, classe social ou idade,

[1] Texto baseado na dissertação de mestrado de Maria Camila Mahfoud Marcoccia, *A experiência materna na clínica da obesidade infantil: estudo psicanalítico*, Universidade de São Paulo, 2017.

como afirmam Mattar e Diniz (2012). Contudo, o ponto que destacamos é o fato de que pesados encargos são socialmente depositados sobre os ombros da mulher, gerando uma pressão intensa, acompanhada da falta de apoio de familiares, das instituições e da comunidade. De todo modo, o fato é que, no imaginário coletivo, a mãe é vista como a cuidadora primária, sendo responsável, inclusive, pelas dificuldades, doenças e sofrimentos do filho.

Nesse contexto, não nos surpreende constatar que, frequentemente, os profissionais de saúde atribuam a má nutrição infantil — uma problemática que pode se manifestar de diversas formas, incluindo a obesidade — a falhas maternas. Em nossa experiência, temos observado duas abordagens mais comuns para lidar com essa questão: 1) considerá-la como um problema a ser resolvido por meio de instrução e educação nutricional da mãe; e 2) tratá-la como um problema a ser solucionado com atenção psicológica clínica às características afetivo-emocionais da relação entre mãe e filho. Em ambos os casos, ocorre a responsabilização da mãe pela obesidade da criança. Na primeira abordagem, parte-se da perspectiva cognitiva de que a simples informação e o conhecimento seriam suficientes para que a mãe fosse capaz de alimentar e cuidar bem de seu filho. Na segunda abordagem, acredita-se que o problema seria resolvido com o tratamento psicológico da mãe.

A nosso ver, as práticas de cuidado não se estabelecem de forma técnica e racional. Evidentemente, elas refletem aspectos da pessoalidade daqueles que cuidam das crianças, que, por sua vez, não são seres inteiramente passivos e moldáveis conforme os desejos dos adultos. Além disso, não podemos ignorar que os adultos lidam com as novas gerações segundo padrões culturalmente determinados e transmitidos, que refletem modos de ser prevalentes em uma determinada formação social. No que diz respeito às condições atuais de vida vigentes no país, não podemos negar que a relação mãe-filho se constitui como um ambiente primordial, fortemente marcado pelas características psicológicas da mãe, que é o polo relacional subjetivamente mais complexo e deve atender às necessidades da criança nas fases iniciais do desenvolvimento emocional.

Desse modo, sem subscrever de forma acrítica visões segundo as quais a maternidade seria concebida de maneira abstrata, natural e isolada das condições concretas da vida social, mas reconhecendo a realidade em que estamos inseridos em contextos macrossociais, compreendemos que a experiência emocional materna se articula como uma questão essencial a ser considerada quando abordamos temas relativos ao cuidado infantil em geral e, mais especificamente, ao tratamento da criança obesa. Por esse motivo, concebemos o presente trabalho, que tem como objetivo, a partir da experiência emocional materna da mulher com filho diagnosticado como obeso, ilustrar a contribuição da psicologia para a compreensão da vivência materna à luz da psicanálise e da noção de *experiência elementar* de Luigi Giussani.

Pesquisa

Optamos, na presente pesquisa, por realizar um estudo de caso utilizando o método psicanalítico na compreensão de material clínico que emergiu durante 22 encontros terapêuticos individuais com uma mulher de 32 anos, aqui designada pelo nome fictício de Violeta. Ela é mãe de um filho que recebe tratamento para obesidade em uma instituição especializada em distúrbios nutricionais de crianças e adolescentes.

Relatamos os encontros terapêuticos, que se moldaram a partir das necessidades clínicas presentes, sob a forma de narrativas transferenciais. Essa forma específica de registro, realizada posteriormente aos atendimentos, contém não apenas as comunicações e interações ocorridas entre paciente e psicóloga, mas também os impactos afetivo-emocionais vivenciados pela profissional. O conjunto das narrativas foi sintetizado sob a forma de uma narrativa da história clínica, a qual apresentaremos em seguida.

O material composto pelas narrativas transferenciais e pela narrativa da história clínica foi considerado segundo os princípios psicanalíticos da associação livre de ideias e da atenção flutuante, com vistas à produção interpretativa de campos psicológico-vivenciais, que correspondem ao modo como o inconsciente é concebido no âmbito da psicologia psicanalítica concreta (Bleger, 1963/1989). Essa perspectiva teórica critica explicações pulsionais relativas a um suposto aparelho psíquico, alinhando-se ao paradigma da psicanálise relacional (Greenberg; Michell, 1984; Sáinz-Bermejo, 2017), na vertente na qual o inconsciente é concebido como um campo vincular que determina, lógico-emocionalmente, as condutas humanas.

Narrativa da história clínica

Conhecemos Violeta há cerca de dez meses, quando iniciou o tratamento de obesidade de seu filho Acácio, de 3 anos. Nesse período, realizamos vinte e dois encontros.

Violeta nasceu em São Paulo e teve uma mãe que a educou de forma muito rígida. Concluiu os estudos e começou a trabalhar e namorar cedo. Engravidou de um de seus namorados e deu à luz a primeira filha, Íris. Como a bebê ficava constantemente doente, Violeta saiu do trabalho para cuidar dela. Começaram, então, a passar alguns apertos financeiros. Foi quando decidiu, convidada por uma amiga, trabalhar como garota de programa. Ela realizava o trabalho em uma casa de luxo, o que lhe proporcionava ganhos expressivos. Violeta, assim, se viu com condições de oferecer à filha tudo o que ela quisesse em termos materiais. A avó passou a cuidar de Íris enquanto Violeta trabalhava, mas ninguém da família conhecia a natureza de sua atividade profissional. Quando Dália, mãe de Violeta, descobriu como a filha ganhava dinheiro, expulsou-a de casa, o que a obrigou a residir, a partir de então, no local de trabalho. Íris ficou sob os cuidados diretos da avó, enquanto sua mãe passava a enviar dinheiro mensalmente e fazia visitas esporádicas.

Posteriormente, Violeta se mudou para uma cidade litorânea, mantendo a atividade, mas morando sempre nas próprias casas noturnas. Nessa época, começou a namorar um rapaz, de quem engravidou. Dessa relação, nasceu Yasmim, sua segunda filha. O esquema com a nova criança foi o mesmo: a avó cuidava dela enquanto Violeta trabalhava, sempre mandando dinheiro para garantir que nada material faltasse às crianças. Separou-se desse companheiro e voltou para sua cidade, onde passou a trabalhar em uma casa mais simples, mas que ainda lhe rendia um bom sustento. Foi aí que, numa noite, engravidou de Acácio. Violeta desconfiou de dois clientes que poderiam ser os pais, mas não foi atrás para descobrir. Quando ficou sabendo que estava gestante de um menino, decidiu parar de trabalhar. Não sabe explicar bem a motivação de sua decisão, mas acredita que pode ter sido impelida pelo fato de sempre ter sonhado em ter um filho homem.

Violeta voltou a morar com a mãe e as filhas, situação que persistiu até o momento em que D. Dália decidiu se mudar para o interior devido a uma oportunidade de trabalho. Assim, Violeta se viu sozinha com os três filhos pela primeira vez em sua vida. Íris tem 17 anos e está gestante, Yasmim tem 11 anos e Acácio tem 3 anos.

Essa história atribulada nos foi contada no início do nosso relacionamento com a paciente. Surpreendeu-nos bastante, pois a aparência francamente obesa de Violeta, que relatava ter engordado 50 quilos após a gestação de Acácio, dificilmente seria associada ao exercício da prostituição. Nesse sentido, ela chegou a declarar explicitamente que não queria emagrecer nem se cuidar, para não sofrer a tentação de voltar a esse trabalho. Seus olhos se encheram de lágrimas ao falar do assunto, dizendo que, apesar de gerar um ganho interessante, "é trabalho fácil só para quem não conhece". Nesse momento, deixava transparecer o sofrimento vivido nesses doze anos de trabalho com o uso do próprio corpo, dizendo: "Acho que troquei o sexo por chocolate, por isso estou desse tamanho". Ela referia ter consciência de que o tratamento de Acácio requereria o envolvimento de toda a família, mas não sabia se estava preparada para isso.

Acácio chegou até nós encaminhado pela Unidade Básica de Saúde (UBS). Por se tratar de um caso de obesidade grave, iniciou o tratamento em regime de semi-internato quase imediatamente. Ao chegar com o filho, Violeta transmitia muita emoção por meio da fala agitada, que usava para enunciar, literalmente, um pedido de socorro. Sua descrição do filho lembrava um personagem da Disney, o Taz, que anda feito um furacão e destrói as coisas por onde passa. Ela disse, inclusive, que muitas noites dorme na casa de uma amiga para poder descansar da criança, deixando-a sob os cuidados das irmãs. Conta que Acácio come vorazmente grandes quantidades de alimentos, chegando até a vomitar. A mãe não sabe como controlar seu comportamento, deixando evidente que enfrentam uma grande dificuldade no relacionamento. Conversamos sobre como ela estava vivendo todas essas circunstâncias e Violeta expressou um intenso cansaço, uma sensação difusa de que tudo lhe pesa muito e uma dificuldade relacionada a não saber o que fazer com isso. Ela deseja soluções rápidas, que não demandem muito esforço, pois se sente no limite de suas forças.

Entretanto, o mais intrigante, do ponto de vista clínico, é o fato de que a descrição de Acácio, feita por sua mãe, destoava muito do comportamento do menino diante dos vários profissionais da instituição de atendimento, onde passava várias horas nos dias úteis. O menino se mostrava colaborativo e tranquilo, sem deixar de apresentar características saudáveis esperadas para crianças de sua idade.

Depois do primeiro atendimento, nunca mais Violeta compareceu às consultas previamente agendadas, preferindo encontros que se realizaram sob a forma de conversas rápidas sobre questões pontuais. Aceitamos essa forma de atendimento, pois percebemos que era o modo como ela se permitia ser atendida — um arranjo possível de ser mantido na situação institucional. Não foi difícil perceber que Violeta tinha medo de entrar em contato com suas próprias questões, assim como com as de seu filho. Uma constante em suas colocações era o modo como localizava os problemas de comportamento de Acácio sempre no próprio menino, evitando abordar o vínculo existente entre ambos.

Apenas numa única vez, a paciente permitiu-se referir ao relacionamento com o filho, afirmando que percebia a existência de uma ligação muito forte e singular com a criança. Relatou, então, que, quando sentia vontade de comer, acreditava que ele também estava com fome, e se apressava em alimentá-lo, sem nem lhe perguntar sobre sua fome. Por conta da situação financeira atual, não podia mais dar qualquer bem material, independente do preço, como fez com suas filhas. Assim, compensava o filho com pequenas guloseimas. Essa declaração ocorreu de forma rápida e inusitada, sendo seguida de uma retomada do raciocínio em que o menino seria problemático por sua própria índole.

Acácio começou a faltar à instituição. Após várias tentativas da equipe para motivar o retorno da criança, a mãe restabeleceu contato e contou que a criança estava com uma alergia atópica, motivo pelo qual considerava necessário interromper o tratamento. Revelou também que havia deixado o emprego e estava vivendo de doações de amigos e da mãe. Após alguns encontros com Violeta, Acácio retornou à instituição, mas de forma bem menos assídua. Pareceu-nos evidente que um processo de resistência da mãe ao tratamento estava instalado.

Pouco tempo depois, nasceu Jacinto, o neto de Violeta, filho de Íris. Como as faltas de Acácio continuavam frequentes, realizamos uma visita domiciliar. Violeta parecia-nos imersa em um furacão, tomada por problemas financeiros que impediam o pagamento do aluguel e das demais contas. Íris, a seu ver, poderia ajudar mais nos cuidados da casa. Yasmim passou a preocupá-la porque teria começado a praticar pequenos furtos. Sua mãe começou a ter dificuldades no trabalho. Acácio continuava bastante agitado e seu quadro de alergia seguia persistente.

Com relação a Yasmim, Violeta confessa perceber seus atos de furto, mas sente vergonha de voltar à loja e fazer com que a filha devolva os objetos que ela se apropriou. Sua atitude tem sido a de conversar com a menina, o que, a seu ver, não gera efeito. Conta que a irmã mais velha, Íris, briga e bate na irmã por esse comportamento, atitude que a mãe aprova. Nesse sentido, seu posicionamento demonstra uma vontade de que a filha mais velha assuma a responsabilidade pela educação da irmã mais nova. Do mesmo modo como entende as dificuldades de Acácio como derivadas de suas características pessoais, vê os problemas de Yasmim como inerentes à sua personalidade, não manifestando nenhum questionamento sobre o fato de que os comportamentos preocupantes de ambos possam ter algo a ver com a experiência vivida e o ambiente familiar e social.

Durante a primeira visita domiciliar, Acácio comportou-se conforme as descrições da mãe — de modo absolutamente diverso ao que sempre se apresentava na instituição. Em casa, parecia uma criança muito diferente daquela com a qual estávamos acostumados, correndo para cima e para baixo e destruindo as coisas, chamando a atenção o tempo todo para si. Violeta praticamente o ignorava, permanecendo indiferente às ações do filho, numa atitude permissiva, como se estivesse diante de acontecimentos habituais, ainda que a conduta do menino fizesse temer quedas, ferimentos e destruição de objetos da casa. As irmãs de Acácio tinham maior domínio sobre a criança, pareciam mais preocupadas e chegavam a intervir em muitos momentos. Essa cena se repetiu em todas as visitas realizadas e, apesar de constantes, nunca deixaram de chamar atenção. Houve uma vez em que Acácio destruiu uma cadeira e rasgou a toalha de mesa inteira, provocando na mãe um único comentário: "É assim". Quando observamos que o comportamento agitado parece diminuir quando Acácio recebe atenção, Violeta responde que, com ela, as coisas não acontecem desse modo.

Acácio, como suas irmãs, algumas vezes abria e fechava a geladeira, pegando coisas para comer à vontade. Violeta contava, rindo, situações em que Acácio comia vorazmente e depois avançava no prato das irmãs. Outras vezes, a mesma situação provocava-lhe choro, por não saber como proceder. A família tem um cachorrinho. O relacionamento de Acácio com o cachorro lembra um desenho animado, no qual uma criança aperta, amassa e acaricia um animal de estimação de maneira inadequada. Violeta precisou afastá-lo do cachorro por causa da forte alergia, mas relata que, quando acordava à noite, Acácio estava dormindo na cozinha com o cachorro.

As dificuldades de relacionamento entre mãe e filho são muito evidentes. Violeta precisa da ajuda das filhas para buscar o menino na instituição ao final do dia, não deixando de comentar, meio de brincadeira, que o sossego vai acabar no momento em que se reencontrar com Acácio. Essas falas despertam sentimentos de compaixão pelo que percebemos existir entre Violeta e Acácio.

Violeta expressa o desejo de levá-lo ao neurologista para que receba um diagnóstico e medicação contra a agitação. Refere saber da diferença de comportamento quando a criança está com ela e quando não está, mas precisa de ajuda porque não sabe mais o que fazer. Aparentemente, gostaria que ele tivesse uma doença orgânica para tirar de si qualquer responsabilidade frente à agitação da criança.

Durante esse processo, Violeta revelou ainda que amamentava o filho e precisava de ajuda para realizar o desmame. Não conseguiu tirar Acácio do peito, evidentemente dispensável do ponto de vista nutricional, e pediu nossa ajuda. Tentamos trabalhar essa questão terapeuticamente, mas ela nunca conseguiu tirar Acácio do peito, argumentando que não consegue vê-lo chorar ou que ele mama sem que ela perceba, enquanto já está dormindo.

Em determinado momento do atendimento, recebemos uma carta da Promotoria da Justiça relativa à denúncia anônima que acusava Violeta de maus-tratos aos filhos. Colocada diante do fato, a paciente referiu-se a conflitos constantes com a filha mais velha, que incluíram uma briga de faca durante a gestação da moça, ocorrência que gerou registro de queixa policial contra a mãe. Ficamos surpreendidas com esse relato, pois Violeta e Íris comportavam-se, habitualmente, como boas companheiras.

Violeta nunca mais voltou a trabalhar e passou a se sustentar com o auxílio de amigos e por meio de benefícios governamentais. Sua mãe, Dália, ajudava com o aluguel e as compras, mas também enfrentou complicações financeiras, o que a impediu de quitar regularmente as contas de aluguel e energia elétrica. Violeta, então, aceitou uma ocupação temporária para evitar o corte de luz, mas logo voltou a ficar desempregada.

Devido às dificuldades financeiras da mãe, Violeta foi obrigada a sair de sua casa e procurar um novo local para morar. Inicialmente, ninguém acreditava que o despejo fosse acontecer, por conta da presença das crianças pequenas. Após várias conversas sobre o assunto, a família resolveu dar um passo e alugou outra casa. Surgiu, então, um impasse: eles tinham um cachorro, mas o novo imóvel não aceitava animais. Violeta lidava com a situação de forma curiosa, atribuindo à mãe, Dália, a responsabilidade pelo problema, como se fosse a mãe quem tivesse o poder de decidir sobre o que, no fim das contas, era uma responsabilidade sua. Seu tom, bem como o conteúdo dessa questão, evidencia uma grande dificuldade de Violeta em se posicionar de forma adulta.

Além disso, a relação com a mãe traz dificuldades, principalmente quando Dália tenta educar os netos de maneira diferente. Seus olhos se enchem de lágrimas quando fala que se sente sozinha e percebe que Acácio está sendo deixado de lado pela avó. Ela conta que briga muito com a mãe por isso. Em seguida, relata diversos episódios dizendo que a mãe "faz a caveira" dela para as filhas pelas costas. Violeta narra que o relacionamento delas sempre foi muito conflituoso e que, por isso, ela foi para a prostituição e saiu de casa por meses. Ela explicou que foi para esse trabalho com o objetivo de ter independência financeira e emocional da mãe. Às vezes, Violeta tem vontade de largar tudo e voltar a essa vida, desaparecer por meses, mas o que a impede de fazer isso é Acácio. Ela não sabe exatamente o motivo, mas acredita que seja porque ele é homem e que sempre foi seu sonho ter um menino. No entanto, não está totalmente convencida dessa explicação, mas se contenta com ela. Às vezes, fala em voltar a trabalhar como prostituta à noite, para poder dar ao filho tudo o que ele quiser ou levá-lo a lugares legais. Embora receba propostas de trabalho, ela pensa em Acácio e se mantém firme. Violeta compara essa tentação ao vício das drogas. Segundo ela, tanto o sexo quanto o dinheiro são um vício.

Ela volta a falar sobre a mãe, que só se ofereceu para ajudá-la quando soube que, há dois anos, Violeta havia deixado o trabalho na prostituição. Isso gera uma dor intensa nela, pois a mãe nunca acreditou em seu propósito de abandonar a prostituição. Foram 12 anos trabalhando na noite, e, quando finalmente decide parar, Violeta sofre pela falta de apoio da família. Ela também comentou que Íris sempre foi sua parceira, no sentido de que nunca escondeu seu trabalho da filha. Íris sempre soube de tudo desde pequena, o que indica que Violeta a percebe mais como uma amiga do que como uma filha.

Violeta nunca frequentou o tratamento de forma assídua, e sua adesão às orientações e indicações dos profissionais sempre foi difícil. Ela apresenta um pedido claro de ajuda, mas de maneira dissociada, o que dificulta o atendimento. Todos os profissionais envolvidos no caso se sentem tocados pela gravidade da obesidade da criança, pela história sofrida da mãe e pelos dramáticos conflitos familiares. Além disso, há muitas interrogações sobre como conduzir o caso.

Compreendendo a experiência à luz de uma psicologia inspirada em Giussani em diálogo com Winnicott

A partir de uma psicologia mais compreensiva, apresentamos o conceito de experiência elementar, que Mahfoud (2012) introduziu na psicologia e que auxilia no entendimento da experiência humana. Este conceito será explorado em diálogo com as obras de Winnicott (1945/1983; 1956/1983).

O conceito de experiência elementar baseia-se na ideia de exigência, sendo uma categoria antropológica de análise. Ela propõe a existência de um crivo originário subjacente a toda conduta humana, constituído por um conjunto de exigências fundamentais que se impõem a cada indivíduo não como uma doutrina ou aprendizado, mas de forma direta, intuitiva e experiencial. Essas exigências incluem a necessidade de ser feliz e amado, bem como a busca pela verdade, justiça e beleza (Giussani, 2023). Dentro dessa concepção, Mahfoud (2012) acrescenta uma exigência fundamental de ser, que está ligada ao assumir-se como uma individualidade única e ao ocupar um lugar próprio no mundo. Para Mahfoud, essa exigência básica e fundante se revela dentro de uma história pessoal, constituindo-se como uma provocação primordial que impulsiona o viver.

Ao analisarmos a história de Violeta, percebemos que ela busca um lugar onde possa se constituir como pessoa, a partir do qual seja viável construir uma vida significativa para si e para os outros. Nossa compreensão se concentra nessa busca nuclear pelo sentido da própria existência, observando as elaborações de Violeta sobre caminhos fantasiados como soluções para o sofrimento vivido.

Na psicologia psicanalítica, trabalhamos com campos de sentido afetivo-emocional ou inconscientes relativos, que se formam a partir do material clínico. A partir dessas narrativas transferenciais, podemos identificar dois campos de sentido afetivo-emocional em Violeta: 1) "Sou mãe de um menino, logo existo"; e 2) "Minha mãe me ama, logo existo".

O primeiro campo gira em torno da fantasia de que ter um filho homem confere sentido à sua existência. O segundo se estrutura ao redor da crença de que ser amada pela mãe pode salvar Violeta de seus dramas. A análise conjunta desses campos revela que, para Violeta, essas duas fantasias de cura são tentativas de resolver um sofrimento comum: encontrar um lugar onde ela possa realizar sua exigência de ser.

Guiando-nos por essa orientação, conseguimos identificar a exigência de ser em Violeta, que parece se posicionar a partir de um critério claro — ainda que não conceitual ou discursivamente formulado — para afirmar "eu sou" ou "eu não sou", "sou algo grande" ou "sou a pior". Em muitas de suas declarações e condutas, Violeta expressa o que podemos considerar como uma manifestação da exigência de ser, fenômeno que não se confunde com a incapacidade psicótica de conceber-se como individualidade, que Winnicott (1945/1983) descreve em pacientes com dificuldades relacionadas a falhas no processo de amadurecimento emocional, especialmente na fase da dependência absoluta.

No entanto, é importante questionar, dentro de uma produção de conhecimento psicológico compreensivo, em que consiste exatamente essa exigência ética fundante de ser. Em sintonia com as formulações da psicanálise relacional contemporânea, que valoriza o pensamento winnicottiano como precursor (Sáinz-Bermejo, 2017), Mahfoud (2012) afirma que essa exigência não se refere à autonomia, mas à dependência. Para ser, o ser humano depende.

> de fato, para poder ser, é necessário ser recebido pelo outro no mundo. A minha existência só faz sentido verdadeiro no contexto humano e na história. A exigência de ser é radical: diante da impossibilidade de ser, surge a dor da não realização, mas a exigência não desaparece (Mahfoud, 2012, p. 55).

Como vemos, partindo de uma visão ético-antropológica, passível de ser trazida para a clínica psicológica, para ser utilizada como verdadeiro orientador de intervenções, o autor faz colocações que aparentemente nos remetem a condições que invocam o alcance de um certo amadurecimento emocional.

No caso de Violeta, a exigência de ser, cuja importância Mahfoud (2012) destaca bem, mostra-se no quadro pessoal caracterizado por tentativas, aparentemente desorientadas, de busca de soluções em um contexto social fortemente marcado por imaginários que atribuem à mãe biológica total responsabilidade pelo cuidado dos filhos e pela garantia de sua realização como pessoa. Assim, não surpreende constatar que a necessidade de se constituir como singularidade pessoal venha a se expressar, na vida da participante, como uma luta incansável e desesperada pela obtenção de um olhar de entusiasmo, alegria e encantamento de sua própria mãe. Na luta por esse olhar, várias estratégias têm sido usadas, figurando, como trunfo maior, a apresentação do próprio filho homem, fantasiado como verdadeiro salvador que a resgataria de um não viver e agradaria a avó materna. Em suma, damo-nos conta de que nutre a fantasia de ser curada se puder ser amada pela própria mãe, fantasiada por Violeta como passível de sentir-se feliz com o nascimento de um neto. Entretanto, tal percepção nos leva a pensar que sua reação não deriva apenas de uma provisão afetiva insuficiente em sua própria infância, que pode ter ocorrido ou não, em maior ou menor grau, mas reflete condições atuais de uma sociedade que simultaneamente desvaloriza a mulher e hipervaloriza o amor maternal, como único digno de confiança.

Colocando-nos diante de uma problemática tão fundamental, a participante convoca o estabelecimento de interlocuções com autores que possam contribuir para uma compreensão mais acurada do que aí se encontra em jogo. Coerentes com nossa formação clínica, bem como com a perspectiva da psicologia concreta, entendemos que o estabelecimento de diálogo com Winnicott (1945/1983; 1960/1983), autor no qual nos inspiramos para criar os enquadres diferenciados do estilo clínico Ser e Fazer (Aiello-Vaisberg, 2004; Aiello-Vaisberg; Ambrosio, 2016; Aiello-Vaisberg, 2017), bem como com Mahfoud (2012), que traz para o campo da psicoterapia importantes contribuições ético-antropológicas de Giussani (2023), pode nos fornecer subsídios relevantes. De fato, acreditamos que reflexões à luz das contribuições desses autores podem se revelar fecundas numa clínica voltada aos sofrimentos radicais da chamada constituição do *self* (Aros; Aiello-Vaisberg, 2009).

Nessa linha de raciocínio, a teoria winnicottiana do desenvolvimento propõe a hipótese de que Violeta lutaria para se estabelecer como *self* verdadeiro porque supostamente não teria recebido uma provisão ambiental suficientemente boa durante sua vida como bebê. Sentindo-se submetida pela mãe, que não lhe teria permitido vivenciar experiências criativas onipotentes, seguiria pela vida afora em busca do atendimento dessa necessidade primordial. Pouco esforço nos seria requerido para formular a hipótese de que, quando menina, poderia ter interpretado algo que vivenciou como falta de amor, como vinculado ao fato de ter decepcionado sua própria mãe por ser do sexo feminino — conforme certas teorizações freudianas e lacanianas relativas ao complexo de Édipo. O esquema parece coerente, mas certamente expressa o que se passa em condições sociais concretas nas quais vige a opressão feminina, não correspondendo, de modo algum, a um fenômeno de caráter universal.

Assim, podemos compreender que, num ambiente macrossocial de desvalorização da mulher, Violeta possa fantasiar uma superação de falhas básicas, vivenciadas em sua própria infância, por meio de dar à luz a um bebê do sexo masculino, com o qual se manteria de um certo modo fusionada, para, desse modo, obter o amor e a aprovação de sua própria mãe, base a partir da qual poderia constituir o próprio *self*.

Tal raciocínio clínico nos incita a considerar que Violeta persistiria à procura da constituição de si mesma como pessoa, porque estaria prisioneira de um passado infantil que tenta superar. Entretanto, poderíamos indagar se sua situação derivaria direta e principalmente de sua infância ou se algo mais caracteristicamente humano estaria em jogo. Essa nos parece uma questão-chave tanto para a compreensão do sofrimento da participante quanto para qualquer proposta de atendimento psicoterapêutico que possa favorecer, inclusive, o tratamento da obesidade do filho: determinar o que deriva de uma infância malsucedida, em termos de necessidades afetivas básicas desatendidas, e o que deriva de viver, em qualquer fase da existência, de maneira que não permite o atendimento de exigências fundamentais do modo humano de ser. Evidentemente, estamos preocupadas não apenas em subestimar a importância da experiência emocional infantil, mas também em não deixar de reconhecer todo o percurso vital. Pensamos estar diante de fenômenos muito diversos, que demandam o uso de diferentes conceitos, como já tivemos ocasião de declarar anteriormente (Marcoccia; Aiello-Vaisberg, 2013), quando, fundamentadas na teoria da experiência elementar, formulada por Giussani (2023), chamamos a atenção para a importância de diferenciarmos as necessidades emocionais básicas, bem elucidadas no pensamento winnicottiano, e as exigências elementares do modo humano de ser. A nosso ver, estamos diante de fenômenos bastante diversos, que podem justificar a proposição de um conceito diferente, na medida em que o amadurecimento do bebê sofre uma inflexão fundamental, quando, estabelecida uma certa continuidade de ser e, a partir dessa, uma certa integração, surge no horizonte a capacidade de preocupação. A nosso ver, o reconhecimento dessa capacidade, numa teorização que não quer abandonar o plano da pessoa, da experiência, da dramática, demanda que consideremos, ao lado do desejo e da necessidade, um terceiro conceito: o de exigência. Tal noção, como apresentada no contexto antropológico da teoria da experiência elementar, parece-nos uma solução bastante fecunda (Aiello-Vaisberg; Marcoccia, 2013).

Dessa feita, podemos afirmar que os campos de sentido afetivo-emocional, que aqui produzimos interpretativamente, apontam que Violeta se apresenta profundamente tocada, de modo direto, sensível e intuitivo, por uma exigência fundamental de ser, que não se encontra contemplada em sua própria vida. Por outro lado, aventura-se em caminhos, possivelmente equivocados, na medida em que assimila imaginários coletivos prevalentes na sociedade em que vive. Um processo psicoterapêutico poderia beneficiá-la por meio do reconhecimento da exigência, como recomenda Mahfoud (2012), do *holding* e do manejo de sua ansiedade, que proporcionariam incremento de esperança e coragem para examinar as fantasias, que correspondem a falsas soluções, e posicionar-se diferentemente na vida.

Por outro lado, cabe lembrar a existência de um menino real, que sofre o impacto das fantasias que evidentemente marcam o comportamento da mãe. Se sonhar com um menino salvador é um fenômeno absolutamente compreensível à luz da psicanálise, não podemos ignorar que o filho, nesse quadro, não pode ser visto em sua singularidade pessoal, o que pode prejudicar seu processo de desenvolvimento. Seu drama é complexo, pois não é apenas fantasiado como o menino dos sonhos, mas também como o salvador que não conseguiu operar a salvação. Configurando-se como objeto frustrante, torna-se maligno, provocando decepção que gera mágoa, ódio, ressentimento e paralisia. Mas, convém lembrar, Violeta não é prisioneira de suas fantasias o tempo todo e certamente pode oscilar entre visões mais realistas ou mais fantasiosas do filho, que, ao final, torna-se alvo de afetos contraditórios por parte de sua mãe. Sabemos que quanto mais saudáveis as crianças, mais elas se comportam segundo suas próprias necessidades e não de acordo com o imaginário materno. Nessa linha, o filho real não se materializa sob a forma idêntica à da criança sonhada e imaginada, cujo nascimento promoveria uma aproximação, aspirada por Violeta, em relação à sua própria mãe. Assim, embora sua presença concreta possa ter reativado fantasias de Violeta no sentido de vir a ser salva e de agradar à própria mãe, essas não encontram ressonâncias na realidade cotidiana. Desse modo, segundo uma lógica paradoxal, o filho se torna esperança, mas também decepção, tornando-a prisioneira do momento presente.

Assim, sem pretender resolver uma questão, para tão somente equacioná-la para futuros estudos, finalizamos propondo que a identificação das exigências, cujo atendimento o paciente busca inconscientemente, pode contribuir para a superação de um pensamento clínico constantemente voltado para o passado. Poder-se-ia abandonar uma visão segundo a qual acontecimentos ou "não acontecimentos" pretéritos determinariam fortemente o presente, bem como a fantasia de que, ao fundo e ao cabo, toda vez que não estivesse tratado de problemas neuróticos, caberia ao terapeuta comportar-se como uma mãe melhor.

Falar em Experiência Elementar e exigência se harmoniza com o reconhecimento da importância dos chamados sofrimentos sociais (Ambrosio; Aiello-Fernandes; Aiello-Vaisberg, 2013; Visintin; Aiello-Vaisberg, 2017), o que libera o psicoterapeuta de crenças reducionistas que imolam a vida presente a hipóteses sempre ligadas ao passado. Deixando de fantasiar que deve agir como a mãe melhor de um bebê oculto no paciente, o psicoterapeuta poderá agir no sentido de conformar um relacionamento eticamente fundado no respeito à alteridade, reconhecendo as mesmas exigências elementares, a nosso ver, uma forma de combate aos sofrimentos de desamparo, humilhação e injustiça, bem como à impossibilidade de se sentir vivo e real como pessoa humana.

Tais reflexões, que abrangem a clínica psicológica compreensiva, de modo geral, certamente devem ser levadas em conta no tratamento de crianças obesas e de suas mães. Aliás, a complexidade dos dramas emocionais que envolvem as crianças obesas revela que a experiência emocional materna, numa sociedade em que o cuidado primordial de crianças recai sobre a mãe biológica, corresponde a uma questão essencial, que deve ser considerada em toda a sua amplitude. De fato, a mãe não corresponde a um fator, uma variável ou uma peça numa engrenagem, inscrevendo-se como pessoa cujas condutas podem interferir de modo significativo no desenvolvimento da criança. Nesse quadro, torna-se absolutamente relevante lembrar que a mãe pode contribuir inconscientemente para a configuração problemática infantil, como constatamos no caso de Violeta, mas também pode tornar-se facilitadora de processos de cura e superação.

De todo modo, vale lembrar que os profissionais de saúde e educação, que trabalham com crianças obesas, tendem a atribuir à mãe um papel de modificar o comportamento alimentar do filho a partir de orientações e instruções que se baseiam em conhecimentos científicos sobre nutrição e psicologia infantil. Entretanto, essa clínica demonstra a necessidade de abandonarmos um olhar um tanto esquemático, que aposta que mudanças desejáveis serão alcançadas por caminhos essencialmente cognitivos, para adotar uma visão mais abrangente, que inclua as complexidades da vida emocional materna, que se encontram na base das dificuldades. Esse quadro nos permite afirmar que o psicólogo pode exercer um valioso trabalho em pelo menos duas frentes: sensibilizando os profissionais de saúde para a complexidade da vida emocional e realizando o tratamento psicoterapêutico da mãe, que pode beneficiá-la e beneficiar a criança.

Referências

AIELLO-VAISBERG, T. M. J. *Ser e Fazer*: enquadre diferenciados na psicanálise winnicottiana. São Paulo: Ideias & Letras, 2004.

AIELLO-VAISBERG, T. M. J. Estilo clínico Ser e Fazer: resposta crítico-propositiva a despersonalização e sofrimento social. *Bol. Acad. Paulista de Psicologia*, São Paulo, v. 37, n. 92, p. 41-62, 2017.

AIELLO-VAISBERG, T. M. J.; AMBROSIO, F. F. Potencialidade mutativa de enquadres winnicottianos diferenciados: O estilo clínico "Ser e Fazer". In SEI, M. B. (Org.). *Clínica psicanalítica na Universidade, Interfaces, Desafios e Alcances*. Londrina: EDUEL, 2016, p. 141-162.

AIELLO-VAISBERG, T. M. J.; MARCOCCIA, M. C. M. Batom e o pão: diálogos entre experiência elementar e o estilo clínico Ser e Fazer. In *Anais da XI jornada APOIAR*: adolescência: identidade e sofrimento na clínica social. São Paulo, 2013.

AMBROSIO, F. F.; AIELLO-FERNANDES, R.; AIELLO-VAISBERG, T. M. J. Pesquisando sofrimentos sociais com o método psicanalítico: considerações conceituais. In *Anais da XI jornada APOIAR*: adolescência: identidade e sofrimento na clínica social. São Paulo, 2013.

AROS, A. C. S. P. C.; AIELLO-VAISBERG, T. M. J. Clube da luta: sofrimentos radicais e sociedade contemporânea. *Psicologia: Teoria e Prática*, São Paulo, v. 11, p. 3-16, 2009.

BLEGER, J. *Psicologia da conduta*. Porto Alegre: Artes Médicas, 1989. (Original publicado em 1963).

GIUSSANI, L. *O senso religioso*. Tradução: Paulo Afonso E. de Oliveira. São Paulo: Companhia Ilimitada, 2023. (Original publicado em 1986).

GRANATO, T. M. M.; AIELLO-VAISBERG, T. M. J. Narrativas interativas sobre cuidado materno e seus sentidos afetivo-emocionais. *Psicologia Clínica*, São Paulo, v. 25, n. 1, p. 17-35, 2013.

GRANATO, T. M. M.; TACHIBANA, M.; AIELLO-VAISBERG, T. M. J. Narrativas interativas na investigação do imaginário coletivo de enfermeiras obstétricas sobre o cuidado materno. *Psicologia e Sociedade*, São Paulo, v. 23, p. 81-89, 2011.

GREENBERG, J. R.; MITCHELL, S. A. *Object relations in psychoanalytic theory*. Cambridge: Harvard University Press, 1984.

MAHFOUD, M. *Experiência elementar em psicologia*: aprendendo a reconhecer. Belo Horizonte: Artesã, 2012.

MATTAR, L. D.; DINIZ, C. S. G. Hierarquias reprodutivas: maternidade e desigualdades no exercício de direitos humanos pelas mulheres. *Interface: Comunicação, Saúde, Educação*, Rio de Janeiro, v. 16, n. 40, p. 107-120, 2012.

SÁINZ-BERMEJO, F. *Winnicott y la perspectiva relacional en el psicoanalisis*. Barcelona: Herder, 2017.

SCHULTE, A. A. *Maternidade contemporânea como sofrimento social em blogs brasileiros*. 2016. Dissertação (Mestrado) - Pontifícia Universidade Católica de Campinas, Campinas, 2016.

VISINTIN, C. N.; AIELLO-VAISBERG, T. M. J. Motherhood and social suffering in Brazilian mommy blogs. *Revista Psicologia Teoria e Prática*, São Paulo, v. 19, n. 2, p. 108-116, 2017.

WINNICOTT, D. W. *Ambiente e processos de maturação*: estudos sobre a teoria do desenvolvimento emocional. Tradução: Irineo Constanting Schuch Ortiz. Porto Alegre: Artmed, 1983. (Original publicado em 1960).

WINNICOTT, D. W. Desenvolvimento emocional primitivo. In WINNICOTT, D. W. *Textos selecionados: da psicanálise à pediatria*. Tradução: Jane Russo. Rio de Janeiro: Francisco Alves, 1983, p. 269-285. (Original publicado em 1945).

WINNICOTT, D. W. Preocupação materna primária. In WINNICOTT, D. W. *Textos selecionados da pediatria à psicanálise* Tradução: Jane Russo. Rio de Janeiro: Francisco Alves, 1983, p. 399-405. (Original publicado em 1956).

CAPÍTULO 10

Experiência elementar como critério psicodiagnóstico: reflexões e provocações

Paulo Roberto de Andrada Pacheco

O tema deste capítulo é o adoecimento mental, um fenômeno humano complexo cuja compreensão — em termos de etiologia ou mesmo de seus efeitos — não pode ser limitada às dimensões somática ou psíquica, mas inclui também a dimensão espiritual, notadamente no que concerne à sua causação. Propõe-se, aqui, uma reflexão baseada na escuta e na observação clínica, explorando uma abordagem que, embora distinta das escolas clássicas de psicoterapia e da atenção médica tradicional, busca abrir ao leitor uma nova perspectiva para compreender o sofrimento psíquico. Não se trata tanto de oferecer ferramentas de manejo, mas de apresentar recursos para aprofundar e refinar a escuta clínica e estimular reflexões sobre a prática.

A abordagem adotada para a escuta e a observação teve como premissa o conceito giussaniano de experiência elementar, posto em diálogo com o conceito de tridimensionalidade humana[1], tal como proposto pela Logoterapia frankliana e de algumas categorias da psicologia-filosófica aristotélico-tomista, que considera a integração dinâmica entre as faculdades da alma vegetativa, sensitiva e racional, sendo esta última o ponto focal

[1] Frankl (2019) apresenta sua visão antropológica, destacando que o ser humano deve ser compreendido em sua totalidade — dimensões biológica, psicológica e noológica —, considerando as três dimensões interrelacionadas. Ele enfatiza que a dimensão noológica (ou espiritual) é exclusiva da condição humana e está relacionada à busca de sentido, à liberdade e à responsabilidade. Essa perspectiva é central em sua abordagem da logoterapia.

da integração da personalidade humana[2]. Apesar dos distintos horizontes epistemológicos sobre os quais se construíram cada uma das três ideias apresentadas — tridimensionalidade, faculdades da alma racional e experiência elementar —, considerou-se esta última como fator de conexão, na medida em que, com a descrição que Giussani (2009) faz do dinamismo vivo da estrutura humana[3], através do conceito mencionado, e contribui para encarar o sofrimento psíquico sob uma óptica mais humana, ou melhor, mais integralmente humana, como se verá.

Segundo Giussani (2009), a *experiência elementar* é o conjunto de evidências que fundam o núcleo no qual se enraíza a definição de pessoa. Refere-se aos anseios fundamentais — de Felicidade, Justiça, Verdade, Amor, Beleza —, que são universais e agem como critério ontológico para interpretar a realidade e discernir seu sentido mais profundo. Dinâmica e, portanto, aberta à plena realização — ou, se se preferir, ao amadurecimento —, a experiência elementar guia a busca por respostas diante dos desafios existenciais.

Outro conceito central no pensamento de Giussani (2009) é *senso religioso*: uma expressão própria da condição humana, manifestado na busca pelo infinito despertada pelos anseios da experiência elementar. Esta categoria articula a perguntas humanas existencialmente centrais: *De onde viemos? Qual é o sentido da vida? Para onde vamos?* Questões que refletem a relação do humano com o transcendente, indicando que a plena realização da pessoa humana se encontra em algo maior, que a ultrapassa, um Outro.

Pode-se resumir a relação entre os dois conceitos apresentados nos seguintes pontos: 1) a experiência elementar é o ponto de partida que desperta o senso religioso; 2) o senso religioso corresponde à plenitude da experiência elementar, apontando para respostas transcendentais; 3) há uma integração existencial entre os dois, pois a busca por Deus e pelo

---

2 Echavarría (2021), no segundo capítulo de sua obra, apresenta os principais conceitos da psicologia-filosófica aristotélico-tomista, chegando a afirmar que "o intelecto é a faculdade que governa nossa personalidade" (p. 152), não sem antes lembrar que o intelecto é uma das faculdades da alma racional.

3 Giussani (2009) afirma, definindo o conceito de experiência elementar, que "qualquer afirmação de uma pessoa, desde a mais banal e cotidiana à mais ponderada e plena de consequências, só pode ser feita tendo por base esse núcleo de evidências e exigências originais" (p. 25).

sentido da vida emerge do mesmo núcleo de inquietações. Assim, a experiência elementar pode ser descrita como a base antropológica universal, e o senso religioso é sua expressão metafísica e transcendente.

Vale lembrar, também, que a experiência elementar oferece à pessoa um *critério* para julgar as circunstâncias vividas, evitando o relativismo e o subjetivismo. Por exemplo, a dor em um relacionamento não pode ser compreendida apenas pela enumeração de traumas passados; a experiência elementar fornece um crivo que permite compreender essa dor de forma mais ampla. Esse *julgamento* não é apenas intelectual, mas envolve uma exigência de sentido — a sede de viver uma vida significativa no âmbito dos relacionamentos.

Contudo, muitas vezes, encontram-se pessoas que silenciam ou atenuam essa sede. Giussani (2009) refere esses movimentos de *silenciamento*, e é com base nessa dinâmica que algumas psicopatologias podem ser compreendidas na clínica psicoterapêutica. E será a partir desse silenciamento — manifesto sob a forma de "esvaziamento" ou de "redução da pergunta"[4] — que o adoecimento mental será analisado.

Outro aspecto importante do que se vem dizendo é a experiência da *promessa*: é ela que move a pessoa, despertando a esperança de que a realidade ofereça respostas às exigências fundamentais. Embora nunca se escute um "eu te prometo isso" literal, é possível perceber que a realidade carrega essa promessa implícita. Assim, a impermanência e a efemeridade não têm a palavra final sobre as experiências humanas. Mahfoud (2012), a este respeito, relembra que:

> ninguém vive existencialmente uma pergunta, a não ser como espera de resposta. Ou seja: não estamos aqui tratando de uma questão apenas intelectual [...] mas estamos de uma exigência de sentido; exigência de algo que corresponda às nossas expectativas de sentido (Mahfoud, 2012, p. 131, grifo nosso).

Todos os encontros, desencontros, vicissitudes e alegrias da vida imanente são vividos, em geral, na esfera da fugacidade. Contudo, todas elas têm a marca da Verdade, ou seja, não são meras impressões subjetivas sobre a vida vivida. O *compromisso com a vida* é a "condição para

4 Cf. Giussani (2009), capítulos 6 e 7.

surpreender em nós a existência e a natureza de um fator sustentador e decisivo como o senso religioso" (Giussani, 2009, p. 63) e, desta maneira, não interromper o passo antes de alcançar, inteligente e razoavelmente, o Sentido de tudo: "amor, estudo, política, dinheiro, até a comida e o repouso, sem nada esquecer — nem a amizade, nem a esperança, nem o perdão, nem a raiva, nem a paciência" (Giussani, 2009, p. 63).

Ao observar o núcleo estruturante que é a experiência elementar, é possível compreender e enfrentar melhor o adoecimento mental. O sofrimento psíquico não define a pessoa; o que existe é um indivíduo condicionado por fatores disfuncionais, mas não determinado por eles. Nenhuma circunstância pode calar definitivamente a urgência por sentido e por respostas à promessa implícita na experiência elementar. Esse olhar integral é essencial para a clínica e para a compreensão da condição humana.

A seguir, serão apresentadas seis psicopatologias comuns no trabalho clínico, para as quais se buscou uma compreensão baseada, inicialmente, numa das seis posturas que, aqui, se chamou de *silenciamento*, tais como propostas por Giussani (2009)[5] e serão também apresentadas reflexões iluminadas pelo pensamento de Frankl (2019) e pela antropologia de matriz aristotélico-tomista, conforme foi apresentada por Echavarría (2021).

Negação teórica da sede de Sentido: o Transtorno Obsessivo Compulsivo sob a luz da experiência elementar

Quando se fala do Transtorno Obsessivo-Compulsivo (TOC), muitas vezes parte-se de uma visão caricatural da psicopatologia. São muitos os exemplos no cinema ou na literatura. O profissional, na clínica, todavia, sabe que o sofrimento é vivido de forma intensa, ainda que reconheça o impacto positivo do senso de humor como recurso eficaz para o seu enfrentamento.

---

5 Giussani (2009) lembra que essas atitudes de silenciamento, "por serem não razoáveis, chamo-as também de 'desumanas'" (p. 93). São elas: negação teórica, substituição voluntarista, negação prática, evasão estética ou sentimentalismo, negação desesperada e alienação.

O obsessivo-compulsivo busca certezas materiais para aliviar a angústia, como girar a chave na fechadura ou acionar o interruptor de luz cinco vezes. Esses comportamentos revelam uma tentativa de fundamentar sua existência em algo concreto, silenciando a busca por sentido, numa dinâmica de negação teórica da sede de Sentido: é como se o indivíduo, ao dizer que nada tem um sentido que ultrapasse o vivido, afirmasse que toda a sua certeza se sustenta no imediato do acesso à materialidade das coisas.

Embora seja, reconhecidamente, importante intervir com medicamentos e psicoterapia no tratamento do TOC, a presente reflexão propõe examinar como este silenciamento da urgência de sentido contribui para o adoecimento. Com efeito, quando a tensão dinâmica da promessa é reprimida, surge o apego à materialidade como forma de controle.

O TOC caracteriza-se, como se sabe, por comportamentos compulsivos e pensamentos obsessivos que buscam reduzir a ansiedade. Segundo Frankl (2016), o obsessivo apresenta aversão a tudo o que é provisório e intolerância ao que é imprevisível, o que leva o indivíduo à dinâmica de substituição *pars pro toto*, absolutizando a consciência psicológica e a consciência moral — o que, no primeiro caso, leva à hiper-reflexão e, no segundo, à hiperacusia. Para o portador desse transtorno, tudo deve ser definitivo e racionalmente comprovado, incluindo a sua própria existência. Esse padrão de pensamento reforça uma dependência de certezas materiais — *pars* —, afastando o indivíduo da dimensão mais profunda da realidade — *toto*.

Comumente, usa-se o termo "anancástico" para referir o TOC. Esse termo vem do grego ἀνάγκη (*ananké*), que significa necessidade. De fato, o obsessivo vive em função das necessidades materiais, negando a urgência por sentido. Essa rigidez gera culpa, pois, por mais que organize, sempre haverá algo fora de lugar.

O indivíduo com esse transtorno organiza sua vida em torno da previsibilidade. E toda desordem na rotina confronta-o com a imprevisibilidade da vida. Essa desestruturação gera sofrimento, mas também uma oportunidade de transcendência.

Como esse transtorno afeta as diferentes dimensões humanas? Na *dimensão biológica* — equivalente ao que a antropologia aristotélico-tomista chama de alma vegetativa —, o controle exacerbado leva a sintomas como fadiga, tensão muscular, problemas gastrintestinais e isolamento. Esses efeitos são resultados do medo e da ansiedade, que paralisam o indivíduo em padrões disfuncionais. Já quanto ao que se refere à *dimensão psicológica* — onde se encontram as faculdades da alma sensitiva

—, a fixação em certezas materiais limita a compreensão dos limites da realidade. A angústia surge da incapacidade de lidar com o inesperado, criando um ciclo de isolamento e desconexão emocional. O obsessivo é frequentemente hipersensível, reagindo de forma intensa às incertezas. E, por fim, no *âmbito noológico*, correspondente à dinâmica própria da alma racional — inteligência e vontade —; vale ressaltar que a inteligência, definida como a capacidade de "ler a realidade por dentro", fica embotada pela superficialidade. A vontade, orientada para o Bem, é substituída pelo apetite sensível — uma busca pelo agradável imediato, como ver os objetos organizados. Isso interrompe o dinamismo da integração humana, afetando a relação com o próximo e consigo mesmo.

Haverá algum caminho terapêutico que leve em consideração tudo o que, até aqui, se vem considerando acerca dessa psicopatologia? Frankl (2016) sugere a "ortopedia da alma", ou seja, um processo de flexibilização da rigidez interior como um caminho. Esse termo alude à necessidade de trabalhar as travas psíquicas e espirituais que impedem o indivíduo de enxergar além das certezas aparentes. Um tal caminho passa, entre outras etapas, por uma *flexibilidade e uma racionalidade equilibrada*: o obsessivo deve ser encorajado a abandonar a exigência de perfeição e previsibilidade absolutas. Um ponto de partida é introduzir a ideia de que "o mais razoável é não querer que tudo seja razoável demais". Isso permite uma ponte entre a lógica materialista e uma visão mais integrada da realidade. Outro passo será o auxílio para que o indivíduo *experimente uma reconexão emocional*, através do fomento da capacidade de relação funcional com outras pessoas. A dor do obsessivo é um recurso para despertar o desejo de algo definitivo e último. Auxiliá-lo a canalizar essa dor em direção ao relacionamento com o próximo fortalece suas habilidades afetivas. É preciso também *aumentar seu repertório*, através de uma educação. Com efeito, desenvolver um repertório cognitivo e afetivo ajuda o portador do TOC a compreender nuances da realidade. Essa educação promove uma relação mais rica com o mundo, permitindo que transcenda o controle material. Finalmente, mas não menos importante, é preciso auxiliá-lo a *apostar mais na realidade do que no que pensa a respeito dela*, por mais "certas" que lhe pareçam ser suas visões acerca do real. A realidade deve ser apresentada como aquela que é a verdadeira portadora de respostas. No entanto, é fundamental que o obsessivo compreenda a realidade como algo que transcende a materialidade. Assim, ele pode se abrir à promessa de uma vida fundamentada no sentido, não apenas na ordem material.

Como se viu, o TOC reflete uma tentativa de silenciar a urgência de sentido pela fixação em certezas materiais. Esse padrão resulta em rigidez que afeta as dimensões corporal, psíquica e espiritual. O papel do terapeuta é ajudar o indivíduo a flexibilizar essa rigidez, conectando-o à busca pelo que é verdadeiramente definitivo. A realidade, com suas incertezas e imperfeições, deve ser vista como um recurso para reencontrar a integração humana. Assim, o obsessivo pode construir uma ponte entre o horizonte material e a dimensão transcendente, retomando o dinamismo da busca por sentido que caracteriza a condição humana.

Substituição voluntarista da sede de Sentido: o Transtorno de Personalidade Narcisista sob a luz da experiência elementar

O transtorno de personalidade narcisista (TPN) encontra no mito de Narciso uma metáfora rica para compreender suas características essenciais. Enquanto Narciso, na mitologia grega, apaixona-se por sua própria imagem refletida na água, incapaz de se conectar genuinamente com o mundo ao seu redor, o TPN se manifesta como um padrão de grandiosidade, necessidade de admiração e falta de empatia. No mito, a obsessão de Narciso por sua beleza conduz ao isolamento e à autodestruição, um eco simbólico do vazio interior e das dificuldades relacionais que permeiam a vida de quem sofre desse transtorno. Ambos, mito e transtorno, revelam a fragilidade subjacente a uma fachada de autossuficiência e perfeição.

Há, de fato, no indivíduo com TPN, uma presunção de que os outros estão sempre o avaliando, o que se trata de uma situação evidentemente ilusória e corrosiva. Esse pensamento desvia a busca pelo sentido da vida e pela verdade em nossas ações, substituindo-a por um voluntarismo que se manifesta, ao fim, numa preocupação excessiva com a própria performance. Mahfoud (2012) alerta quanto a essa tendência, dizendo:

> Somos evidentemente frágeis, evidentemente pequenos para poder responder à infinita exigência de felicidade do outro que amamos, para poder realizar o que eu mesmo desejo para o outro. Ao invés de viver esta condição como uma tensão que nos leva a ser sempre mais cuidadosos e abertos, sempre mais empenhados, frequentemente a atenção se volta para uma performance (até para a performance amorosa) (Mahfoud, 2012, p. 136).

Esse foco em uma "máscara de perfeição" caracteriza o narcisismo, como descrito no DSM (American Psychiatric Association, 2023)[6]. Pessoas com TPN têm uma ideia irreal de si mesmas, necessitam de admiração, são incapazes de empatia, consideram-se superiores e são extremamente sensíveis às críticas. Essa condição pode levar ao vício e ao vazio existencial, evidenciando uma desconexão com o sentido da vida.

Quanto aos impactos na tridimensionalidade humana, é de se destacar que, na *dimensão biológica*, o narcisista está constantemente tenso, como se fosse observado e julgado. Essa tensão pode levar a sintomas físicos como fadiga, irritabilidade e colapsos musculares. Essa luta para manter uma fantasia inevitavelmente desgasta o organismo. Será, porém, na dimensão psicológica, que mais se perceberão os impactos: afetivamente, o narcisista busca validação externa, seja em aplausos ou sinais de aprovação. Ele se torna o centro de seu mundo, incapaz de compreender limites reais e, com o tempo, desenvolve instabilidade emocional. A sua percepção da realidade é limitada, pois tudo gira em torno de suas necessidades de reafirmação. Enfim — que, inclusive, é o foco mais importante da atenção, neste trabalho —, vê-se no portador de TPN que a inteligência humana, que, por sua natureza, deveria ser voltada para fora, permitindo acolher o mundo e os outros, não conseguindo sair de si mesma, embotando a capacidade de inteligência do narcisista. Sua vontade, que deveria ser orientada ao Bem, torna-se prisioneira da autossatisfação e da busca incessante por aprovação performática.

No manejo clínico, pode-se lançar mão de algumas estratégias que permitam vencer essa dinâmica de substituição voluntarista da sede de sentido, como é o caso, por exemplo, do *reconhecimento da desadaptação*, no qual o profissional ajuda o narcisista a identificar seu comportamento desadaptado. Com efeito, sua ênfase na performance, desprovida de autenticidade, em linhas gerais, precisa ser enfraquecida, e isso requer um trabalho conjunto para que ele perceba que suas ações não se destinam ao próximo, mas a si mesmo. Também é necessário que se alcance uma capacidade de *regulação dos afetos*, ajudando o portador do TPN a tolerar frustrações e imperfeições: sabe-se que essas experiências, embora incômodas, fazem parte da condição humana, nesse sentido, o psicoterapeuta deve ampliar o

[6] "Indivíduos com o transtorno têm um sentimento grandioso da própria importância, que pode se manifestar como um senso de superioridade, valor ou capacidade exagerado ou irrealista. Superestimam de forma rotineira suas capacidades e exageram suas conquistas, com frequência parecendo pretensiosos e arrogantes" (p. 763).

repertório afetivo do paciente, ensinando-o a lidar de forma mais equilibrada com adversidades. Outra estratégia pode nascer do esforço para que o indivíduo narcisista desenvolva a *capacidade de respeito e de empatia*, duas habilidades de que carece, visto que sua perspectiva está centrada em si mesmo. O trabalho psicoterapêutico sobre essas capacidades permitirá que o narcisista reconheça o valor do outro e estabeleça relações mais saudáveis. Se levar em consideração a estima muito pouco realista que têm de si, uma estima, aliás, baseada quase que exclusivamente em seu potencial performático, pode-se pensar também em estratégias psicoterapêuticas apoiadas sobre o auxílio no sentido de *reconhecer talentos e virtudes reais*, a fim de se reconstruir uma autoestima realista e sólida: isso ajuda a aliviar o drama do fracasso e do vazio existencial. Uma última consideração acerca do manejo clínico, que pode levar o leitor a pensar estratégias baseadas no que se vem discutindo, é estimular a *reciprocidade nas relações* desses indivíduos, ensinando-os a se envolver socialmente não apenas desempenhando papéis, mas reconhecendo a interdependência com os outros: a reciprocidade permite enxergar as próprias virtudes como contribuições valiosas para uma comunidade de pertença, em vez de instrumentos de autovalidação ou de espera de validação alheia.

Em resumo, o TPN é uma condição que aprisiona o indivíduo numa busca incessante por aprovação e validação, fruto de uma substituição que ele faz da sede de Sentido por um esforço voluntarista, como se tudo não passasse de uma capacidade reconhecida. Através de intervenções que promovam empatia, respeito, regulação emocional e consciência de talentos reais, pode-se guiar o narcisista para além de sua perspectiva centrada em si mesmo, ajudando-o a buscar o sentido da vida em uma relação mais autêntica com os outros e com o mundo.

Negação prática da sede de Sentido: as adicções sob a luz da experiência elementar

Quando o TOC foi apresentado sob a perspectiva das "atitudes não razoáveis diante da interrogação última"[7], ou seja, do esvaziamento da intensidade da sede de Sentido, falou-se de uma negação teórica, na qual,

[7] Cf. Giussani (2009), capítulo VI.

em última instância, o que estava em jogo é quase um dizer que, como não há resposta para essa sede, o melhor é dizer que a sede mesma não faz sentido. Falar sobre "negação prática" é dizer que a sede incomoda, machuca, faz mal, de forma que o indivíduo assume uma posição em que "é preciso considerar a vida de modo tal que aquelas perguntas não venham à tona" (Giussani, 2009, p. 101).

Quando, em uma de suas obras, Frankl (2015) trata da "frustração existencial", ele afirma que, diante do vazio, tem-se sempre duas atitudes possíveis: ou o *horror vacui* — o medo do vazio existencial — gera disposição ao recolhimento interior ou gera dispersão por meio da bebida, da bisbilhotice, do jogo etc. No fim, o indivíduo que assume a posição da dispersão quer "anestesiar o próprio vazio interior" (p. 71). É como o personagem Falstaff, de Shakespeare, mencionado por Giussani (2009), que responde à provocação sobre a urgência de se comprometer com a vida, dirigida a ele pela personagem Dora, com a frase: "Quieta, minha boa Dora, não fales como uma cabeça de morto, não me recordes o meu fim"[8].

Segundo Frankl (2015), o homem de hoje, "não sabendo o que tem e tampouco o que deve fazer, muitas vezes, já não sabe mais o que, no fundo, quer. Assim, só quer o que os outros fazem — conformismo! Ou só faz o que os outros querem que faça — totalitarismo" (p. 11). Ambos são expressões de um automatismo, onde a vida passa a ser estruturada em torno de respostas rápidas e inquestionáveis, como o trabalho excessivo, as redes sociais, as drogas etc. Essas adicções oferecem soluções superficiais e efêmeras para a falta de sentido.

Com efeito, o drama de não encontrar uma resposta para a pergunta sobre o sentido da vida pode se converter num horror à ideia de errar o passo: uma pessoa que se pusesse a pergunta sobre a possibilidade de preencher o vazio existencial e, no entanto, não se comprometesse gravemente com o problema, entendendo o quanto exige de si que leve a vida a sério, abandonaria a própria pergunta, fixando-se na busca pelo "prazer do espaço da existência"[9], conformando-se ao que lhe dão — "o percentual desejado de irracional"[10] — ou se deixando enredar pelas forças do totalitarismo, mesmo que edulcorado.

---

8 Shakespeare (1967), citado por Giussani (2009, p. 101).

9 Brandys (1957), citado por Giussani (2009, p. 102).

10 Cf. o trecho de Brandys (1957) citado por Giussani (2009, p. 102).

No caso das adicções, de maneira geral, é o medo de errar o passo e a busca pelo prazer e pela certeza de não falhar que será a força motriz de evitação do sofrimento através das drogas. Esse mecanismo, por óbvio, gera tensão desordenada e ansiedade, afetando os níveis biológico, psicológico e espiritual, como se verá a seguir.

A ansiedade intensa vivida por pessoas que buscam constantemente prazer e sensações imediatas de evitação do *horror vacui* tem repercussões físicas. Esses indivíduos muitas vezes apresentam alterações naquele tripé clássico da saúde mental: sono, alimentação e atividade física. O prazer momentâneo afeta hábitos alimentares, levando a exageros ou desregramento, enquanto o sono é prejudicado por preocupações constantes. A atividade física, por sua vez, declina em frequência ou se torna compulsiva. Do ponto de vista psicológico, o foco na satisfação imediata cria disfunções afetivas, como irritabilidade e dificuldade de nomear sentimentos. Essa busca incessante por sensações passageiras revela a ausência de um repertório afetivo adequado. Já no campo do intelecto, vemos o silenciamento da capacidade de enxergar além das aparências e um presentismo que impede de ver a vida como projeto. Isso resulta em escolhas baseadas exclusivamente no apetite concupiscível — busca pelo prazer fácil e imediato — ou no apetite irascível — o indivíduo até busca por objetivos difíceis, mas serão sempre sensíveis. Um intelecto calado, obstaculizado, não ilumina a vontade, que é reduzida a respostas automáticas, desconectadas de uma busca genuína pelo sentido.

Para combater as adicções, é necessário despertar no paciente a *capacidade crítica*, que não é mera desconfiança, mas um questionamento sincero: "Isso realmente satisfaz meu desejo por algo mais profundo?". Esse processo reconecta a pessoa à busca pelo sentido, além de capacitá-la a *resistir às soluções imediatas e insuficientes* que o vício oferece. Aliás, todo o organismo humano se estrutura assim, todo o dinamismo afetivo da pessoa humana se estrutura dessa forma; a própria interrupção daquilo que pertence à dimensão noológica, estando interrompido o funcionamento adequado do intelecto e da vontade, faz a pessoa humana interromper o passo. Assim, acordar no indivíduo adicto a capacidade de *ler a realidade por dentro*, estando atento à vida e ao que acontece, reorienta o passo na direção e no sentido da única coisa que é capaz de satisfazer verdadeiramente: a resposta para a experiência elementar.

Sumarizando o que foi dito: as adicções surgem como respostas automáticas a uma vida desconectada do sentido mais profundo. Ao silenciar o intelecto e a vontade, o indivíduo busca satisfações rápidas e efêmeras, agravando o vazio existencial. Contudo, por meio da reflexão crítica, do fortalecimento do intelecto e da abertura à experiência elementar, é possível superar essas dinâmicas e retomar o caminho da realização integral.

Evasão estética ou sentimental: as patologias sexuais sob a luz da experiência elementar

As neuroses sexuais frequentemente se manifestam na clínica como queixas associadas à luxúria, descrita tradicionalmente como um vício capital. Esse desvio consiste em fixar-se no detalhe ou no aspecto mais chamativo da realidade — seja o corpo de uma pessoa ou aspectos específicos desse mesmo corpo. Essa fixação interrompe a dinâmica viva da experiência elementar, reduzindo os relacionamentos e o próprio sentimento a um nível superficial e simplesmente estético. As consequências disso incluem manifestações como o vício em pornografia, a masturbação, a ejaculação precoce, a impotência e o vaginismo.

Quando fala da "evasão estética ou sentimental", Giussani (2009) afirma:

> Nesta postura, o homem aceita as perguntas, mede-as, calibra-as, por meio do sentimento, mas sem compromisso pessoal do eu. Não há um comprometimento da sua liberdade, mas apenas a satisfação expressiva do reflexo emocional suscitado pela interrogação. A busca do sentido da vida, a urgência, a exigência de um sentido para a vida torna-se um espetáculo de beleza, assume uma forma estética. (p. 111)

Compreender as neuroses sexuais requer uma abordagem integral. Frankl (2016) destaca que essas condições patológicas são marcadas por uma complexa interação de fatores somáticos, psicológicos e espirituais. Ele apresenta, nessa obra, várias distinções importantes relacionadas às patologias sexuais — pseudoneurose, neurose reativa, somatogênese, psicogênese etc. —, úteis para que se tenha claro o que, muitas vezes, acaba-se por ser assumido como tão somente um sofrimento de origem orgânica e que, contudo, tem sua fonte numa disfunção psíquica. É conhecido, por exemplo, o efeito do vício em pornografia, no que diz respeito ao saudável relacionamento afetivo-sexual com uma parceira ou um parceiro estável: o indivíduo vive o que se usa chamar de "ansiedade antecipatória", na qual "ele espera que algo seja esperado dele. E aquilo que ele tanto teme é que lhe seja exigido um desempenho — o ato sexual —, e é exatamente esse *caráter de exigência* que tem um efeito tão patogênico" (Frankl, 2016, p. 138, grifo do autor).

No âmbito da experiência sexual, esse ciclo vicioso leva a condições orgânicas — como a impotência — alimentadas pelo medo do fracasso no desempenho sexual tal como fartamente consumido nos vídeos assistidos: o vício em pornografia e masturbação reforça padrões ansiosos e desordens afetivas, criando expectativas irreais e impossíveis de cumprir na relação interpessoal. Assim, as relações passam a ser vividas em conformidade com aquele imaginário maculado: o outro sai de cena e o que ocupa seu lugar são as imagens e as sensações e paixões desordenadas. Tudo se torna reação e forma[11] e o relacionamento passa a ser vivido de "modo utilitarista, em função de uma ressonância afetiva em mim" (Mahfoud, 2012, p. 161).

É interessante como Frankl (2016) descreve a dinâmica:

> O neurótico sexual desnaturaliza e degrada a sexualidade reduzindo-a a um mero meio de prazer, ao passo que, na realidade, ela é um meio de expressão — o meio de expressão de uma aspiração de amor. Na medida em que ele retira a vida sexual da totalidade da vida amorosa, em que desintegra e isola a vida sexual; nessa mesma medida ele perde aquela "imediatez", aquela espontaneidade, que é condição e pré-requisito para o funcionamento sexual normal e da qual o neurótico sexual tanto necessita. (p. 145)

Com efeito, a exigência para a qual aponta a experiência elementar é de amor e não de prazer. O prazer é tão somente a consequência sensível. É o caso, por exemplo, do indivíduo que, viciado em pornografia, diz que quer se separar de sua mulher, usando como justificativa o fato de ela

[11] Mahfoud (2012) escreve: "Avaliar a experiência pelo sentimento é tomá-la pela reação, por isso, pela forma. [...] Algo me abre, me leva a me voltar para algo que me transcende e que tem a ver com a verdade da minha experiência, com minhas expectativas, com minhas urgências, minhas exigências, algo me leva para uma abertura à resposta e eu detenho o olhar na ressonância que essa abertura promove em mim" (p. 161).

ter engordado e, portanto, não mais corresponder às suas expectativas sensíveis.

Giussani (2009) descreve o sentimento como uma "lente de aumento" que deve ser usada corretamente para revelar a realidade. Quando o sentimento é fixado em si mesmo ou no objeto, ele se torna desordenado e impede o amor genuíno. Essa redução estética transforma a experiência sexual em mero sentimentalismo ou estetismo, esvaziando-a de significado.

Consideradas assim, as patologias sexuais afetam a pessoa integralmente: o funcionamento do sistema nervoso central, por exemplo, é alterado, criando disfunções microssomáticas e comprometendo a capacidade do corpo de responder adequadamente a situações sexuais. A ansiedade antecipatória, por sua vez, agrava o quadro, levando a sintomas como disfunção erétil. Já na dimensão psicológica, lembrando que o desejo é "o pai do pensamento" (Frankl, 2016, p. 137), esse mesmo padrão de evasão estética ou sentimental gera pensamentos voltados à satisfação imediata e descompromissada. Isso resulta em uma abordagem reducionista e objetificadora da sexualidade, onde o parceiro é tratado como um meio para o prazer e não como um sujeito. Por fim, lembrando que o amor é um apetite racional que transcende os apetites sensíveis (Echavarría, 2021) e que o amor é uma via para fora, de forma que a insistência na dinâmica para dentro aprisiona num quarto onde ecoam apenas os sentimentos (Frankl, 2016, p. 142), é fácil concluir que esse fechamento reduz a sexualidade a um ato performático, desconectado da totalidade da experiência humana e do encontro com o outro em sua singularidade.

Levando em consideração o que se disse até aqui, é possível crer que a clínica das patologias sexuais deva passar, inicialmente, pela *retomada consciência* de que o amadurecimento sexual encontra seu ápice no *encontro humano* completo, onde o parceiro é visto como sujeito único e singular, de tal maneira que a relação sexual passa a ser compreendida como um encontro entre pessoas, onde o amor e a singularidade do outro são centrais. Esse processo exige uma reorientação que *resgate a capacidade de amar e ser amado*, transcendendo o detalhe, o provisório, o imaginado, a tendência ao utilitarismo.

Sumariamente, pode-se dizer que as patologias sexuais, tal como se buscou apresentá-las aqui, refletem uma desconexão com a experiência elementar e a capacidade de amar. O manejo clínico deve ir além de soluções medicamentosas ou técnicas, focando na integração da sexualidade com a totalidade da vida amorosa. Por meio do resgate do sentido e da busca pelo amor genuíno, é possível superar a redução estética e sentimental, restaurando a dignidade da relação sexual como uma expressão plena da condição humana.

Negação desesperada da sede de Sentido: a depressão sob a luz da experiência elementar

A depressão existencial pode ser entendida como a interrupção do dinamismo humano devido à desesperança. Quando uma pessoa conclui que não há solução para sua busca por sentido, ocorre uma paralisação que compromete a continuidade de sua relação com a realidade. Uma analogia útil é a experiência diante de dificuldades: muitas vezes, opta-se por interromper a busca de solução para elas, assumindo que se trata de uma questão insolúvel, numa atitude evidentemente não-razoável e desumana. Isto é o se poderia descrever do fenômeno chamado desespero, que se manifesta no que Giussani (2009) chama de aspiração impossível, realidade vista como ilusão e percepção do nada como essência de tudo o que há.

Esse desespero, de fato, desponta como vazio existencial, frequentemente percebido como depressão. Não se trata de uma depressão endógena, mas da experiência de insuficiência pessoal, na tentativa de continuar buscando sentido quando se está diante da exiguidade de tudo o que se tem em mãos. O deprimido existencial conclui, depois de ter experimentado dramaticamente a exigência da experiência elementar e o cansaço da busca, que a realidade é definida pela impossibilidade de resposta, transformando a falta e o nada em verdade final.

Resta, então, apenas o cinismo como recurso comum nesse estado, funcionando como um mecanismo de autoengano. Ao afirmar que não há solução, o indivíduo evita enfrentar sua fragilidade e a angústia da busca. Contudo, como Mahfoud (2012) observa:

> Isto é profundamente incômodo. No fim, ou aceito o mistério que a realidade diante de mim é, ou afirmo partes e, por isso, acabo dizendo que a realização total é impossível. Só afirmando o mistério posso afirmar a totalidade, que sempre me escapa. (Mahfoud, 2012, p. 179)

Essa negação do mistério gera um senso de autossuficiência que leva ao bloqueio do dinamismo humano integral: a pessoa ignora que sua fragilidade faz parte do drama humano e projeta a própria insuficiência sobre a realidade; a categoria da possibilidade é abandonada e, com isso, a inteligência fica embotada, surda e cega ao Sentido.

Quanto ao que concerne aos impactos sobre a tridimensionalidade humana, vale lembrar que, do ponto de vista somático, a depressão existencial frequentemente se manifesta como uma "perda de drive" — uma fadiga extrema após esforços cognitivos e físicos. Essa fadiga reflete o sentimento de que não é possível encontrar sentido no que se faz. Vista da perspectiva afetiva, essa psicopatologia se manifesta sob a forma de uma tristeza não apenas pela ausência de bem, mas pela convicção de que o bem é inalcançável se não inexistente. Essa tristeza paralisa o sujeito, tingindo a realidade de um tom cinzento que obscurece qualquer esperança. Finalmente, na dimensão noológica, também se vê o impacto da depressão existencial: o intelecto, privado de sua função iluminadora, não consegue guiar a vontade, e isso resulta em uma perda de liberdade, na medida em que o indivíduo se vê incapaz de dar novos passos em busca de sentido. Giussani (2009) comenta que, "perante a percepção do 'nada às minhas costas', duas são as hipóteses: ou as coisas não se constituem por si mesmas, mas são feitas por um Outro, ou então são ilusão e nada" (p. 117). Ele, então, se pergunta qual das duas é a atitude mais razoável e conclui dizendo que, "indubitavelmente, a hipótese de que a realidade é feita por um Outro, porque, mesmo sendo efêmera e inconsistente, *existe*" (p. 117, grifo do autor). O que leva a acrescentar que, na dimensão noológica, o impacto da depressão existencial, ou seja, a afirmação do nada, leva ao afastamento do sujeito da experiência religiosa e à negação do mistério que sustenta a realidade.

Vista da perspectiva adotada, a depressão existencial pode ser considerada como um fenômeno psicopatológico que, para ser enfrentado, exigirá, por exemplo, que, *ao invés de negar a dor e o sofrimento, o indivíduo reconheça-a como um recurso* (Mahfoud, 2012), pois a dor revela que o sujeito está reduzindo a realidade a esforços lógicos e insuficientes: levar a dor a sério é essencial para interromper o ciclo de desesperança. Além disso, um *diálogo que provoque* o indivíduo a questionar suas próprias respostas limitadas pode ser outro recurso fundamental, na medida em que pode ajudar a evidenciar a incoerência entre o desejo infinito do coração e as soluções finitas oferecidas pela razão. Finalmente, vale lembrar o que

Giussani (2009) observa, quando diz que o *senso religioso* é a estrutura mesma do ser humano, não um acessório; de modo que recuperar essa dimensão da pessoa passa ser um expediente essencial para restabelecer a relação do sujeito com a realidade e com o mistério que a sustenta.

Resumindo, a depressão existencial surge da negação desesperada da busca por sentido, diante da insuficiência percebida na realidade. Esse estado bloqueia o dinamismo humano, afetando corpo, afetos, intelecto e vontade. Contudo, ao reconhecer a dor, introduzir questionamentos e resgatar o senso religioso, é possível restaurar a capacidade do sujeito de se engajar com o mistério e encontrar sentido em sua experiência.

Alienação da sede de Sentido: a ansiedade sob a luz da experiência elementar

A palavra alienação, derivada do latim *alienatio*, remete ao ato de tornar-se outro ou de afastar-se de si mesmo (*alienus*, em latim, é aquele "pertencente a outro" ou o "estrangeiro"). Essa etimologia ilumina a dinâmica da ansiedade, na qual o indivíduo, desconectado de sua experiência imediata, projeta-se para fora do instante, buscando no futuro a solução ou o alívio para suas expectativas. Nesse estado, o presente torna-se um território desabitado, um vazio que se expande à medida que a pessoa se distancia de sua realidade concreta. Assim, a ansiedade manifesta uma alienação temporal, um exílio psicológico, no qual o agora é constantemente eclipsado por um amanhã carregado de incertezas e esperanças.

Efetivamente, o ansioso é capaz de perceber a urgência de sentido, mas crê que a resposta só virá no futuro, apostando tudo em algo que não se realiza agora. Isso cria uma relação marcada pelo desejo triste de controle e de dominação, distanciando o sujeito da experiência presente.

Giussani (2009) cita um trecho da obra *Os irmãos Karamazov*, no qual Dimitri Karamazov afirma a irracionalidade de uma resposta no futuro, uma resposta da qual ele não possa desfrutar agora: "Quero vê-la com os meus olhos! Eu acreditei, e por isso também quero ver, e se então já estiver morto, ressuscitem-me porque seria aviltante se tudo acontecesse sem mim"[12]. Realmente, como escreveu Mahfoud (2012, p. 183),

---

[12] Dostoievski (1970), citado por Giussani (2009), p. 120.

"o melhor modo de nos ocuparmos, o melhor modo de mantermo-nos vivos esperando algo melhor no futuro é que meu eu esteja efetivamente colocado no agora".

Pensando no impacto sobre a integralidade da pessoa humana, é importante lembrar que a ansiedade afeta diretamente o funcionamento biológico, especialmente o cerebral. A amígdala, uma estrutura envolvida no processamento de emoções, atua como um detector de ameaças ou desconfortos. Quando ativada, ela desencadeia respostas no sistema límbico, promovendo reações automáticas baseadas em sensações. Isso pode resultar em sintomas físicos como palpitações, sudorese e alterações na respiração. Por exemplo, imagine um indivíduo que nunca subiu em um edifício alto. Ao visitar um amigo no 18º andar, ele sente medo ao se aproximar da sacada. A amígdala interpreta essa situação como perigosa, ativando o sistema límbico e desencadeando uma resposta de fuga. Esse mecanismo leva-o a afastar-se da sacada e buscar conforto e segurança no sofá da sala. Embora essa resposta seja um recurso de autoproteção, em pessoas ansiosas ela pode tornar-se crônica, fixando-as em padrões de reatividade automática. Em contrapartida, o córtex pré-frontal, responsável por decisões conscientes e pelo controle racional, pode ser mobilizado para enfrentar o desconforto e buscar uma experiência mais plena. Nesse contexto, o indivíduo poderia escolher permanecer na sacada, superando o medo para apreciar a paisagem. Esse processo envolve a "chave" entre as reações automáticas, mediadas pelo sistema límbico, e as decisões conscientes, lideradas pelo córtex pré-frontal.

Dito isso, é possível descrever, de modo conciso, como foi feito na apresentação das patologias precedentes, o impacto da ansiedade sobre as dimensões da pessoa humana. Na dimensão biológica, a ansiedade provoca reações físicas como redistribuição de sangue para os músculos, aumento da produção de insulina e episódios de hipoglicemia, que podem resultar em tontura e fraqueza. Esses efeitos comprometem o funcionamento geral do organismo, instaurando um ciclo de desconforto físico e emocional. Na dimensão psicológica, observa-se que o ansioso, preso às expectativas — construtos mentais baseados em uma tentativa excessiva de controle —, vive em constante insegurança e desconforto, à medida que sua mente projeta cenários que frequentemente não se concretizam. Assim, situações ordinárias são transformadas em fontes de angústia. Por fim, na dimensão noológica e no âmbito das faculdades da alma racional, a ansiedade bloqueia tanto a inteligência quanto a vontade: a inteligência, incapaz de discernir o presente com clareza, torna-se paralisada pelas projeções do futuro, enquanto a vontade, privada de iluminação, fixa-se em reações automáticas. Isso impede o sujeito de agir livremente e de buscar o sentido que poderia orientar suas escolhas.

Tendo em vista as reflexões acima sobre a ansiedade, especialmente à luz do conceito de experiência elementar proposto por Giussani (2009), é possível elaborar algumas reflexões acerca da clínica da ansiedade. Primeiramente, destaca-se o papel essencial da autoconsciência, que passa necessariamente pelo *reconhecimento da alienação*. O psicoterapeuta deve auxiliar o paciente a identificar como essa alienação compromete sua relação com o presente, conforme enfatiza Mahfoud (2012) ao afirmar que o profissional deve facilitar "um movimento próprio da pessoa e não um movimento que gostaríamos que acontecesse; ou entramos de novo em processos idealizados que são identificados como úteis, mas lançados para o futuro" (p. 186-187). Essa abordagem exige que o terapeuta evite impor expectativas e, em vez disso, promova um movimento autêntico do paciente em direção ao sentido. Outro aspecto central dessa abordagem é ajudar o paciente a *agir conscientemente*, utilizando estratégias que ativem o córtex pré-frontal e outras técnicas que se mostrem adequadas. O objetivo é capacitar o indivíduo a tomar decisões conscientes, reduzindo as respostas automáticas que perpetuam a alienação. Finalmente, é fundamental considerar o papel do que se pode chamar de *resgate da experiência elementar por meio da memória*. A memória, enquanto um repositório vasto e dinâmico que preserva não apenas imagens, mas a verdade das experiências vividas, desempenha um papel crucial na identificação do sentido. Diferentemente das aparências, que são transitórias, a memória guarda o que é verdadeiro e duradouro. Assim, recuperar essas memórias genuínas permite ao paciente acessar experiências passadas que fortalecem sua conexão com o presente e abrem caminhos para o significado.

Em síntese, viu-se que a ansiedade é uma condição que desconecta o sujeito do presente, fixando-o em projeções futuras e impossibilitando sua realização plena. Compreendê-la sob a luz da experiência elementar exige que se parta da premissa segundo a qual o sentido da vida não está em um futuro distante, mas no presente. Por meio de intervenções que promovam a ação consciente, o resgate da memória verdadeira e a reativação da inteligência e da vontade, é possível restaurar a relação do sujeito com o agora, devolvendo-lhe a liberdade de buscar sentido em sua experiência.

As consequências desse silenciamento

O silenciamento da experiência elementar acarreta efeitos profundos na vida humana, tanto no nível individual quanto social e cultural. Giussani (2009), na esteira do que diz Echavarría (2021) sobre o lugar do intelecto e da vontade na estruturação da personalidade, afirma que "a perda do significado tende a anular a personalidade" (p. 125). E de fato, ao desconectar o sujeito de suas perguntas fundamentais e de sua sede de Sentido, três consequências gerais tornam-se evidentes: a incomunicabilidade e a solidão, a perda da liberdade, bem como a ruptura com o passado. Essas condições revelam um afastamento daquilo que sustenta a integração da pessoa e de suas relações com os outros e com o transcendente, levando-a ao adoecimento.

Incomunicabilidade e Solidão

Na tragédia *Antígona*, de Sófocles (1996), o personagem Hémon adverte seu pai, Creonte, depois de várias tentativas de demovê-lo de uma posição assumida. No diálogo dramático, Hémon lembra que "a maior virtude do homem é o raciocínio" (p. 31) e que é sábio "ouvir opiniões contrárias" (p. 32). Ante a posição enrijecida de seu pai, Hémon, por fim, diz: "Que queres: falar sozinho e não ouvir respostas?" (p. 35). Esse exemplo expressa a conexão entre incomunicabilidade e solidão, ambas consequências de uma pretensão isolada de posse da verdade. Quando nos prendemos ao provisório e ao sensível, limitamos a experiência vivida ao subjetivo, tornando as relações superficiais. Pelo contrário, como Giussani (2009, p. 130) observa: "Quanto mais rico sou de experiência, mais eu tenho capacidade de falar com você; mais eu sou capaz de me comunicar com você".

A comunicação genuína transcende o sensível, exigindo que se compartilhem experiências significativas. Contudo, quando a busca pelo sentido é silenciada e substituída por um fluxo de aparências, perdemos a profundidade das relações. Giussani (2009, p. 132) alerta que "a solidão que se observa na vida comum revela que a maneira de estar presente nessa vida comum é sem inteligência do significado". Sem o reconhecimento do sentido essencial do vivido, a comunicação degenera em isolamento, enfraquecendo a confiança e a capacidade de construção de vínculos sociais. Trata-se de um desenvolvimento do que se disse sobre o conformismo e o totalitarismo (Frankl, 2015): a ausência de uma tensão pelo sentido conduz a essas duas posturas, intensificando a solidão e fragmentando o tecido social.

Perda da Liberdade

A perda da liberdade é outra consequência do silenciamento da experiência elementar. Para Giussani (2009, p. 136), a liberdade é definida como "a capacidade do fim; a capacidade da totalidade; a capacidade da felicidade". Não se limita às escolhas imediatas, mas está profundamente relacionada à realização do potencial humano integral, orientado para o sentido e para o Bem.

No entanto, quando a busca pelo sentido é abandonada, o indivíduo, uma vez mais, torna-se vulnerável ao conformismo, submetendo-se às expectativas alheias e às pressões sociais, abandonando qualquer perspectiva de transcendência. Nesse contexto de ausência de uma dimensão mais alta, que extrapole a pura imanência, a pessoa é conduzida à desordem interna e à submissão às vontades externas.

A verdadeira liberdade implica transcender as aparências e orientar a vida para o essencial. Sem ela, o indivíduo perde a capacidade de autodeterminação e permanece preso à superficialidade, incapaz de alcançar a plenitude de ser pessoa.

A ruptura com o passado

Outro efeito significativo do silenciamento da experiência elementar é a ruptura com o passado. Para Giussani (2009), a memória desempenha um papel essencial na preservação da verdade das experiências vividas, sendo um elo entre a pessoa e sua história. Contudo, quando a sede de sentido é abafada, a relação do indivíduo com seu passado torna-se superficial ou até mesmo inexistente, resultando em um enfraquecimento de sua identidade e continuidade existencial.

Essa ruptura faz o passado ser reduzido a um repositório de eventos fragmentados, desprovido de significado. A pessoa perde a capacidade de ver suas experiências anteriores como parte de um dinamismo que orienta o presente e ilumina o futuro. Sem essa conexão, a pessoa se desarraiga, privando-se da riqueza acumulada em sua própria história.

Quando o passado é silenciado ou descartado, perde-se também a capacidade de aprender e crescer a partir das experiências vividas. Em vez de agir como uma base para o desenvolvimento humano, o passado torna-se irrelevante, deixando o indivíduo preso em um ciclo de imediatismo e desconexão. A memória, quando resgatada, não é apenas uma ferramenta de recordação, mas um recurso que possibilita ao sujeito integrar o que viveu, fortalecendo sua identidade e sua relação com o presente.

As consequências nas patologias

A perda de liberdade, da capacidade de comunicação e de contato com o passado também se manifesta nas diversas patologias discutidas ao longo do capítulo:

> *Transtorno Obsessivo-Compulsivo (TOC):* Marcado pelo apego às certezas materiais, o TOC resulta em uma relação superficial com o vivido. A comunicação se limita a obsessões, gestos repetitivos e certezas efêmera, gerando isolamento e fobia social.
>
> *Transtorno de Personalidade Narcisista (TPN):* O narcisista rompe com o passado ao afirmar-se continuamente no presente, buscando validação constante. Como no mito de Narciso e Eco, as relações tornam-se monótonas, baseadas na repetição e não na troca autêntica. Isso leva ao isolamento emocional e à morte simbólica da capacidade de se conectar.
>
> *Vícios e adicções*: O automatismo e a busca pelo prazer imediato resultam na negação prática do sentido da vida. Vícios como drogas e pornografia refletem a prisão ao sensível e ao provisório, afastando a pessoa de relações significativas e gerando isolamento.
>
> *Neuroses sexuais*: A prisão ao estético e ao sensível na sexualidade gera ansiedade e disfunções como vaginismo, ejaculação precoce e dificuldade de orgasmo. A comunicação entre parceiros se reduz ao funcional, comprometendo a intimidade e a troca significativa.
>
> *Depressão existencial*: A desesperança e o racionalismo excessivo levam à prisão no material e na aparência, resultando em uma incapacidade de reconhecer a verdade essencial das experiências. Isso causa isolamento e uma incapacidade de viver o presente com vitalidade.

Ansiedade: O ansioso se aliena do presente ao projetar todas as suas esperanças no futuro. Essa fixação cria uma desconexão com o presente e uma incapacidade de se comunicar sobre algo real, aprofundando o isolamento.

Em resumo, as patologias discutidas ao longo do capítulo evidenciam como o abandono da experiência elementar leva à fragmentação das relações, solidão, perda de liberdade ofuscamento do senso do passado. A verdadeira comunicação e liberdade dependem de um comprometimento com a busca pelo sentido e com a experiência do que é essencial. Reconectar-se com essa dimensão é crucial para restaurar a plenitude humana, tanto no âmbito pessoal quanto no coletivo e cultural.

A importância de um olhar humano

Ao compreender as dinâmicas da desumanização e os processos patológicos discutidos, o psicoterapeuta pode identificar anseios e dores no contexto clínico, que extrapolam uma abordagem que se ocupe apenas de listar sintomas. O foco sugerido, aqui, ao se debruçar sobre a vitalidade própria da existência humana, permitiu compreender o impacto do abandono das perguntas fundamentais sobre a saúde integral dos indivíduos que buscam a ajuda da psicoterapia. Como foi visto, o silenciamento da experiência elementar abre brechas para desvios e disfuncionalidades, corta o vínculo da pessoa com seu núcleo, levando à perda do protagonismo e, com isso, uma prisão do indivíduo em seus sintomas e em sua carência de autoconsciência.

Na exata medida em que se entende a liberdade como elemento central da experiência elementar, entender-se-á também como uma psicoterapia eficaz deverá focar na retomada dessa liberdade, promovendo a recuperação da vivência adequada da temporalidade — passado, presente e futuro com seu devido valor e lugar na estruturação da personalidade —, o diálogo e o protagonismo. Vale dizer que a busca por liberdade não é, como se costuma conceber, tão somente a superação de condicionamentos, mas o reencontro com a integralidade humana. A perda da liberdade, que está no fundo de praticamente todo o adoecimento — seja como causa ou como consequência — manifesta-se no abandono das perguntas fundamentais, em favor de estratégias provisórias e desumanizantes, como a busca pelo prazer ou a fixação no provisório.

Há, é bem verdade, em todas as pessoas, padrões preconcebidos de se relacionar com a vida e suas circunstâncias — aliás, quanto mais viva uma pessoa é, tanto mais consistentes serão seus preconceitos (que, nesse caso, não podem ser entendidos, necessariamente, como um fator de interrupção da relação com a realidade; apenas na medida em que não sirvam de provocação para uma mudança de compreensão dos acontecimentos). Esses preconceitos, elaborados a partir de experiências vividas, são inevitáveis, mas não podem ser critérios fixos para interpretar as sempre novas situações da vida. A fixação em preconceitos limita a percepção do real, transformando o "eu já sei" em uma barreira para o senso religioso e para a abertura ao novo. Segundo Giussani (2009), é necessário superar a rigidez de certezas materiais para evitar o soterramento da dinâmica viva do senso religioso.

Uma conhecida forma de preconceito enrijecida e escravizadora é a ideologia, especialmente quando é a dominante num determinado contexto social: nesse caso, ela transforma aspectos da realidade em verdades absolutas e se enraíza como obstáculo ao pensamento crítico, reduzindo a compreensão do mundo a interpretações unilaterais das mais variadas. O modo simplista como a ideologia aborda a realidade impede a busca por respostas integrais, limitando a visão de mundo. E, infelizmente, esse pensamento dominante não se restringe a um extrato da sociedade e de lá não sai; pelo contrário, ele atinge o indivíduo e, como tudo o que se viu neste capítulo, acaba por também afetar o modo como leva ou não a sério a experiência elementar.

Outra forma de preconceito escravizador é o racionalismo que, quando exacerbado, manifesta-se como cientificismo que reduz a realidade a aspectos técnicos manipuláveis. Essa postura silencia a dinâmica ontológica da vida humana, deixando o indivíduo submetido a autoridades externas, que se apresentam como as representantes oficiais da ciência, ainda que isso aconteça em contextos não acadêmicos, como é o caso das redes sociais. A relação de submissão que se cria contrasta com a abertura ao senso religioso, que é essencial para a realização humana.

Para vencer preconceitos, é essencial ajudar o paciente a identificar e superar crenças disfuncionais. Ferramentas como o mapeamento de distorções cognitivas e o diálogo socrático, bastante conhecidas, são úteis para estimular perguntas fundamentais. Sem essas perguntas, a pessoa não se coloca na vida com a postura que pode levá-la ao reconhecimento daquele Outro que é a consistência de todo o existir. Em alguma medida, o trabalho terapêutico deve promover essa busca, conectando o indivíduo com o senso religioso, que reconhece a existência de um sentido para o mundo e o arranca de posições mórbidas como são o egoísmo, a mania de grandeza, a expectativa de controle de tudo etc.

Uma psicoterapia centrada na experiência elementar é, conforme o que se quis apresentar, a estratégia primeira a ser assumida, se se quer conduzir o paciente à liberdade autêntica, ajudando o paciente a recuperar sua dinâmica vital e a capacidade de dialogar com o sentido da vida. Essa busca, como se viu, é inerente ao ser humano, e reconhecê-la é essencial para alcançar uma existência verdadeiramente humana.

Para uma psicoterapia centrada na experiência elementar

O terapeuta trava uma batalha pela liberdade: por si mesmo, em sua prática profissional, e pelos seus pacientes, em sua busca por sentido e maturidade. A terapia só é eficaz quando auxilia o paciente a tomar consciência de si e de suas perguntas fundamentais, enfrentando as circunstâncias à luz do sentido da vida. Quando o paciente se fixa em um aspecto isolado do real — seja por preconceitos, ignorância ou medo —, sua liberdade fica comprometida, e o papel do terapeuta é ajudá-lo a superar essas limitações. A cura, acima de qualquer técnica ou ferramenta, está intrinsecamente ligada à busca consciente por sentido.

A relação com o real exige que o terapeuta e o paciente desenvolvam uma atenção cuidadosa às suas estruturas formais (Sokolowski, 2012). Em primeiro lugar, a realidade se apresenta como partes e todos. Por exemplo, enquanto lê este livro, você não consegue abarcá-lo em sua totalidade de uma só vez, mas apenas em suas partes: a página, a capa, as palavras, as cores usadas. Cada uma dessas partes, ao ser tomada isoladamente, pode ser percebida como um todo em si mesma — a página ou até mesmo um grão de poeira sobre ela podem ser analisados como algo integral. Há partes, contudo, que só fazem sentido pleno quando consideradas em relação ao todo de quem fazem parte. Assim também ocorre com as pessoas: ao atender um paciente, o terapeuta deve evitar reduzi-lo a fragmentos isoláveis ou não — um sintoma ou uma história contada —, enxergando-o, em vez disso, como uma totalidade dinâmica.

Em segundo lugar, tudo o que é real se manifesta em múltiplas perspectivas. O ângulo de visão altera a maneira como percebemos a realidade:

a página do livro, vista de frente, parece uma superfície uniforme, mas, de outro ângulo, revela rugosidades, reflexos e dobras. Essa multiplicidade de perspectivas nos lembra que a unidade do real só pode ser acessada por meio de seus muitos aspectos. Da mesma forma, o paciente no consultório apresenta diferentes facetas de si: suas palavras, gestos e silêncios formam um conjunto que deve ser compreendido em sua riqueza.

Por fim, a realidade também se manifesta em presenças e ausências. Não vemos apenas o que está diante de nós, mas também intuímos o que não está imediatamente presente. Quando olhamos para um objeto, sabemos que ele tem dimensões ocultas — a parte de trás deste livro, por exemplo, embora não visível, neste instante, é compreendida como existente. Da mesma maneira, ao olhar para o paciente, percebemos não apenas o que ele diz, mas também o que não é dito, o que está latente ou ausente em sua narrativa. Essa percepção de ausências é fundamental para captar a tridimensionalidade da pessoa humana e compreendê-la em sua profundidade.

Essas três estruturas — partes e todos, unidade na multiplicidade e presenças e ausências — são ferramentas valiosas para o terapeuta que busca uma relação autêntica com o real e com o paciente. Empregá-las na prática clínica permite um olhar mais integral e humano, ajudando a superar a tentação de fragmentar a pessoa em categorias simplistas ou padrões teóricos rígidos.

Nesse contexto, a capacidade de admiração pelo real desempenha um papel essencial: dependerá da disposição ao maravilhamento, no encontro terapêutico, a oportunidade de uma escuta adequada do Sentido, o mistério que se esconde e se revela por trás de cada acontecimento. Essa atitude de abertura, essa sede sobre a qual se tratou aqui, permite que se encare a vida como um dom e fortalece a conexão com Aquele que transcende a pessoa e as circunstâncias de sofrimento ou de satisfação.

Giussani (1997) chegou a destacar, através de uma frase icônica, que a experiência adequada de si coincide com afirmar conscientemente que "eu sou tu que me fazes", reforçando, assim, a ideia de que a relação com tudo o que há é mediada pela consciência de nossa dependência do Artífice. Para o psicoterapeuta, essa visão permite que se corrija o olhar sobre o paciente, que passa a ser mais humano e acolhedor, na medida em que acolhe sua singularidade e profundidade próprias, considerando a experiência elementar como medianeira da relação.

A psicoterapia centrada na experiência elementar busca reverter essas rupturas, devolvendo ao paciente a consciência de sua própria humanidade. Essa abordagem não apenas transforma o paciente, mas também o psicoterapeuta, despertando nele a capacidade de enxergar além dos padrões teóricos rígidos e acolher o paciente como um todo. Nesse sentido, o psicoterapeuta é chamado a superar as adversidades inerentes à prática clínica para se tornar um guia na jornada de redescoberta do sentido da vida.

Essa missão exige coragem e comprometimento. Quem busca psicoterapia não deseja encontrar apenas um especialista técnico, mas alguém que possa oferecer suporte genuíno, promovendo a reconexão com o real e com o mistério da existência. Ao auxiliar os pacientes a retomarem a urgência do sentido em suas vidas, o psicoterapeuta não apenas contribui para o bem-estar de seus pacientes, mas reafirma a dimensão mais profunda e transformadora do encontro terapêutico: um encontro que humaniza, liberta e integra.

Referências

AMERICAN Psychiatric Association — APA. *Manual diagnóstico e estatístico de transtornos mentais — DSM-5-TR*. Tradução: Daniel Vieira, Marcos Viola Cardoso e Sandra Maria Mallmann da Rosa. Porto Alegre: Artmed, 2023. Título original: *Diagnostic and Statistical Manual of Mental Disorders*, 5ED, Text Revision.

ECHAVARRÍA, M. F. *A práxis da psicologia e seus níveis epistemológicos segundo Santo Tomás de Aquino*. Tradução: Fábio Florence. Rio de Janeiro: Ed. CDB, 2021. Título original: *La praxis de la psicología y sus niveles epistemológicos según Santo Tomás de Aquino*.

FRANKL, V. *O sofrimento de uma vida sem sentido*: caminhos para encontrar a razão de viver. Tradução: Karleno Bocarro. São Paulo: É Realizações, 2015. Título original: *Das Leiden am sinnlosen Leben*.

FRANKL, V. *Teoria e terapia das neuroses*: introdução à logoterapia e à análise existencial. Tradução: Claudia Abeling. São Paulo: É Realizações, 2016. Título original: *Theorie und Therapie der Neurosen*.

FRANKL, V. *Psicoterapia e sentido da vida*: fundamentos da logoterapia e análise existencial. Tradução: Alípio Maia de Castro. São Paulo: Quadrante, 2019. Título original: *Ärztliche Seelsorge*.

GIUSSANI, L. *Do pertencer a uma morada acontece a mudança em que Cristo permanece visivelmente.* CL Brasil, 1997. Disponível em: https://cl.org.br/arquivo/outros/do-pertencer-a-uma-morada-acontece-a-mudança-em-que--cristo-permanece-visivelmente. Acesso em: 11 jan. 2025.

GIUSSANI, L. *O senso religioso.* Tradução: Paulo Afonso E. Oliveira. Brasília: Ed. Universa, 2009. Título original: *Il senso religioso.*

MAHFOUD, M. *Experiência elementar em Psicologia*: aprendendo a reconhecer. Brasília: Universa e Belo Horizonte: Artesã, 2012.

SOKOLOWSKI, R. *Introdução à Fenomenologia.* Tradução: Alfredo de Oliveira Moraes. São Paulo: Ed. Loyola, 2012. Título original: *Introduction in Phenomenology.*

CAPÍTULO 11

O Grupo Comunitário de Saúde Mental e a experiência elementar

Sergio Ishara
Carmen Lúcia Cardoso

O Grupo Comunitário de Saúde Mental (GCSM) teve início em 1997, no Hospital Dia do Hospital das Clínicas de Ribeirão Preto (Universidade de São Paulo), com a criação de uma metodologia original de cuidado, que vem sendo desenvolvida e ampliada ao longo dos anos. O percurso de delineamento metodológico se deu a partir da interlocução profícua entre a prática clínica, a observação sistemática, os aportes teóricos e a investigação científica. Esse processo vem possibilitando o refinamento do método de trabalho, criando um modelo de cuidado que promove uma aproximação da pessoa consigo mesma, com a realidade e com os outros (Ishara; Cardoso; Loureiro, 2013).

Ao longo de sua história, o GCSM priorizou centralizar a atenção na experiência cotidiana, no valor intrínseco da pessoa humana e nas relações comunitárias, tendo como foco os elementos que articulam o ser humano à sua condição de pessoa. Nesse sentido, diferencia-se por propor uma abordagem grupal que considera a dimensão existencial e ontológica do ser humano, bem como a perspectiva comunitária, ou seja, que compreende a pessoa como fundamentalmente relacional (Cardoso; Ishara, 2013; Cardoso, 2012).

O programa Grupo Comunitário de Saúde Mental tem o objetivo de contribuir com a formação humana e a saúde mental por meio do cuidado com as experiências de vida e a construção de uma comunidade. O trabalho promove uma atenção ao cotidiano, com ênfase no acolhimento de experiências, reconhecidas como valiosas pelos participantes, em uma perspectiva de ajuda aos outros. (Ishara; Cardoso, 2013; Minaré; Cardoso, 2023; Rocha; Cardoso, 2017).

A estrutura padrão dos grupos corresponde a uma sessão única, realizada em formato de roda de conversa, mediada por um coordenador, com duração de uma a duas horas, sendo estruturado em três momentos consecutivos e interligados: sarau, relato de experiências de vida e etapa reflexiva. O momento do sarau promove o compartilhamento de experiências com a cultura, através da valorização do relacionamento com músicas, filmes, obras da literatura, artes plásticas e outras modalidades culturais. Trata-se de um exercício de encontro com a cultura, favorecendo a ampliação de horizontes de conhecimento e a afeição à beleza, em uma perspectiva de formação humana, resgatando a percepção e a apropriação do mundo humano em seu caráter estético. Na etapa de experiências de vida, realiza-se o acolhimento de relatos de experiências consideradas significativas pelos participantes, em uma perspectiva pessoal e de ajuda ao outro. Para além da comunicação de fatos, configura-se um exercício de reconhecimento do "estar vivo" diante dos acontecimentos cotidianos, compreendido como movimento da liberdade humana, que permite uma integração criativa entre a pessoa e a realidade. Na etapa reflexiva, os participantes descrevem a repercussão pessoal da participação no grupo, identificando experiências de encontro com as pessoas e os seus relatos. Nesse sentido, trata-se de um exercício de atenção e cuidado às experiências que explicita o método dentro do encontro grupal. Constitui-se, desse modo, uma metodologia singular no campo do cuidado em saúde mental, que busca atender à necessidade de diversificar, qualificar e tornar acessíveis as abordagens terapêuticas e de promoção de saúde, estruturada para além do foco na doença (Ishara; Cardoso, 2013).

Os participantes são convidados a integrar os encontros a partir de uma perspectiva de protagonismo na ajuda aos outros. A participação nos grupos e o papel de cuidador ocorrem para além das funções sociais ou institucionais, uma vez que qualquer pessoa pode adquirir experiência de vida e aprender a compartilhar. A consistência da participação emerge através da contribuição do relato, em meio à generosidade do compartilhamento. Dessa forma, o método apresenta uma perspectiva terapêutica associada a uma configuração horizontal da participação grupal e à valorização da rotatividade do papel de cuidador. (Pinheiro; Cardoso, 2019; 2023)

O modelo cumpre uma função educativa, promovendo a valorização da história pessoal e a construção de uma comunidade. O horizonte educativo abrange uma atitude de abertura e empenho com o processo de formação humana, mediante o apreço pelas próprias descobertas, bem como aquelas que são compartilhadas nos grupos. O acompanhamento dos relatos permite ampliar e aprofundar o conhecimento da realidade e da natureza humana, incluindo a compreensão sobre a potência da liberdade e da criatividade no percurso do ser humano, considerado como uma obra em devir.

Ao longo dos anos, diante do desafio de favorecer a compreensão do método e a participação nos grupos, emergiram alguns dispositivos inter-relacionados, compondo um programa que, atualmente, reúne as seguintes atividades: Grupo Comunitário de Saúde Mental, Oficina de Cultura, Oficina de Experiência e Escola Comunitária. Esses dispositivos são abertos à comunidade e têm como eixo comum a promoção da formação humana e da saúde mental, por meio do cuidado com as experiências de vida. As atividades favorecem uma atitude de atenção às vivências cotidianas, em uma perspectiva de integração criativa entre a pessoa e a realidade, tecida no contexto de uma rede comunitária.

Tendo em vista que a metodologia está alicerçada no cuidado com as experiências cotidianas, que se renovam a cada encontro, o programa apresenta um abrangente horizonte de atuação, valendo-se da diversidade dos participantes como um fator que agrega valor ao grupo e permite a inserção do programa nos campos da educação, da saúde e da cultura.

Ao integrar elementos da cultura e do cotidiano, o programa favorece o contato dos participantes com a realidade, com a própria humanidade e com o outro, proporcionando o reconhecimento de experiências significativas, durante e para além da atividade. Permite ainda a construção de um espaço de trocas genuínas entre os participantes, possibilitando o acolhimento, o aprendizado interpessoal e o amadurecimento humano, contribuindo para a promoção da saúde mental (Ishara; Cardoso; Loureiro, 2013; Prado; Cardoso, 2020; Rocha; Cardoso, 2017; Rocha; Prado; Cardoso, 2022).

Impulsionados pelo desenvolvimento do programa e o interesse de profissionais no campo da saúde e educação, bem como pela necessidade de expandir a oferta de cuidado em saúde mental, foram desenvolvidos cursos de formação profissional que têm possibilitado a compreensão e o aprendizado da metodologia. Os cursos têm permitido a ampliação das atividades oferecidas, que, atualmente, ocorrem em formato presencial e online, em algumas cidades brasileiras e do exterior. Os coordenadores buscam favorecer a realização da tarefa proposta na vida diária e nos encontros grupais.

Após breve contextualização do programa GCSM, serão apresentadas as contribuições do conceito de experiência elementar para a sua fundamentação teórica e configuração metodológica.

O Grupo Comunitário de Saúde Mental: aporte do conceito de experiência elementar

Viver é afinar o instrumento
De dentro pra fora
De fora pra dentro
A toda hora, a todo momento.
(Walter Franco)

O delineamento metodológico do Grupo Comunitário de Saúde Mental contou com um amplo conjunto de aportes teóricos provenientes de diversos campos do saber, com contribuições de autores das áreas da fenomenologia, educação, psicologia e psiquiatria. Nesse contexto, a filosofia antropológica de Giussani (1988) esteve atrelada ao desenvolvimento do programa desde a sua origem. A estrutura básica da análise, aqui apresentada, partiu da elucidação dos aspectos que compõem o programa, em diálogo com as contribuições do pensamento de Giussani, com especial ênfase ao conceito de experiência elementar.

Segundo o autor, a experiência elementar consiste em:

> um conjunto de exigências e evidências com as quais o homem é lançado no confronto com tudo o que existe. [...] A elas podem ser dados muitos nomes, através de diversas expressões, como: exigência de felicidade, exigência de verdade, exigência de justiça etc. Seja como for, são como uma centelha que põe em ação o motor humano. (Giussani, 1988, p. 20-21).

Nesse sentido, o conceito explicita a presença de aspirações originais, inextirpáveis e irredutíveis, como fundantes da formação e da realização da pessoa. Essas aspirações se expressam por meio do anseio de realização de necessidades primordiais, como o encontro com a beleza, o bem, o amor, entre outros.

Para Giussani (1988) em toda experiência há um ímpeto de ser, que fornece um critério pessoal capaz de avaliar as vivências, possibilitando um juízo — compreendido no campo filosófico como a possibilidade de dar um sentido e valor a cada coisa. A experiência elementar se constitui, assim, como uma matriz passível de ser reconhecida a cada momento, por qualquer pessoa. Trata-se de um núcleo interno, acessível nas experiências e que favorece a identificação de um caminho propriamente humano, oferecendo um senso de existir.

De acordo com Scholz-Zappa (2024), a contribuição de Giussani introduz um horizonte de conhecimento sobre o ser humano, diferenciando a experiência de um mero provar algo. O termo *experiência elementar*, um neologismo criado por Giussani, descreve um instrumento crítico que favorece um percurso de lealdade da pessoa consigo mesma. Esse princípio original, "vivifica de dentro", promovendo a experiência enquanto uma reflexão sobre o que se vive. Assim, o refletir implica um movimento de flexão sobre si mesmo, permitindo o desenvolvimento de uma autoconsciência.

Essas aspirações podem se tornar conhecidas, despertadas e sustentadas através dos encontros cotidianos. A atenção ao dinamismo que emerge na pessoa por meio da presença desse núcleo interno, permite aprofundar o conhecimento sobre a natureza humana e a potência da realidade em possibilitar a realização dessa força motriz. Embora se configure como uma estrutura fundamental do ser humano, a sua presença como consciência e como valor são frutos de um trabalho de reconhecimento e cuidado.

Essa potência interna pode permanecer desconhecida e desvalorizada. De acordo com Mahfoud (2012), a pessoa pode estar imersa no cotidiano sem constituir uma experiência, na medida em que não realiza uma avaliação do vivido. A pessoa "passa pelas coisas" sem colher os frutos do que vivencia, imersa em um processo de distanciamento de si. Dessa forma, a redução, a negação ou a distorção na compreensão das aspirações humanas representa um grave problema para a formação e a realização da pessoa.

Mahfoud (2016) destaca que observar a experiência permite a surpresa com a própria existência, convocando a pessoa a estar presente na vida. Afirmar o real consiste no acolhimento de uma provocação do cotidiano, vivida como presença mobilizadora à pessoa mesma, por meio de algo ou de alguém. Assim, a experiência se compõe em meio ao envolvimento com os acontecimentos, compreendido como gesto de presença diante de si e da realidade.

O Grupo Comunitário de Saúde Mental tem como eixo estruturante o cuidado cotidiano com as experiências de vida e a oferta das mesmas nos encontros grupais, como instrumento de ajuda aos outros, favorecendo a construção de uma comunidade. Neste contexto, torna-se fundamental o reconhecimento da dinâmica por meio da qual a experiência humana emerge em seus aspectos essenciais e universais.

A operacionalização do conceito de experiência elementar se dá por meio do convite recorrente à atenção às experiências de vida. A pergunta: "Alguém tem uma experiência para compartilhar?" perpassa de forma direta ou indireta todas as atividades do programa. Trata-se de uma aposta na capacidade do ser humano de estar desperto diante do cotidiano, que resulta na busca por experiências e na esperança de agregá-las como fonte de sustentação de um encontro grupal.

A demarcação de que o programa cuida de experiências "de vida" enfatiza o foco no "acontecer" da pessoa diante do cotidiano, compreendido como a presença das aspirações originais da natureza humana, conforme descrito no conceito de experiência elementar. A existência deste núcleo interno confere vitalidade e identidade humana às experiências. Identificar uma experiência "de vida" significa reconhecer a presença desse "pulso" humano.

O trabalho proposto possibilita ao participante um olhar para o "eu" em sua relação com as diversas situações vividas, promovendo um encontro com as exigências originais da condição humana. A atenção à experiência funciona como um dispositivo que pode reconectar o sujeito à sua humanidade, permitindo acompanhar e favorecer uma dinâmica própria do ser humano. As atividades promovem a compreensão e a valorização de critérios para o cuidado com as experiências no cotidiano e para o compartilhamento nos grupos.

O encontro grupal permite que cada centelha de vida presente na experiência de uma pessoa reverbere como sentido aos outros, promovendo sintonia com os demais participantes e favorecendo a coesão grupal. O "pulso" humano presente no interior de um relato ressoa como uma mobilização junto aos outros participantes. Assim, quanto mais uma experiência expressa o que é próprio e primordial da condição humana, mais ela ilumina e sustenta o grupo.

A comunicação de uma experiência, intrínseca à natureza humana, tem a capacidade de gerar sintonia, iluminando os fatores essenciais do vivido. Nesse sentido, um fenômeno recorrente consiste no relato de participantes que chegam ao grupo se sentindo desvitalizados e sem perceber experiências para compartilhar. No entanto, a participação permite que possam entrar em contato com os elementos humanos contidos nos relatos compartilhados, despertando vivências que estavam adormecidas ou ainda não reconhecidas. Assim, a presença das aspirações originais do humano confere vitalidade ao relato, que emerge com um vigor contagiante, proporcionando uma experiência de unidade.

Sustentado pela compreensão de que o percurso humano é pautado pelas aspirações próprias da natureza humana, o GCSM busca favorecer a avaliação das vivências a partir do reconhecimento desse núcleo interno, que funciona como critério que permite à pessoa caracterizar uma experiência como valiosa para si e com potência de ajuda aos outros. Assim, emerge como critério de análise das experiências, o "acontecer da pessoa", compreendido como gesto da liberdade humana, ou seja, como um movimento que aporta sintonia com a essência de si, diante das situações vivenciadas. Nesse contexto, a análise das experiências favorece o conhecimento da natureza humana e das possibilidades de entrelaçamento fecundo com a realidade.

Dessa forma, a avaliação das experiências conta com a utilização de critérios inerentes aos próprios participantes, alicerçando-se na compreensão de que todo ser humano porta uma potencialidade de juízo. Os encontros grupais promovem a valorização desse percurso e a instrumentalização dos participantes para o exercício dessa capacidade de atenção e avaliação.

A operacionalização da ajuda aos participantes do programa consiste em um conjunto de processos que se inicia com o questionamento recorrente sobre as experiências de vida e segue com o empenho para diferenciar, em meio aos fatos cotidianos, o que pode ser caracterizado como um "acontecer da pessoa" diante das circunstâncias vividas, compreendido como a presença das aspirações originais da natureza humana. Assim, a provocação é para que o participante possa reconhecer algo que é fundamental na dinâmica das vivências cotidianas, baseada em critérios próprios da condição humana e não em critérios externos à pessoa. Esse processo promove uma maneira única e pessoal de vivenciar o mundo e as relações, trazendo à tona a singularidade da pessoa e a sua contribuição original e irrepetível ao mundo.

Entretanto, cabe ressaltar, conforme aponta Giussani (1988), que o autoconhecimento e a formação da pessoa não são processos introspectivos isolados, mas algo que acontece de forma dinâmica, através do encontro significativo com o outro, afirmando, assim, a constituição relacional do ser humano. O programa, que se constitui através de dispositivos grupais pautados pelo compartilhamento de experiências de vida, propicia uma troca intersubjetiva entre os membros, permitindo o reconhecimento do outro em sua singularidade, ao mesmo tempo em que oferece a oportunidade de comparação com o que é compartilhado por quem ouve os relatos, promovendo, assim, maior consciência de si e da realidade para ambos os interlocutores. Nesse contexto, a comunidade torna-se o caminho para descobrir a dimensão infinita das aspirações próprias da natureza humana, à medida que revela novas necessidades e possibilidades de realização.

O compartilhamento de experiências permite o reconhecimento de potências próprias da natureza humana e da realidade, contrapondo-se a uma tendência de fechamento, achatamento de horizontes e pretensão de conhecimento. O protagonismo na ajuda aos outros nasce da riqueza das experiências, originadas pela presença das aspirações próprias do ser humano e se potencializa por meio de encontros. Uma genuína perspectiva de colaboração de qualquer pessoa, nas diversas situações de vida, justifica-se na medida em que o cerne das contribuições está centrado no acompanhamento do acontecer humano e nos encontros que promovem a realização humana.

Trata-se de um trabalho com perspectivas educativas e terapêuticas que busca favorecer o apreço pelos momentos cotidianos que configuram um existir com sentido, caracterizado pela presença de um pulso interno em direção à construção e à realização humana. Esse foco de atenção possibilita uma maior capacidade de ver a si mesmo de forma autêntica, tornando a pessoa menos vulnerável às influências externas e, assim, permitindo-lhe reconhecer-se como ser singular e único, portador de um valor intrínseco à sua condição humana. O encontro com o outro possibilita uma maior compreensão de si mesmo, favorecendo o autoconhecimento e a autoavaliação. Dessa forma, a pessoa se reconhece não como um ser fechado e autorreferencial, mas como alguém que pode ser si mesmo por meio da relação com outros e com o mundo. Voltar-se para questões existenciais impulsiona a pessoa a um crescimento contínuo e reafirma a dignidade do ser humano.

Um autêntico programa educativo colabora para o conhecimento do que é próprio e constitutivo da natureza humana e favorece que esses aspectos estejam atuantes em uma perspectiva de contínua formação humana. A humanização da pessoa coincide com a experiência de vitalizar a estrutura humana por meio de encontros que iluminam um conhecimento renovado e interminável da natureza humana e da realidade. Nesse sentido, a vida humana é vista como um campo de descobertas, um espaço onde sempre há algo novo a ser reconhecido.

Os encontros grupais operam visando favorecer esses objetivos por meio do trabalho dos coordenadores e da colaboração dos participantes, que repercutem o impacto das contribuições oferecidas. Assim, o método do Programa Grupo Comunitário de Saúde Mental permite acompanhar o acontecer humano diante dos fatos, buscando reconhecer os caminhos pelos quais a realidade se conecta com as necessidades humanas de forma fecunda. Embora a experiência elementar se caracterize por uma potência inata, o exercício cotidiano de avaliação das experiências, favorece "afinar o instrumento", por meio de uma atenção contínua aos movimentos humanos em sintonia com as aspirações que suscitam uma existência humana generativa.

Ao promover o desenvolvimento de um espaço comunitário que favorece um olhar atento às ações cotidianas e suas consequências, à exposição dessas ações nos grupos, à abertura essencial ao outro e ao respeito pelas singularidades, pode-se configurar em um lugar de maior consciência sobre si mesmo e sobre sua constituição enquanto ser humano, sendo um espaço de aprendizagem, formação e amadurecimento para os participantes e, consequentemente, terapêutico. Nesse processo, a pessoa se transforma, se enriquece e pode trazer sua contribuição singular e única ao mundo.

Referências

CARDOSO, C. L. Grupo Comunitário de Saúde Mental: uma análise fenomenológica. 2012. Tese (Livre-Docência em Psicologia da Saúde), Faculdade de Filosofia, Ciências e Letras de Ribeirão Preto, Universidade de São Paulo, Ribeirão Preto, 2012.

CARDOSO, C. L.; ISHARA, S. Grupo Comunitário de Saúde Mental: uma análise fenomenológica. In ISHARA, I; CARDOSO, C. L.; LOUREIRO, S. R. (Org.). *Grupo Comunitário de Saúde Mental*: conceito, delineamento metodológico e estudos. Ribeirão Preto: Nova Enfim, 2013, p. 43-91.

GIUSSANI, L. *O senso religioso*. Tradução: Paulo Afonso E. Oliveira. Brasília: Universa, 1988. 225 p. Título original: *Il senso religioso*.

ISHARA, S.; CARDOSO, C. L. Delineamento do Grupo Comunitário de Saúde Mental. In ISHARA, S; CARDOSO, C. L.; LOUREIRO, S. R. (Org.). *Grupo Comunitário de Saúde Mental*: conceito, delineamento metodológico e estudos. Ribeirão Preto: Nova Enfim, 2013, p. 19-40.

ISHARA, S; CARDOSO, C. L.; LOUREIRO, S. R. *Grupo Comunitário de Saúde Mental*: conceito, delineamento metodológico e estudos. Ribeirão Preto: Nova Enfim, 2013. 170 p.

MAHFOUD, M. *Experiência elementar em psicologia*: aprendendo a reconhecer. Belo Horizonte: Artesã, 2012. 247 p.

MAHFOUD, M. A estruturação da experiência segundo Luigi Giussani. *Estudos de Psicologia* (Campinas), v. 33, n. 3, p. 395-401, 2016.

MINARÉ, N. F.; CARDOSO, C. L. Experiências de participação regular continuada no Grupo Comunitário de Saúde Mental. In CARDOSO, C. L; CASARINI, K. A.; SILVA, N. H. L. P.; PINHEIRO, B. C. (Org.). *Saberes e práticas em Psicologia da Saúde*: cuidado e intersubjetividade. São Carlos: Pedro & João, 2023, p. 47-68.

PINHEIRO, B. C.; CARDOSO, C. L. Formação profissional em uma atividade vivencial em saúde mental: Grupo Comunitário de Saúde Mental. *Estudos de Psicologia* (Natal), v. 24, n. 3, p. 317-327, 2019.

PINHEIRO, B. C.; CARDOSO, C. L. Desafios e potencialidades da formação profissional em saúde mental: uma experiência com o Grupo Comunitário de Saúde Mental. In CARDOSO, C. L.; CASARINI, K. A.; SILVA, N. H. L. P.; PINHEIRO, B. C. (Org.). *Saberes e práticas em Psicologia da Saúde*: cuidado e intersubjetividade. São Carlos: Pedro & João Editores, 2023, p. 17-46.

PRADO, A. P. C.; CARDOSO, C. L. Coordenação grupal em uma modalidade de cuidado: Grupo Comunitário de Saúde Mental. *Psicologia em Estudo*, v. 25, p. 1-15, 2020. DOI: 10.4025/psicolestud.v25i0.42129.

ROCHA, R. M G.; CARDOSO, C. L. A experiência fenomenológica e o trabalho em grupo na saúde mental. *Psicologia & Sociedade*, v. 29, e165053, 2017. DOI: 10.1590/1807-0310/2017v29165053.

ROCHA, R. M. G; PRADO, A. P. C.; CARDOSO, C. L. A experiência estética como facilitadora de grupos na saúde mental. *Arquivos Brasileiros de Psicologia*, v. 74, e001, 2022. DOI: https://doi.org/10.36482/1809-5267.ARBP-2022v74.17978

SCHOLZ-ZAPPA, M. *Luigi Giussani: L'esperienza elementare*. Milano: Jaca Book, 2024, p. 208.

CAPÍTULO 12

A abertura à experiência sustentada em comunidade: um estudo de caso em um Centro de Atenção Psicossocial (CAPS)

Danillo Lisboa

Trabalhar com saúde mental significa também estar exposto a um campo polissêmico, plural, dinâmico, histórico e cultural, cujas questões atravessam a existência humana como um todo, inviabilizando que a atuação profissional nesse contexto se dê exclusivamente pela via da técnica. Reconhece-se que o conceito de saúde mental é amplo e carrega consigo diferentes aspectos que envolvem fatores econômicos, sociais, biológicos, relacionais, entre outros. Nesse contexto, o trabalho em um Centro de Atenção Psicossocial (CAPS) é marcado pela diversidade de aspectos que incidem sobre as próprias possibilidades de se ter ou não saúde mental.

Nesse campo, tanto o profissional que oferta o cuidado quanto o paciente que o recebe compartilham a mesma condição humana e, por isso, podem ser mutuamente afetados pelo encontro que ocorre entre eles. No caso descrito a seguir, referente ao paciente Arnaldo[1], será apresentada a perspectiva de abertura ao acontecimento da experiência e da atenção como elementos fundamentais que viabilizaram o emergir do real à consciência, favorecendo um reconhecimento de si.

Será relatado como as repercussões desses elementos entre o paciente e a equipe técnica possibilitaram a estruturação dos próprios caminhos de construção do cuidado, estabelecendo uma dinâmica de aprendizado conjunto entre ambos. Desse modo, a escrita do presente caso surge da

1 Nome fictício.

necessidade de dar visibilidade aos efeitos desse processo sobre o paciente e a equipe técnico-profissional.

O caso clínico-institucional

Tudo começou inesperadamente, quando Arnaldo, um homem de 44 anos recém-encaminhado para tratamento no Centro de Atenção Psicossocial em uma cidade do Norte de Minas Gerais, entrou abrupta e violentamente na sala de reunião do serviço, interrompendo as atividades e provocando um impacto significativo na dinâmica do local. Esse gesto irruptivo não apenas desestruturou a rotina da equipe técnica, como também se tornou um ponto de partida para a construção de um processo de cuidado compartilhado.

Arnaldo adentrou a sala de reuniões durante um encontro da equipe técnica (destinado à discussão de casos e à construção conjunta de projetos terapêuticos singulares) e passou a proferir xingamentos contra os profissionais e a depreciar a assistência recebida no CAPS. Além disso, Arnaldo relatava situações variadas pelas quais estava passando, como roubo de seus pertences, falta de moradia e renda bem como a existência de pessoas que o estavam perseguindo. De acordo com o paciente, o CAPS não lhe estava garantindo uma assistência adequada.

Pela análise de seu histórico, antes de chegar ao CAPS, Arnaldo vivia em situação de rua em outra cidade e, ao se mudar para a cidade atual, foi direcionado ao CAPS, onde recebeu o diagnóstico de transtorno afetivo bipolar (TAB) em episódio de mania e foi encaminhado para tratamento, recusando, porém, a adesão à medicação e às demais terapêuticas ofertadas. Naquele dia específico, em que o paciente invadiu a sala de reunião dizendo xingamentos e palavras de baixo calão contra a equipe, ele vestia uma roupa do exército e um colete improvisado de papelão "à prova de balas", confeccionado por ele mesmo. Durante os impropérios verbais, ele fez diversas ameaças e afirmou que "ninguém entende" o que se passava com ele, evidenciando um quadro agudo de crise, sofrimento e angústia.

Diante da afirmação de Arnaldo de que ninguém entendia o que ele estava passando, o supervisor da equipe suspendeu a reunião em curso para que todos os profissionais presentes pudessem ouvi-lo com atenção, a fim de melhor compreendê-lo, e solicitou que Arnaldo compartilhasse sua experiência. Assim, a reunião foi interrompida e a nova pauta passou a ser a escuta do relato do paciente.

A partir daquele momento, Arnaldo apropriou-se ainda mais de sua fala e, com muita raiva e intensidade, descrevia à equipe diversas situações de sofrimento, afirmando que estava "em situação de rua", que "não tenho nem o que comer", que "familiares me abandonaram" e que "tem pessoas me perseguindo". Essa última afirmação indicava uma possível desconexão com a realidade compartilhada, uma vez que não havia indícios públicos ou notórios das perseguições relatadas, levando os profissionais da equipe técnica a considerar um quadro de alteração de juízo da realidade com características delirantes.

A literatura correlata entende que as situações clínicas com características delirantes fundamentam pensamentos cristalizados em quem as vivencia, tornando-os inquestionáveis. Logo, ainda que as situações relatadas sejam implausíveis, tornam-se reais e concretas para quem as experimenta, pois são vividas como evidências incontestáveis (Dalgalarrondo, 2019). O uso do colete de papelão "à prova de balas" se justificava, inclusive, contra um possível ataque que, a qualquer momento, pudesse vir a sofrer por parte de quem o perseguia. Em sua fala angustiada, Arnaldo repetia que ninguém o compreendia. Contava que experimentava na pele a chacota pelo uso da roupa do exército e do colete de papelão improvisados, resultado de percepções da realidade que não eram compartilhadas por seu entorno, o que lhe impunha um estado de profunda angústia e ampliava a incompreensão diante de sua própria experiência subjetiva.

Ao invadir a reunião dos profissionais, o paciente realizou um gesto que ultrapassava a rotina de um serviço de saúde mental, revelando, em sua inadequação, um desesperado pedido de ajuda. Diante desse gesto, a equipe, além de se comover, abriu-se à provocação da presença daquele paciente, mostrando-se capaz de criar um espaço imediato de acolhimento para que ele pudesse se expressar e compartilhar suas vivências com todos os profissionais presentes.

Em saúde mental, é comum a expressão "cada caso gera uma equipe", uma vez que a singularidade de cada situação que se apresenta aos serviços exige dos diferentes profissionais respostas distintas e singulares. No caso de Arnaldo, seu sofrimento comoveu a equipe a ponto de convocá-la à escuta do que ele desesperadamente anunciava. Nesse sentido, a equipe respondeu com um zelo muito delicado, disponibilizando-se prontamente a compreender o que se passava. Mesmo em meio aos xingamentos, sustentou o desejo de captar o sentido do que era comunicado e de entender como aquele modo inapropriado de se apresentar anunciava a complexidade da experiência de Arnaldo.

À medida que o paciente foi falando, livremente e sem interrupções, a equipe se colocou na conversa com perguntas que visaram aprofundar a compreensão sobre sua vivência de ausência de assistência diante de sua situação. Nesse contexto, a equipe introduziu perguntas mais objetivas diante do seu relato, interessando-se em saber sobre sua história, de onde ele viera, quais vínculos familiares e sociais ainda possuía, sempre de modo gradual e alinhado com o conteúdo de sua comunicação, sem interpor perguntas padronizadas ou descontextualizadas.

A fim de compreender melhor sua angústia diante da falta de assistência em seu caso, a equipe o indagou desde quando ele percebia aquilo e em qual situação ele percebera que a equipe não o assistiu devidamente. A própria coordenadora questionou a respeito de como ele sentia que não era atendido pelo serviço, ao que o farmacêutico justificou que o procurara no almoço para lhe dar a medicação que ele recusou. Além disso, o supervisor perguntou de que forma a equipe e o serviço poderiam ajudá-lo. As perguntas que lhe eram feitas surgiram a partir da interação com sua própria comunicação, revelando uma equipe atenta e disposta a ouvir aquilo que o paciente tinha para comunicar. Não se tratou de perguntas prontas, desinteressadas ou apenas com o objetivo de "acalmar os ânimos", mas eram indagações reais que visavam compreender melhor o que aquele gesto abrupto e aflito de invadir a reunião revelava.

Gradativamente, Arnaldo foi se abrindo à conversa e, ainda com uma comunicação agressiva e a voz acompanhada de raiva, sentou-se na cadeira e, sem parar de falar, retirou o colete à prova de balas, sentando-se à mesa de reunião, de frente para toda a equipe. A retirada do colete "à prova de balas" foi um gesto importante para a equipe. Esse movimento anunciava que o paciente estava, em alguma medida, abrindo-se ao risco do encontro e desprotegendo-se da presença do outro, que inicialmente havia sido vista como um ponto de ameaça e invasão para colocar-se em diálogo. Nascia, ali, entre o paciente e a equipe de profissionais, uma abertura recíproca, na qual se tornava possível compartilhar sua experiência de sofrimento no mundo para uma comunidade de profissionais interessados em compreendê-lo melhor para poder ajudá-lo.

Após ouvir por mais de uma hora o relato de Arnaldo, a equipe sinalizou para ele a necessidade de uma continuidade daquela conversa, que havia mais coisas a serem compartilhadas e refletidas comunitariamente e que seria fundamental um retorno na próxima semana, no mesmo dia e horário. Arnaldo respondeu que, sim, estaria presente. Iniciava-se ali uma parceria de trabalho.

Naquele dia, diante da equipe, Arnaldo proferiu vários xingamentos, fez ameaças de agressão contra pessoas que o perseguiam e chorou muito, e, somente ao final, acalmou-se um pouco, sem, no entanto, amenizar toda sua comoção. Contudo, sustentado pela companhia atenta de uma comunidade de profissionais, ele pôde se aproximar mais de sua experiência, sendo esse o primeiro passo importante para adesão a qualquer alternativa terapêutica a vir a ser ofertada. Ao final do encontro com Arnaldo, a equipe se percebeu tocada e pertencente ao seu caso, vinculada reciprocamente e desejosa de uma aposta em seu tratamento.

No segundo encontro com Arnaldo, a equipe, cuidadosamente, preparou-se para recebê-lo, organizando a sala, preparando o ambiente e providenciando um espaço de lanche e confraternização para o final do encontro. No horário marcado, ele já estava no serviço e adentrou a sala de reuniões com maior tranquilidade quando comparado ao primeiro encontro, porém, ainda afetado por suas alterações emocionais.

Naquele encontro, a equipe se colocou novamente em trabalho de ouvir aquilo que ele tinha para compartilhar, disponibilizando o tempo de uma hora e meia para que ele pudesse compartilhar sua experiência e ouvir também indicações da equipe. Arnaldo falou a maior parte do tempo, tinha um "mundo de informações" para dizer. Em alguns momentos, parecia que guardava as palavras consigo por anos e encontrava naquele espaço a oportunidade de dizê-las, sem censura.

A escuta dedicada da equipe nessa fase foi fundamental para que Arnaldo pudesse dizer de si com clareza, profundidade e de um modo que se sentisse à vontade. Em suas falas, abordava as violências que sofrera, a negligência com a sua situação, o afastamento familiar e o quanto se sentia ameaçado e perseguido, além de enfatizar o quanto vivia "à míngua", em situação de vulnerabilidade e precariedade social. O seu relato era sempre marcado por uma intensidade afetiva, e, ao mesmo tempo que se emocionava com o que dizia, também se revoltava, demonstrando comportamentos de raiva, ódio e desejo de vingança.

A partir do seu relato, a equipe foi entendendo cada vez mais que aquele espaço era fundamental para que Arnaldo pudesse contar sua história, refletir sobre os seus acontecimentos e dar-se conta de si mesmo no mundo. Os profissionais se faziam ali uma comunidade, onde ele podia compartilhar suas experiências. Até aquele momento, não havia sido indicado a Arnaldo nenhum encaminhamento, pois ele se mostrava resistente ao tratamento, o que levou a equipe a sustentar o espaço de escuta como eixo central do cuidado. Somado a isso, foi-lhe ofertado um almoço no serviço, o que ele aderiu em dias aleatórios. Aos poucos, a equipe se aproximava de Arnaldo, em seu tempo, respeitando o seu ritmo de abertura e aproximação.

Nesse ínterim, foi marcado com Arnaldo o terceiro encontro. Para esse encontro, a equipe programou que aconteceria um Grupo Comunitário de Saúde Mental (GCSM)[2], que se trata de uma prática de cuidado em saúde mental na qual, por meio de uma metodologia estruturada, os participantes são convidados a compartilhar suas experiências de vida.

Ao início do encontro, a equipe recebeu Arnaldo e um outro paciente do serviço, que estava em um tratamento de álcool e droga e pediu que participasse também. Como seria um GCSM aberto, não houve objeções. Cabe destacar que, desde que Arnaldo adentrara o espaço da reunião coletiva dos profissionais, no qual todos os profissionais do CAPS, de variados níveis de formação profissional participavam, os encontros seguintes com ele seguiram com essa mesma formatação.

Ao abrir aquele encontro, o supervisor informou a todos que ali ocorreria um Grupo Comunitário de Saúde Mental, cuja metodologia propõe um exercício continuado de atenção e reflexão sobre a vida cotidiana, em que, por intermédio do compartilhamento de experiências, buscava-se aprender com elas.

Com isso, no primeiro momento, denominado "sarau", todos os presentes foram convidados a compartilhar suas experiências com o mundo da cultura, podendo manifestá-la pelos encontros que tiveram com músicas, livros, poesias entre outros. Naquele dia, diferentes pessoas compartilharam elementos da cultura que guardavam consigo, entre eles a psicóloga, o supervisor, o farmacêutico e o técnico de enfermagem.

No segundo momento do GCSM, denominado "compartilhamento de experiências", cujo objetivo é compartilhar experiências cotidianas que marcaram o acontecer de cada um enquanto pessoa no mundo, a psicóloga

---

2 ISHARA, S.; CARDOSO, C. L.; LOUREIRO, S. R. *Grupo Comunitário de Saúde Mental*: conceito, delineamento metodológico e estudos. Ribeirão Preto: Nova Enfim, 2013.

do serviço compartilhou uma experiência acerca de sua dificuldade em residir em duas cidades, uma vez que trabalhava na cidade X e residia na cidade Y, fazendo o percurso todo final de semana de regressar para outra cidade, tendo se tornado uma rotina presente em sua vida e, naquele momento, a fazia pensar nas idas e vindas que ela vivia.

Naquele mesmo momento do GCSM, o usuário que pediu para participar do encontro relatou a sua dependência com o uso de álcool e falou sobre o seu início em virtude do falecimento de sua esposa, cuja descoberta se deu após preparar o café da manhã para ela e perceber que não estava mais viva. Os relatos compartilhados durante o encontro geraram grande comoção nos participantes, pois, além de promover uma solidariedade diante da escuta das experiências de vida, foi possível experimentar a consolidação de um pertencimento comunitário em que diferentes experiências de vida encontravam lugar de acolhimento, aprendizagem e elaboração.

Até aquele momento do encontro, Arnaldo não havia feito nenhuma comunicação, manteve-se calado e observador durante todo o encontro. No entanto, na terceira fase do GCSM, após o "sarau" e o "compartilhamento de experiências", o grupo é finalizado com a "etapa reflexiva", na qual os participantes são convidados a compartilharem o que guardam daquele encontro, ou seja, o que se tornou para eles uma "experiência de vida" a partir da presença naquele encontro. Foi nesse momento que, além dos outros participantes que expressaram os impactos daquele encontro sobre si, que Arnaldo pôde dizer "achei o encontro muito bom", fazendo o sinal de aprovação com a cabeça. Sua comunicação foi restrita a essa frase, mas era notório seu estado de contentamento, que parecia indicar uma vinculação e pertencimento àquele espaço. Ao final do encontro, a equipe agradeceu a generosidade do compartilhamento de todos os presentes pela honestidade de suas experiências e convidou Arnaldo para o agendamento do quarto encontro, em que se continuaria acompanhando o seu percurso pelo CAPS.

Arnaldo gradualmente foi se apresentando ao CAPS de modo mais disponível, trazendo as suas experiências já com um afeto um pouco mais organizado. Marcou-se o quarto encontro e, nesse intervalo, entre o terceiro e o quarto encontro, Arnaldo esteve no serviço em um dia da semana e aceitou, a partir de uma intervenção do farmacêutico, fazer uso da medicação, o qual lhe informou que a medicação poderia contribuir para o seu tratamento. No quarto encontro, ele compareceu, sempre muito interessado, e, gradativamente foi melhorando os sintomas de mania.

Naquele encontro, a fim de aprofundar a compreensão do que Arnaldo trazia em seu relato, fizeram-se perguntas que o ajudavam a aprofundar a sua comunicação, e ele relatou grande dificuldade financeira no momento, falou de sua história, do entendimento de que ele sempre tivera transtorno bipolar, pois se recordava de crises aos 14 anos e que ninguém o entendia. Relatou ainda que já se percebia com alguns rompantes em seu comportamento desde a adolescência, mas que nunca havia identificado como um transtorno. Também comentou que chegara a se casar, mas que se separou em virtude de um episódio de mania, o que culminou por destruir o portão de sua casa, deixando sua esposa em estado de pavor e desespero, sendo contido pela ação da polícia.

Naquele encontro, Arnaldo chorou bastante, expressando sua angústia e o medo de ficar só, haja vista que não tinha a quem recorrer, e, mesmo a mãe, por orientação de segurança de outros familiares, evitava recebê-lo. Naquele momento, Arnaldo não encontrava recursos para ter para onde ir, e a figura da assistente social do CAPS foi fundamental para que alguns recursos constitucionais fossem pleiteados. Naqueles dias, foi possível inclusive negociar, a partir de uma iniciativa do próprio Arnaldo, uma hospedagem temporária em um albergue da cidade, além de dar entrada na solicitação de auxílios assistenciais. A cada encontro com Arnaldo, a equipe o conhecia mais, e ele se sentia mais à vontade, passando a aderir às indicações de cuidado que os profissionais faziam e a se aplicar ao tratamento, levando a equipe a realocar o próprio conhecimento que supunha ter sobre o caso. A tomada de posição de Arnaldo, levou o grupo técnico a tomar uma outra posição enquanto equipe profissional. Foi com essa consciência que se propôs o quinto encontro com Arnaldo.

Para o quinto encontro, foi proposto para Arnaldo que seria estudado conjuntamente o que era o transtorno afetivo bipolar. Todos os profissionais das diferentes especialidades e ele reunir-se-iam para estudar especificamente essa temática, e a equipe técnica, composta pela psicóloga, pela assistente social, pelos enfermeiros, pelo farmacêutico e pelo supervisor clínico-institucional, além do próprio Arnaldo, preparariam uma apresentação sobre "Transtorno Afetivo Bipolar", a qual seria apresentada no encontro seguinte. A equipe aprovou a ideia e Arnaldo, mesmo se sentindo desafiado, aceitou prontamente. Assim foi feito.

No encontro seguinte, cada profissional pôde apresentar sua compreensão do transtorno afetivo bipolar, alguns com slides, outros com textos-base de referência, outros com ilustrações, dividindo o tempo de apresentação de modo igual entre todos. Um encontro muito rico e de atualização profissional se desenhava naquele momento. Na vez de Arnaldo, ele havia preparado, em uma folha de papel A4, um gráfico de linhas que formava uma meia lua e disse: "esse gráfico representa a minha vida com o transtorno bipolar, eu já estive lá embaixo e lá em cima" (referindo-se aos polos de mania e depressão) e expôs para todos no encontro as intempéries que experimentava reiteradamente em sua vida. A partir desse gráfico, Arnaldo deu uma aula aprofundada e rica de detalhes para toda a equipe: falou do seu quadro psicopatológico ao mesmo tempo que relatava de si e dos seus desencontros pela vida. Ele contribuiu para a formação dos profissionais, tanto do ponto de vista técnico quanto humano, pois já não era possível sair ileso daquele encontro.

As aulas expostas pelos profissionais tinham um saber técnico fundamental, mas a aula de Arnaldo dialogava com o saber técnico ao mesmo tempo que evidenciava um saber de experiência inegável. Ele formava a equipe. E aquele encontro entre técnicos e paciente transformava as possibilidades de um fazer no campo da saúde mental e da atenção psicossocial de um modo que ainda não se havia experimentado. A equipe, ao ser toda atualizada sobre o que é o "transtorno afetivo bipolar", por meio de um estudo teórico, técnico e experiencial, foi também atualizado sobre quem era o Arnaldo, feito que transformou radicalmente a disponibilidade da equipe diante daquele paciente.

Depois desses encontros, Arnaldo aderiu ao tratamento, numa relação de confiança e reciprocidade com a equipe técnica, revelando para todos a potência de uma atuação implicada, aberta e disponível ao que se apresenta na realidade. Após um período de quatro meses desde o primeiro encontro com Arnaldo, ele alcançou a estabilização do seu quadro, conseguindo retomar o vínculo com a mãe, participar das atividades regulares do CAPS e a planejar um possível retorno ao trabalho. Durante um encontro de finalização dentro do próprio CAPS, o supervisor clínico-institucional perguntou a Arnaldo o que ele considera que o ajudou no processo de estabilização, ao passo que ele respondeu: "isso aqui!" (referindo ao encontro grupal). Chorando, disse: "Aqui eu me senti respeitado!".

Sentir-se respeitado era um aspecto fundamental na experiência de Arnaldo, mas não encontrava espaço para manifestação ou correspondência. Nesse contexto, o reconhecimento de seu modo singular de estar no mundo desencadeou uma transformação clínica significativa, cujos efeitos também levaram a equipe a desenvolver um maior respeito pela singularidade de Arnaldo e dos demais pacientes que, de diferentes maneiras, chegam ao Centro de Atenção Psicossocial.

Dois anos se passaram desde o primeiro encontro com Arnaldo. Após certo tempo, ao assistir a uma reportagem na TV local sobre o trabalho realizado no CAPS, ele deu uma entrevista explicando os benefícios de uma horta para a alimentação saudável. Sua presença diante da câmera refletia estabilidade e uma construção positiva de si mesmo. Essa trajetória ajuda a compreender que, a partir daquele gesto inesperado, nem o paciente nem a equipe técnica permaneceram os mesmos, lançando luz sobre diferentes movimentos que podem contribuir com a ampliação dos horizontes de cuidado no campo da saúde mental.

Aprender com a experiência

O caso Arnaldo, ao refletirmos sobre ele, chama a atenção, especialmente, pela sua capacidade de provocar, de modo recíproco, tanto o paciente quanto a equipe de profissionais a um movimento de olhar para o acontecimento enquanto fundamento da experiência vivida. O gesto irruptivo de Arnaldo desestruturou esquemas conceituais, teóricos e técnicos previamente estabelecidos, convocando os presentes a uma abertura àquilo que se mostrava.

Giussani (2009) considera que o acontecimento é o ponto fundamental no qual a experiência de si mesmo pode vir a se estruturar, uma vez que o próprio acontecimento dá as condições necessárias para que um juízo pessoal diante do que se vive possa se formular. Para o autor, o acontecimento é uma realidade que irrompe na vida do sujeito, trazendo consigo uma provocação que mobiliza sua percepção e compreensão da existência. Giussani (2009) compreende que o acontecimento não é simplesmente um fato ou evento comum, mas um encontro que desperta o sujeito para algo novo, levando-o a reconsiderar sua própria vida e seus valores. Assim, o acontecimento depende de uma presença concreta que desafia e provoca o sujeito a se questionar e a se abrir ao que está diante dele, despertando a consciência do eu e iluminando a vida com novos sentidos e perspectivas.

No caso de Arnaldo, o seu gesto irruptivo, abrupto, tornou-se um acontecimento-lugar em que ele e a equipe puderam se reconhecer como pessoas afetadas pelo encontro, capazes de elaborar juízos e acolher, com interesse vivo, a provocação que o acontecimento indicava. Desse modo, a abertura ao acontecimento permitiu construir, conjuntamente, um caminho de cuidado. A denúncia de Arnaldo sobre ninguém entender o que ele estava passando, as tentativas iniciais ineficazes da equipe de atendê-lo em sua demanda pela via das terapêuticas tradicionais e a agitação diante do seu estado de crise inseriram no *setting* do seu acompanhamento a atenção, a escuta e a abertura como elementos inovadores para o processo de cuidado que permitiram ouvi-lo para além dos xingamentos e ameaças.

Os acontecimentos, justamente por não serem forjados ou planejados, podem vir a ser acolhidos e têm a potência de fazer emergir interrogações fecundas, tornando-se capazes de reapresentar os sujeitos a si mesmos, com implicações pessoais (Mahfoud, 2020). O ato de Arnaldo invadir a sala, embora abrupto e paradoxal, ao não ser reduzido a um comportamento desorganizado, provocou a equipe técnica a atentar para seu gesto como algo significativo e carregado de sentido, na medida em que expressava uma tentativa desesperada de ser reconhecido em sua angústia. De modo geral, no cotidiano profissional de um CAPS, as interações abruptas de pacientes tendem a ser interpretadas como manifestações inadequadas, traduzindo uma "desorganização" ou "não estabilização" dos sintomas a partir das terapêuticas ofertadas no serviço. No entanto, ao sustentar uma abertura atenta à manifestação de Arnaldo, acolhendo-o como ele se mostrava e se disponibilizando a uma escuta grupal imediata, mesmo em meio a um episódio de crise, a equipe técnica ampliou o horizonte clínico de cuidado, permitindo que o acontecimento conduzisse à elaboração daquela experiência.

Assim, pode-se afirmar que o acolhimento do gesto de Arnaldo fez emergir para a equipe técnica interrogações acerca do próprio fazer naquele espaço, pois, ao invés de negar aquela provocação do paciente, a equipe técnica optou por afirmá-la enquanto acontecimento, suspendendo as preconcepções e abrindo-se ao mistério daquela situação. Nessa seara, Giussani (2009) esclarece que, para compreender o que acontece com a pessoa e o que acontece à sua volta, faz-se necessário retomar a "situação original" de abertura, compreendida como aquele momento em que a consciência de si e do mundo estão indissociadas. Isso aponta para um estado no qual é possível perceber a si próprio como existindo diante de algo. Nesse sentido, observar a própria experiência diante de um acontecimento abre caminho para que a pessoa possa vir a dizer "eu", promovendo atenção, cuidado e respeito com o próprio acontecimento no mundo (Mahfoud, 2020).

Esse fenômeno pôde ser observado no caso de Arnaldo quando, após algum tempo de xingamentos à equipe, ele aceitou sentar-se à mesa, retirou o colete "à prova de balas" e, desarmado, pôs-se a chorar diante da equipe. Essa cena indicou haver uma modificação radical na relação consigo mesmo diante daquilo que comunicava à equipe, implicando-se mais no próprio sofrimento que portava. Arnaldo, ao reconhecer a abertura da equipe à sua experiência, pôde tomar consciência de sua própria existência de maneira mais complexa, ultrapassando os esquemas preconcebidos sobre si mesmo. De modo gradual, o paciente saiu de uma posição de queixa para uma postura de reconhecimento real do seu sofrimento enquanto pessoa no mundo, provocando, com sua presença, a equipe técnica a fazer o mesmo, evitando que aquele acontecimento fosse reduzido a uma interpretação simplista. Nesse sentido, Mahfoud (2020, p. 396) afirma que "o acontecimento mesmo da existência pessoal convoca cada pessoa a estar presente no mundo da vida".

O ato de a equipe escutar Arnaldo em sua "crise" permitiu que ele se aproximasse ainda mais de seu próprio sofrimento. Ao mesmo tempo, a equipe técnica foi atravessada por interrogações que os levaram a questionar o que aquela situação significava para cada um deles, impulsionando-os a uma tomada de posição pessoal diante de Arnaldo. Assim, o acontecimento exigia de todos os presentes a adesão à própria experiência vivida, a fim de conferir a ela um juízo pessoal, provocado no acontecimento mesmo e não em posições pré-concebidas. Dessa forma, foi possível observar que cada vivência no decorrer dos encontros pôde suscitar questões existencialmente significativas, além de fazer emergir exigências irrenunciáveis para a realização pessoal, mesmo em um contexto de atuação profissional. Com isso, compreende-se que, quando o *eu* está desperto e presente, é possível fazer experiência de cada coisa e de si mesmo, com horizontes ampliados de sentido. Assim, fica ainda mais claro que a experiência ocorre quando o *eu* é despertado pelo real, iluminado por uma dimensão relacional que rompe com a distração habitual do cotidiano, marcada, muitas vezes, pela aceleração e por interesses solipsistas (Mahfoud, 2020).

Nisso tudo ocorre um ato de liberdade, entendido aqui não como "fazer o que se quer", mas sim em afirmar o acontecimento e sua provocação interior, abrindo-se ao sentido que emerge da experiência, mesmo que vá além dos planos de cada indivíduo (Giussani, 2009; Mahfoud, 2020). No caso apresentado, trata-se, portanto, de uma liberdade em acolher o que aconteceu no encontro entre equipe e paciente e permitir que isso os transforme, em um gesto que possibilitou a Arnaldo renovar a forma como se reconhecia e, à equipe técnica, criar alternativas na oferta de cuidado.

Nesse sentido, os lugares de paciente e profissional foram realocados (não eliminados), permitindo o surgimento de uma relação entre *pessoas humanas* atravessadas pela *experiência* e que, embora ocupassem posições assimétricas, puderam se reconhecer mutuamente como seres que se tornam mais si mesmos a partir da maneira como vivem aquilo que lhes acontece.

Para Stein (1917-22/2005) e Mahfoud (2012), na resposta que o sujeito dá ao que lhe acontece, há um nível de elaboração que não se dá no nível da causa e efeito, e, sim, no reconhecimento do próprio *eu* acontecendo, revelando a busca que o caracteriza, ao mesmo tempo que revela que a tomada de posição do *eu* na experiência é estruturante da própria pessoa humana. Em outras palavras, a abertura à experiência de Arnaldo possibilitou ao paciente e aos profissionais, mutuamente, atualizarem sua própria condição de serem pessoas impactadas pelo acontecimento e capazes de elaborarem juízos e tomarem posições diante daquilo que lhes aconteceu.

Assim, a criatividade presente na condução do processo de cuidado de Arnaldo não ocorreu de maneira estática, com o uso de tecnologias aplicadas de forma meramente mecânica em prol de seu tratamento. Pelo contrário, exigiu tanto do paciente quanto da equipe técnica a manutenção de uma postura de abertura à própria experiência, de modo que a ênfase nos acontecimentos superasse a tendência contemporânea de reduzir a experiência a sentimentos ou efemeridades, sustentando uma abertura atenta a cada encontro, que, por sua vez, gerava cada passo seguinte no cuidado.

Para Stein (1917-22/2005), o âmbito da experiência é inerente à condição humana, pois a pessoa não pode ser reduzida a um mero resultado de situações causais que exercem efeitos sobre ela. Desse modo, no âmbito do cuidado em saúde mental e da formação da pessoa, é preciso lembrar, conforme apontado por Mahfoud (2020), que "a experiência se estrutura a partir do juízo pessoal, o qual se formula no acontecimento mesmo ao vivenciar qualquer coisa", sendo, portanto, fundamental o reconhecimento da pessoa humana, seja paciente seja profissional, como um sujeito espiritual.

> O sujeito é denominado espiritual por não ter somente estado psíquicos, mas porque experimenta sentido e está submetido às leis de sentido; denominamos vida espiritual o acontecer psíquico por ser significativo, e denominamos leis da vida espiritual as leis mesmas de sentido (Stein, 1917-22/2005, p. 888, tradução nossa).

Assim, a experiência, uma vez considerada, provoca a pessoa e contribui para que, além de ser possível tomar conhecimento das coisas mesmas, das coisas como elas se dão na própria consciência, também revele a característica de um ser que, por sua condição, possui consciência. Vale ressaltar isso no caso de Arnaldo, pois sua presença durante a reunião do serviço se tornou uma experiência para a própria equipe, reverberando de diferentes modos entre aqueles que estavam presentes. A cada encontro, foram acompanhadas diferentes graduações de elaboração da experiência, tanto por Arnaldo quanto pela equipe técnica, promovendo surpresa e maravilhamento diante de cada acontecimento. Isso reafirma que, com atenção à experiência, existe a possibilidade real de se aderir à realidade daquilo que se mostra com maior empenho, disponibilidade e abertura.

Giussani (2009) considera que a abertura à realidade é um fator fundamental para a realização humana, uma vez que o "impacto com a realidade desperta as perguntas que põem em movimento a dinâmica humana, a vibração da razão, o crescimento da consciência" (Giussani, 2009, p. 14). Ao cultivar como primeiro gesto diante de Arnaldo o cultivo da atenção ao que era demonstrado, a equipe técnica foi provocada a sair de uma posição estática, paralisante, para dar lugar à provocação da realidade, abrindo-se à criatividade que o caso requeria. Ainda segundo Giussani (2009), o modo como a abertura à realidade se dá solicita sempre uma elaboração, gerando um movimento da própria pessoa:

> O real me solicita [...] a buscar alguma outra coisa além daquela que imediatamente me aparece. A realidade prende a nossa consciência de tal forma que esta pré-sente e percebe alguma outra coisa [...]. Posso exprimir essa reação com uma pergunta:

> o que é isto (que tenho diante de mim)? Por que isto? Dentro dessas perguntas há como que uma estranha incógnita: o mundo, o real me provocam para uma outra coisa; caso contrário eu não perguntaria o porquê e o como. Não sou um puro registro daquilo com que o olhar da minha consciência se depara; essa relação com o real perturba-me totalmente e me impele para além daquilo que é imediato (Giussani, 2009, p. 169-170)

Assim, vale considerar que o contato com a realidade anunciada por Arnaldo se tornou fonte de abertura ao próprio conhecimento do caso, uma vez que lançou a equipe técnica a uma relação de continuidade, de busca, de movimento, de abertura mesmo ao que o caso apresentava. Nesse sentido, foi possível compreender que, quanto mais os profissionais se dedicaram ao estudo do que apontava Arnaldo e quanto mais a temática os envolvia e os provocava, mais sentiam e percebiam que o todo do fenômeno em análise não era passível de esgotamento, pois seguia continuamente lançando os profissionais para outras complexidades, devolvendo o paciente à sua condição irredutível de mistério. Acerca disso, Giussani (2009) afirma que o grau de humanidade de uma sociedade é determinado, inclusive, pela ajuda que a sua educação oferece para manter escancarada essa "insaciável abertura" para a realidade à qual o humano continuamente se arrisca a interpretar os sinais.

À primeira vista, pode parecer inusitado, na análise de um caso clínico, indicar o reconhecimento do mistério como um ponto fundamental de efeito clínico em um acompanhamento em saúde mental, especialmente considerando o anseio comum, próprio da cultura contemporânea, de obter explicações conclusivas acerca das motivações de cada comportamento "inadequado" ou "desviante". Envolvidos pelo desejo de explicar e categorizar os fenômenos, muitos profissionais terminam distantes de sua real compreensão, aderindo à aplicação de técnicas sem antes considerar o que o fenômeno, em sua aparição, revela. Dessa forma, há uma tendência interpretativa ou de aplicação de métodos e técnicas sem acolher previamente a complexidade que o fenômeno manifesta, o que acaba por reduzir a experiência humana ao conhecimento já estabelecido. Nesse sentido, Safra (2004) considera que a condição humana acontece no enigmático, no obscuro, no indizível, no mistério e que preservar a abertura a esses elementos no encontro com o outro possibilita a emergência dos sentidos, tanto de si mesmo quanto do outro.

Giussani (2009) e Mahfoud (2012) argumentam que, ao se adotar uma postura de abertura à experiência e à realidade, deve-se estar atento às evidências que ali são desveladas, as quais podem se traduzir por exigências de verdade, de justiça, de beleza, de felicidade, de companhia entre outras, favorecendo o reconhecimento do dinamismo próprio do acontecer da pessoa no mundo. Considerado em sua condição de mistério, Arnaldo pôde também se dar conta de sua exigência de ser reconhecido como pessoa humana em sofrimento, indicando a potência da comunidade como um suporte para a abertura própria da experiência. Para Giussani (2009), o fenômeno comunitário é a força geradora que faz com que o ser humano suporte a posição de abertura à própria experiência e à realidade; e Ishara e Cardoso (2013), por sua vez, consideram que o ser humano possui, ontologicamente, uma abertura para si mesmo, para o outro e para o mundo, o que explicita o valor da dimensão intersubjetiva para a constituição da pessoa humana no mundo.

Considerações finais

Portanto, é válido concluir que a dimensão comunitária estabelecida entre o paciente e os profissionais no acompanhamento de Arnaldo não implicou na substituição de sua liberdade, decisão ou energia pessoal para que ele aderisse ao tratamento. Pelo contrário, mostrou-se como condição para que esses elementos fossem afirmados, permitindo que ambos, paciente e equipe, vivenciassem a experiência de si mesmos no mundo. O amparo comunitário constituído entre a equipe técnica e Arnaldo possibilitou uma experiência de comunidade recíproca, que evitou a redução de sua experiência a um quadro exclusivamente psicopatológico ou à mera aplicação de técnicas. Nesse contexto, a comunidade formada entre paciente e equipe técnica funcionou como um suporte fundamental para manter aberta a consciência de si mesmo, diante da experiência de cuidado cultivada em cada encontro, desencadeada pelo acontecimento de Arnaldo no mundo.

Embora o termo "consciência de si" não apareça explicitamente no relato dos encontros, ele se configura progressivamente como possibilidade, à medida que Arnaldo e a equipe técnica foram estruturando a própria experiência a partir do encontro. A consciência de si, nesse contexto, não é introspectiva ou abstrata, mas relacional, encarnada e situada: ela emerge na afirmação do acontecimento enquanto precursor da experiência de si mesmo no mundo. Isso permite reconhecer que cada acontecimento pode ser compreendido em suas conexões com horizontes de totalidade, proporcionando um conhecimento-descoberta sobre si mesmo e sobre o mundo, que se torna referência para o próprio caminho pessoal de existir, ampliando a disponibilidade para a busca de significados a cada nova vivência que o acontecimento no CAPS provocou.

O percurso de Arnaldo e da equipe revela que o cuidado com a própria experiência não é algo aplicado ao outro, mas vivido com o outro, em uma relação comunitária que, no caso específico de Arnaldo, possibilitou-lhe ocupar um lugar de protagonista e legítimo interlocutor da equipe. O caso demonstra que a clínica, quando vivida de forma implicada, também transforma quem cuida, uma vez que a equipe não apenas acompanhou Arnaldo, mas foi atravessada por sua presença, repensando suas práticas, reconfigurando modos de escuta e intervenção. Isso evidencia que o ponto originário da experiência não é uma ideia abstrata, mas o próprio acontecimento.

No caso de Arnaldo, a experiência não foi subordinada à técnica, mas acolhida como um acontecimento que convocou todos à transformação. Sem que Arnaldo negasse sua condição de adoecimento e sem que a equipe desconsiderasse os impactos e limites diante do caso, ambos puderam afirmar verdadeiramente a si mesmos, aceitando a realidade que os desafiou a uma postura criativa e aberta ao que a situação apresentava.

Essa experiência reforça a necessidade de práticas clínicas que, mais do que interpretar ou diagnosticar, estejam comprometidas a reconhecer o acontecimento humano enquanto mistério aberto e inesgotável, capaz de guiar, por meio do reconhecimento da própria experiência, os caminhos possíveis de cuidado.

Referências

DALGALARRONDO, P. *Psicopatologia e semiologia dos transtornos mentais.* 3. ed. Porto Alegre: Artmed, 2019.

GIUSSANI, L. *O Senso Religioso.* Brasília: Universa, 2009.

ISHARA, S.; CARDOSO, C. L. Grupo Comunitário de Saúde Mental: uma análise fenomenológica. In ISHARA, S.; CARDOSO, C. L.; LOUREIRO, S.

R. *Grupo Comunitário de Saúde Mental: conceito, delineamento metodológico e estudos*. Ribeirão Preto: Nova Enfim, 2013.

MAHFOUD, M. *Experiência elementar em psicologia: aprendendo a reconhecer*. Brasília: Universa; Belo Horizonte: Artesã, 2012.

MAHFOUD, M. Reconhecer o movimento do eu: processos psicoterápicos. In: ANGERAMI, V. A. (Org.). *Atualidades em psicoterapia fenomenológico-existencial*. Belo Horizonte: Artesã, 2020, p. 75-83.

SAFRA, G. *A poética na clínica contemporânea*. Aparecida, SP: Ideias & Letra, 2004. (Coleção Psicanálise século I).

STEIN, E. Introducción a la filosofía. In STEIN, E. *Obras completas: escritos filosóficos: etapa fenomenológica*. v. II. Madri: Monte Carmelo, 2005, p. 657-917. (Obra original de 1917-1922).

CAPÍTULO 13

Os modos de ver: o olhar e a experiência da beleza

José Eduardo Ferreira Santos

"Inicialmente, observando todo mundo fazendo arte, se descobrindo, produzindo coisa bonita: pintando camisas, fazendo chapéus, quadros... Todas essas coisas me espantam e depois eu descobri que constituí um acervo de coisas bonitas guardadas" — com essa frase, em 2006, iniciei essa palestra na Universidade Federal de Minas Gerais, cuja síntese segue neste texto, em 2025, que contém fragmentos das percepções iniciais sobre as experiências pedagógicas e culturais que realizei em projetos sociais na área do antigo território denominado Novos Alagados, hoje, São João do Cabrito, no Subúrbio Ferroviário de Salvador. Na época, eu tinha 32 anos, hoje tenho 50 e espero não ter perdido o olhar para a beleza, com o maravilhamento e o encanto que sempre me fascinam. Há repetições e frases meio barrocas, sou mesmo assim. Escrevo como quem faz uma oração, canta uma canção ou recita um poema até que se torne meu, apesar dos lapsos diante do que não se pode ou consegue explicar, pois a palavra também tem que aprender a guardar mistérios. E o encontro humano é a experiência que renova todas as coisas, inclusive a vida. Leiam este texto como um encontro humano, pois é por isso que ele existe.

Agradeço ao querido Miguel Mahfoud por este reencontro comigo mesmo no arco da promessa do tempo, e pelo que pude revisar, com algumas poucas alterações, ainda guardo o frescor dos encontros humanos, das obras que me fascinaram e do olhar aberto e atento à vida, por isso lhe sou grato. E, relendo essa palestra, redescobri que carrego, também, a mesma poética do assombro diante da beleza desde o meu alumbramento inicial, e que foi mantida por conta do encontro com muitas pessoas, dentre elas, e, especialmente, a minha orientadora, Ana Cecília de Sousa Bastos, com quem tanto aprendi sobre a poética do desenvolvimento.

Nesta palestra estão algumas percepções, experiências, ideias e inícios de entendimento sobre a arte e a beleza, indícios do que depois veio a se tornar o Acervo da Laje, espaço de memória estética e artística na periferia de Salvador, fundado em 2010.

Quando você favorece a atuação, a pessoa se descobre portador de saberes e habilidades que podem reorientar sua vida. A gente aprendeu é que na ação que nós nos descobrimos (Giussani, 2023). Colocando a nossa expressão na realização de algo, de alguma realização, estamos crescendo.

Novos Alagados é uma favela e você já imagina tipicamente o que é: se for de morro ou sobre palafitas, pensamos logo em pobreza, marginalidade, violência e falta de oportunidades. Quando pensamos na apresentação de uma experiência realizada em uma favela, logo nos vêm em mente esses preconceitos, mas o que quero mostrar é uma coisa bonita, diferente dos discursos que temos sobre a favela e que envolve a arte e o encontro com a Beleza[1].

Em nossa casa, em Novos Alagados, há um mosaico feito por um jovem que transfigurou a realidade da favela nas palafitas através do seu olhar, dando um novo sentido ao seu lugar no mundo. A beleza tem, então, a função de recuperar em nós o sentido que buscamos, de reordenar e conferir sentido às coisas, de modo que a pessoa começa a se reconhecer mais humana, tendencialmente mais aberta à realidade. Assim é possível ver a favela de outro modo, transfigurada em beleza, sem descartar suas vulnerabilidades.

---

[1] Quando a *Beleza* está com B maiúsculo é porque estou me referindo a uma beleza mais ampla, absoluta, à qual almejamos e procuramos resquícios, partes dela no nosso cotidiano e nas nossas experiências. Então, essa beleza mais ampla está na realidade e se revela a nós aos poucos. Já a *beleza* com b minúsculo é essa beleza cotidiana, aquela que fazemos experiência ao contemplar um quadro belo, escutar uma música que nos apraz, olhar o rosto da pessoa querida. Enfim, uma beleza que está à nossa disposição e que se estrutura em categorias como ordem, harmonia, proporção, unidade, fisionomia, deleite, estrutura, finalidade, que, por exemplo, são perceptíveis e nos tocam sensorialmente nas mais diversas formas de expressão artística e humana na música, literatura, poesia, arquitetura, escultura, pintura e nas pessoas, que são os reflexos sempre visíveis de uma Beleza misteriosa e que nos tocam sensorialmente. A *Beleza* mais ampla está no universo, na natureza, no mistério das coisas e nós nos remetemos a ela sempre que encontramos essa *beleza* mais visível e próxima da experiência.

Por exemplo, temos, também, alguns quadros da Zilda Paim[2]. Em visitas que fiz a ela, comprei: o *Presépio* (1996), o *Bumba meu boi* (1994) e *São João* (1985). Geralmente, seus quadros nos ajudam a ver este mundo da cultura popular em movimento. Zilda Paim é uma folclorista e historiadora de Santo Amaro da Purificação, que, na verdade, foi uma das chaves que desencadearam em nós, educadores, e em mim como pedagogo, esse gosto por trazer de volta algumas expressões que fazem parte da nossa história.

Ultrapassar a aparência faz emergir os dons

Em Novos Alagados, tem um jovem que conheço que é um gênio. Estudava no reforço escolar e depois no Centro Educativo[3] e era um que ninguém mais aguentava. Eu cursava pedagogia e fui chamado para trabalhar no reforço escolar: ele desafiava todo mundo em todas as escolas e me desafiava também, e, por conta desses desafios, começou uma amizade.

Então, trago isso porque eu queria falar de modos de ver, de educação do olhar. Aparentemente, era o jovem mais "difícil" que se poderia encontrar, porque é muito inquieto, intenso. E — grata surpresa para mim — o jovem tem muitos dons e ninguém nunca tinha visto: aquela inquietação toda era fruto de uma não possibilidade de expressão.

Ele fez um desenho que retrata um pandeiro com o nome de todo mundo, desde os amigos mais próximos às pessoas do mundo todo que conhecemos, chamado de "*pandeiro da comunhão*". Depois, ele fez o mesmo desenho para uma camiseta, com um pandeiro multicolorido, que me impressiona muito, que, se você tocar no fundo dele, parece que você toca o infinito, que se abre. É uma coisa de outro mundo, que me impressiona pelo sentido de ordem e de pertença. Quer dizer, quando alguém começa

---

2 Folclorista, historiadora, professora, ex-vereadora, pintora e escritora. Zilda Paim é natural de Santo Amaro da Purificação, nasceu em 05 de agosto de 1919 e é autora de livros como *Relicário Popular* (1999) e *Isto é Santo Amaro* (2005). O encontro com ela me ajudou a pensar a cultura baiana de uma forma mais próxima e atuante.

3 Centro Educativo João Paulo II, centro de reforço escolar mantido pela AVSI/CDM em Novos Alagados, Salvador, Bahia, onde trabalhei durante alguns anos como coordenador pedagógico.

a se sentir pertencente, começa a pertencer de fato, essa pessoa muda o olhar diante da realidade. Mudam os modos de ver, que é também uma coisa que me encanta muito.

Em síntese, se ultrapassamos a aparência das coisas, se não paramos nos aspectos visíveis, comportamentais, podemos chegar à pessoa e àquilo que ela carrega enquanto potencialidades e habilidades. É uma tarefa que cabe aos adultos, que podem ter essa paciência e esse olhar.

O olhar

No texto de Otto Lara Rezende (2011), *Vista cansada*[4], tem uma provocação: quanto mais adultos nos tornamos, o nosso olhar vai ficando opaco, nublado, sem maravilhamento. É como se perdêssemos o brilho das coisas ou como quando os óculos estão sujos. O autor fala de duas posturas diante da vida: o olhar de despedida, que geralmente alguns poetas têm diante da vida, um olhar meio trágico, meio triste, sem esperança; e tem o olhar da criança, que é o olhar filosófico, o olhar da maravilha, do estupor, que olha para as coisas e se encanta, se impressiona com as coisas. Geralmente na infância, a gente carrega muito esse olhar porque ele é como se ele fosse a nossa parte maior. Quando a criança aprende alguma coisa através do olhar, o corpo todo reverbera essa alegria da descoberta. No adulto, não. No adulto, até conhecer é um ato que o deixa sentado, não o espanta mais.

Ler o texto do Otto Lara Resende me chama sempre a atenção porque o nosso olhar determina a vida de outras pessoas. As outras pessoas que encontramos são marcadas por essa forma que a gente tem de perceber a vida. Assim, nós podemos ter essas duas posturas: um olhar de suicida (porque um dia "desce a ladeira" na tristeza ou na depressão) ou um olhar de quem está vivo e se entusiasma. E o nosso olhar tem o poder de restaurar ou de aniquilar o outro. Ele tem esse poder. A forma como você olha para o outro é dada pelo modo como você olha para a realidade. Por quê? Qual é a forma mais humana de olhar?

---

[4] *Vista cansada*, texto de Otto Lara Resende (1922-1992), escritor mineiro, natural de São João Del Rei (MG), publicado originalmente no jornal Folha de São Paulo, em 23 de fevereiro de 1992.

Educação para o universal: olhar que abre novos horizontes

Geralmente, quando trabalhamos com crianças ou com adolescentes, o nosso olhar já está mais ou menos mapeado, pré-determinado. Muitas vezes, você se relaciona com as pessoas só para confirmar as predições que você tem. Se você faz isso — e, normalmente, quando você faz isso, é por uma necessidade, por precisar se enquadrar —, você não sabe lidar com o desconhecido, com o que transborda. O olhar pede um pouco isso, que você não olhe para o que transborda. No entanto, o olhar humano é diferente. Você tem de olhar para o que transborda porque o que transborda é o que vai revelar para você quem é aquela pessoa que está ali na sua frente.

Então, eu não sabia, por exemplo, que eu tinha amigos que, se tivessem um contato com música, poderiam gostar de música; se tivessem um contato com literatura, poderiam gostar de literatura; se tivessem contato com pintura etc.... Um jovem que descobre que tem o potencial de pintar deve ser apresentado aos grandes pintores que o antecederam, deve conhecer a coleção dos gênios da pintura, deve folhear as páginas com as reproduções dos quadros, para aprender, para se comparar e para crescer. Quando você descobre que a pessoa, que o jovem tem o dom, você tem de estar disponível para oferecer o possível tudo para ele desenvolver esse dom. "Faça assim: *O que tem de melhor no mundo é isso? Então deve ser colocado à disposição do jovem porque isso ajuda o outro a ter parâmetro, um ponto de comparação grande*", — como sempre me dizia um amigo. Ele não pode ter parâmetro pequeno; não pode medir pela pequenez das coisas.

Pedagogicamente, se você quer educar alguém, você deve ajudar a pessoa a entrar em contato com a cultura geral, de forma ampla, para que, nesse contato, a pessoa aprenda a valorizar os aspectos específicos do cotidiano. Por exemplo, na minha experiência pedagógica, para ajudar os jovens a aprender e a retomar o gosto pelos estudos, eles tiveram que entrar em contato com referenciais de beleza do lugar onde habitavam, da cultura universal (música, pintura, literatura) e encontrar pessoas portadoras de saberes e expressões que os ajudassem a crescer.

O jovem tem a necessidade de ser educado para grandes coisas, para estar no mundo comparando-se com o que de melhor foi produzido enquanto invenção humana, isto é, a cultura. É o que poderíamos chamar de educação para o universal. Se o jovem tem essa educação, ele pode viver nos ambientes mais limitados e não ser tragado pela violência ou por uma vida apática, sem sentido. Ser educado para o universal, para a beleza e a cultura, pode indicar para a pessoa que ela se descubra em comunhão com a humanidade e tem a possibilidade de criar e fazer parte da história humana, deixando uma marca que permanece.

Quando você olha para o outro com maravilhamento, com estupor, querendo ver o que transborda, você começa a educar o outro para o universal, mesmo fazendo uma atividade que seja aparentemente pequena, reduzida, limitada, localizada no espaço e no tempo. Quando você tem o olhar de maravilhamento, de estupor diante das coisas, ela é sempre uma educação para o universal. Quando você olha assim para o outro — pressupondo que você foi olhado desse modo — você tem esse coração escancarado diante da realidade, porque a única coisa que a gente não pode perder é esse coração escancarado, de olhar para as coisas e se maravilhar diante delas, como elas se apresentam a nós. Porque você pode olhar para o outro enxergando as potencialidades ou os limites.

Você pode olhar para o outro como possibilidade ou como limite, mas o outro não é uma máquina, o outro não é pré-determinado, o outro não tem um código. Por quê? Porque o outro é complexo, tem demandas que você não pré-determina ou domina.

Por exemplo, temos também aqueles jovens que não se adaptam, têm certa apatia ou não conseguem pensar em outras perspectivas de vida. E, nesse sentido, para conhecer é preciso estar junto, convivendo, com uma grande capacidade de paciência e sugestionabilidade, porque, a partir daí, o outro pode mostrar as suas potencialidades no momento em que ele escolher. Mas tem alguns jovens que conseguem pensar uma coisa para daqui a três anos, que estabelecem desde cedo seus projetos de vida. No entanto, o encontro com essa diversidade produz o crescimento: na convivência, esse encontro de pessoas diferentes faz crescer. Quer dizer, o que você não pode é pré-determinar o outro como que colocando a pessoa em "caixas", em "formatações", porque você achata justamente a possibilidade de que o outro se expresse, se realize, ultrapassando os seus limites ou suas características.

Educação do olhar

A educação do olhar, na verdade, é uma educação que me coloca diante do outro em uma situação de vertigem: diante do outro, eu não tenha nada a defender nem nada a colonizar ou aprisionar. É uma postura dificílima, porque, diante do outro, a gente quer sempre uma resposta e, no entanto, a primeira resposta é o modo como a gente está. Por exemplo, tenho um acervo em casa que, para mim, é a coisa mais espantosa do mundo: descobri que tenho um acervo de pequenas coisas que, na verdade, fazem parte da memória, fazem parte do nosso trabalho. Tem uma beleza ali, uma coisa que está acontecendo: é preciso mostrar, guardar, preservar. Eu não esperava que pudesse me expressar criando, e isso me permitiu olhar para a obra como aquela coisa bela que me surpreende.

Se você olhar para o outro assim, você tem de ter um respeito tremendo, um cuidado para ativar cada vez mais a atuação da pessoa, não restringindo suas formas de expressão. Essa educação do olhar pede um respeito pelo outro, pela forma como ele se expressa, pelo seu olhar. Para ser educador, é necessária uma pertença a outros profissionais e amigos que te ajudem a ver a vida de uma forma mais ampla. Além disso, você precisa estar em contato com a Beleza, para poder compartilhá-la. Só no contato com a Beleza aprendemos a descobri-la nos aspectos do cotidiano e no encontro com as outras pessoas. Para isso, você tem de levar em conta que qualquer um de nós, em qualquer parte do mundo, carrega a exigência de Beleza em tudo o que faz (Giussani, 2023).

A primeira resposta é o modo como a gente está. Por exemplo, eu estou feliz. Independentemente de vocês gostarem ou não, eu estou feliz por tratar da beleza: é correspondente demais para mim, porque me educa a amar mais o que encontrei. Porque, na verdade, é para mim. Quer dizer, o que eu estou mostrando para vocês, na verdade, é para mim, porque eu começo a ter consciência mais de mim e é isso o que faz a gente se realizar, pois o sentido de ordem e de beleza, primeiro é para nós mesmos. A exigência, a resposta à experiência elementar, é para mim.

Antes do outro, sou eu que tenho muito acesa esta exigência, mas ela é para cada um de vocês; porque se você não olha assim para você, não pode olhar assim para o outro. Senão, é uma experiência muito traumática, reducionista. É como se você quisesse viver uma coisa, não conseguisse e a sua frustração não é porque o outro não vive, mas que você já não vive.

Apostar na liberdade: um novo olhar

Para ter um novo olhar, é preciso apostar sempre na liberdade, porque, se não for assim, pode ferir a beleza do outro, no sentido de que o outro se realiza da forma que ele é e pode se realizar melhor se eu tiver consciência do que eu sou primeiro. Mas isso é educação, isso não é espontâneo. Porque o movimento normal é você querer dominar. O movimento normal é você não ter paciência porque tem um tempo, que é o tempo do outro, sempre. Uma coisa que eu aprendi muito com Vilma e meus amigos e amigas é que quando almoçamos juntos, por exemplo, podemos compartilhar os gostos musicais e estéticos, a beleza que nos toca.

Muitas das coisas se resolvem na vida em momentos assim, que não são os momentos das reuniões, mas sim no momento do cotidiano.

Obras de arte: empenho em comunicar a beleza

As obras de arte são a beleza criada pelas pessoas ao longo da história. Foram feitas para dialogar conosco, para compartilhar conosco essas experiências humanas que temos. Por isso não devemos olhá-las como coisas sobrenaturais, mas como o empenho de homens e mulheres que criaram a partir do seu olhar sobre o mundo.

Vocês pensam que as grandes obras nascem como? Nascem prontas e acabadas? *Dom Quixote de La Mancha* nasceu pronto e acabado? A *Divina Comédia* nasceu pronta e acabada? Os quadros de Portinari nasceram prontos e acabados? Não, foram criadas por homens, pessoas como nós, que se debruçaram diante da cultura e, com suas sensibilidades, criaram obras que nos tocam até hoje, que fazem parte do patrimônio cultural e humano na história universal. Toda obra humana, toda obra de arte, para que exista, foi preciso que alguém se levantasse e se propusesse, colocando-se diante daquela matéria para realizá-la. Vocês não podem ter medo dos "gênios" da humanidade: eles são companheiros de vocês. Se vocês leem do Guimarães Rosa o *Grande sertão: veredas*, ele é companheiro, é um livro materializado, mas é uma pessoa que está ali querendo comunicar para você a experiência, o percurso. Porque, senão, você cria uma distância que também é estranha, como se a obra fosse um objeto não identificado, uma coisa de outro mundo. É de outro mundo! Mas foi feito para se relacionar com você. Quando vocês, por exemplo, na profissão, fazem a coisa surgir de vocês, a beleza entra nesse mundo, porque a história humana é assim. Quer dizer, vocês e todos nós nascemos para produzir coisas, para fazer desse mundo algo melhor. A gente é diferente do joão-de-barro, que nasce, faz a casa, morre, nasce, faz a casa, morre... Nós, não. Nós mudamos, criamos, porque nossa exigência é tão grande que não nos contentamos em repetir, pura e simplesmente: temos de intervir na realidade, melhorando-a sempre, criando novas formas de expressão porque somos humanos e isso nos foi dado. Essa constante busca, essa insatisfação (no sentido positivo do termo) nos foi dada para que construamos algo de significativo no nosso existir, porque em nós há uma exigência constitutiva (Giussani, 2023).

Se vocês olharem para as obras de arte como se fossem coisas prontas e acabadas e que as pessoas que as fizeram são geniais e pronto, e vocês estão lá reduzidos às suas insignificâncias, vocês não atuarão no mundo humano. Porque, para atuar no mundo humano, vocês têm de ter uma humildade tranquila e tem de correr, trabalhar, pensar, criar, não podem parar. Não podem parar, nesse sentido: as obras do Acervo da Laje são de gente que está fazendo assim. Gente que está no seu mundo, mas está produzindo, crescendo, agindo. Então, todo projeto cultural deveria favorecer a atuação da pessoa, principalmente dos jovens, em quaisquer circunstâncias, porque a pessoa pode viver em qualquer situação de pobreza ou vulnerabilidade, de limitações, mas há nela sempre um coração que espera da vida grandes coisas e não se conforma com o pouco, com o limite.

Se a gente não entende isso, é como se fosse dar por óbvio que uma pessoa é uma pessoa. Não! Uma pessoa é algo impressionante...

Eu era muito novo em 1987, quando fiz a minha primeira experiência de atuar em uma sala de aula, com 13 anos, e, ali, eu fui aprendendo que queria aquele caminho para a minha vida. Quando você vai entendendo que a coisa mais bonita é você ver essa liberdade da pessoa atuando, algo de novo acontece na vida. Por exemplo, no Centro Educativo João Paulo II, quando nós chegamos, no ano 2000, tínhamos um espaço novo com 350 crianças e adolescentes e tínhamos de orientá-las porque os meninos nunca tinham usado aquelas coisas. E lembro que tem um menino que aprendeu com a gente a olhar para si. Aquele texto de Otto Lara Resende diz assim, "Há mãe que nunca viu o próprio filho, há marido que nunca viu a própria esposa". E conta o caso de uma pessoa que só veio a perceber que tinha um porteiro em seu prédio quando este morreu: você pode conviver com as pessoas e não se dar conta delas, e não as enxergar.

E eu via muito menino que ia ferido lá para o Centro Educativo e chegava com a ferida já em estado de putrefação. Um caso bem emblemático: um garoto se queimou em uma moto e chegou lá no reforço com aquele estrago já de uma semana, e uma professora olhou para isso, aí todo mundo olhou aquela ferida e ele foi cuidado. E tinha professoras que não tinham medo de enfrentar quaisquer situações. Mas se chega em níveis de indiferença que é assustador.

Estamos falando de um modo de ver: uma mãe pode não olhar para o filho ferido. Tem mãe que não vê isso, tem o pai que também não vê... Por exemplo, você pode dar algum dinheiro ao filho e não olhar a cabeça que está cheia de piolho (e quando a pessoa cata piolho, a criança se sente cuidada). É uma responsividade, o pai está sendo responsável, a mãe está sendo responsiva com a criança. Então, nós tínhamos crianças e adolescentes que nunca tinham sido olhadas, na própria experiência, e é terrível uma pessoa que ninguém olha para ela.

A sensação de maior desconforto, de desconsolo que pode existir é alguém que não seja olhado. E olhado enquanto pessoa com possibilidades. Por quê? Porque o jovem busca uma ordem, busca uma coerência entre o ideal e o real, que nós na idade adulta perdemos, às vezes. Mas o jovem busca uma coisa muito intensa e essa coerência entre ideal e real... Por exemplo, toda desilusão que temos muitas vezes no campo político ou no campo profissional, frequentemente, é por não olharmos a realidade, ficarmos muito no ideal e não olhamos a realidade.

O adolescente tem uma necessidade urgente de ver a coerência entre o ideal e o real. E é no adulto onde ele coloca essa esperança toda de que essas duas coisas se conectem. O adulto tem uma função muito forte na vida do jovem ou adolescente. Porque, para o jovem, se alguma coisa já foi realizada, foi na experiência do adulto. Então, o adulto que se colocar como educador tem um problema logo de frente: o adulto que se propõe, enquanto educador, tem de ter o sentido dado para si. Ele tem de ter a intencionalidade do ato educativo que ele faz. Ele tem que ter a consciência do que ele representa para o outro.

Por exemplo, quando o jovem olha para mim, geralmente, ele me chama de professor. Esse "professor" significa que o modo como eu olho para ele favorece ou não o desenvolvimento, a expressão, a proatividade dele. Porque o olhar dos jovens diante dos adultos carrega uma esperança de indicações que o ajudem a crescer.

Em situações de pobreza, em situações de dificuldade, é como se a primeira negação que a pessoa sofre é que ela é olhada dentro de seus limites e ponto. Ela é olhada dentro da privação, a partir da privação, e não é olhada enquanto pessoa. Nas situações de privação e de pobreza, é muito comum você olhar o outro delimitando, circunscrevendo já respostas pré-determinadas, definindo de antemão o que é o outro. Mas o educador não pode fazer isso, porque o trabalho do educador — e isso é um amigo nosso que o disse, Luigi Giussani (2019) — é ajudar o outro a entrar na realidade total. Ou seja, a entrar no mundo, a entrar na vida. E, no outro momento, você favorece que emerjam processos, habilidades e que saia dessa pessoa o que há de mais humano que nela esteja, isto é, o dom. O que a pessoa tem e que se realiza na ação, na prática: aquilo para o qual aquela pessoa nasce nessa vida. Todo mundo foi chamado para se expressar, para mudar esse mundo, para tornar este mundo mais bonito. Porque o movimento da pessoa sempre é este: ela busca, em todas as coisas que faz, ordem, sentido e beleza.

Na Música Popular Brasileira (MPB) há duas músicas que eu gosto muito, dentre tantas, que falam de trem. Uma é *Gente humilde*, de Garoto, Vinícius de Moraes e Chico Buarque, presente no disco *Chico Buarque de Hollanda* (1970). A música é de Garoto, que morreu e deixou uma fita com a gravação da música; Vinícius a pegou junto com Chico Buarque e fizeram a letra, se não me engano. E a outra canção é do Caetano Veloso, do disco Cores, de 1982, chamada *Trem das cores.*

São dois fantásticos modos de ver. O Chico e o Vinícius passam de trem por um subúrbio ("*Quando eu passo no subúrbio, eu muito bem, vindo de trem de algum lugar...)* e olhando para aquelas coisas — "casas simples, com cadeiras na calçada e, na fachada, escrito em cima que é um lar. Pela varanda, flores tristes e baldias" — e olhando para aquelas pessoas, pensando no limite ("gente que vai em frente sem nem ter com quem contar"). A música me impressiona muito, mas eles olham com um olhar que é de melancolia, que, ao tocá-la no violão, no final, tocando só as notas e recitando a letra, tem gente que vai aos prantos: é uma letra forte, melancólica, que faz chorar (*É gente humilde. Que vontade de chorar*)[5], porque toca no senso de justiça que todos temos. Vendo o outro naquela postura de apatia e desesperança, é como se nas costas dos pobres tivesse o peso do mundo achatando qualquer possibilidade de expressão. Ele não olha nem para a florzinha como expressão. Até a florzinha é uma coisa melancólica, dá uma dor imensa, porque você

[5] A propósito, o texto *Os modos de ver em Chico Buarque*, que aprofunda essas percepções, foi publicado no livro *Faixas assombrosas: a nascente da beleza nas canções populares* (SANTOS, 2013a, p 152-172).

pode ver aquela flor como um sinal de esperança (senso estético) ou de pobreza (senso de limitação).

De Caetano Veloso, no disco Cores, de 1982, tem uma canção que fala de trem também, chamada *Trem das cores* e é uma coisa de outro mundo — "a franja da encosta, cor de laranja, capim rosa chá" — só vê a beleza, só vê o que explode, só vê o que transborda. Eu gosto dos dois igualmente, mas o Caetano fez uma canção num momento em que ele se dá conta de uma coisa que é maior e infinita na realidade. O Chico chega e canta: "e eu que não creio peço a Deus por minha gente: é gente humilde que vontade de chorar", ponto. Já Caetano chega assim:

> O mel desses olhos luz, mel de cor ímpar. O ouro ainda não bem verde da serra, a prata do trem, a lua e a estrela: anel de turquesa. Os átomos todos dançam, madruga, reluz neblina. Crianças cor de romã entram no vagão. O oliva da nuvem chumbo ficando pra trás da manhã e a seda azul do papel que envolve a maçã. As casas tão verde e rosa que vão passando ao nos ver passar: os dois lados da janela e aquela num tom de azul quase inexistente, azul que não há, azul que é pura memória de algum lugar. Eu, cabelo preto, explícito objeto, castanhos lábios, ou pra ser exato, lábios cor de açaí. E aqui, trem das cores, sábios projetos: tocar na central. E o céu de um azul-celeste celestial (Veloso, 1982).

Tem um momento que dá uma saudade de uma coisa que não está, e ao mesmo tempo está, mas e a gente não consegue ver. E sabe qual que é o mistério? Transborda! O Caetano transborda. Ele olha pelo mesmo trem — porque o Caetano fez a viagem Santo Amaro-Salvador — então viu a mesma pobreza, a mesma situação, e o Caetano enxerga o que não está ali.

Esse é o problema: Você, eu aqui, a gente conversando... Vocês estão vendo, digamos, a aparência, mas tem um ponto de mistério entre a gente aqui. Quer dizer, tem coisa que a gente não toca. É muito pouco o que a gente toca do outro, é muito pouco o que a gente conhece do outro... "*Azul que é pura memória de algum lugar*". Isso, belíssimo! Caetano olha para isso, de trem: toca alguma coisa que não está visível, mas existe e não sabemos definir. É um senso do mistério.

A pessoa está ali na sua frente, mas é só isso, ela não é só aquele pedaço de carne que reclama. Ele não é só aquele que se chateia, que provoca. Chico Buarque, no disco *Melhores momentos de Chico & Caetano* (1986) tem uma música belíssima chamada *Sentimental*. É uma música que ele só gravou uma vez no disco que ele fez com o Caetano para um especial da Rede Globo. É uma música simples que fala de uma menina de 16 anos que se autodeclara *sentimental* e, em certo ponto, ela diz que quer ser feliz ("*Paralisem no céu todos os aviões. É urgente: eu não fui feliz*"); e no final ela diz: "*Tenho 16 anos, atraente, sentimental, sentimental*".

Por que eu estou falando dessas músicas? Porque a gente pode definir uma pessoa por um olhar enviesado e afirmar que ela é sentimental e ponto. E até a pessoa mesma, para se proteger, para ter armadura para entrar no mundo, pode dizer: "sou sentimental, tenho 16 anos", tenho essa aparência que você vê, mas eu sou muito mais do que o que você vê. E é o Gilberto Gil no disco *Um banda um* (1982) que diz isso na canção *Esotérico*: "Mistério sempre há de pintar por aí." Eu sou mais do que a aparência que você vê.

Em *Sentimental* do Chico, impressiona-me que ele diga o que a gente é. E a gente também acaba dizendo o que nós somos. Então, muitas vezes, a gente se apresenta com uma capa, com uma casca diante do outro, para que o outro não se assuste também. Imagina se você chega com todas as suas demandas diante do outro, o outro teria um enfarto e morreria, porque não aguentaria. Você tem que ter parâmetros para chegar perto do outro, mas o jovem chega sua frente., impressionantemente, com todas essas exigências.

O que é um adulto? Um adulto é alguém que fez uma experiência e que, tendo feito essa experiência, olha para o outro tendo em vista mais do que a aparência. O adulto olha aquilo que transborda, aquilo que o Caetano vê na mesma viagem de trem em que o Chico viu. Quer dizer, está tudo ali, aparente, mas tem um ponto que leva a outro.

Uma vez, estávamos tendo uma conversa sobre o céu, que é mais baixo na Itália. Aí alguém comentou: "Mas não tem nada no céu, não tem uma espécie de tampa no céu: o céu é o céu". Quer dizer, a gente não está em uma redoma. (Às vezes a gente volta para o pensamento infantil). Não tem um ponto que nos para porque a pessoa é sempre mais.

Quando você cuida de alguém, a pessoa não quer menos do que aquilo e ela quer sempre mais. Se você oferece uma proposta pedagógica, você tem de ter uma bagagem cultural e existencial grande, pois, quando você responde à exigência de alguém — no sentido de que você mostra que a vida pode ser diferente do que aquela limitação, do que a forma negativa —, não tem mais ponto de retorno, você não pode ser menos depois, você não se conforma mais com o pouco. Por quê? Porque essa é uma educação da exigência.

Villa-Lobos[6] propunha o canto orfeônico, o canto em grupo, em todas as escolas. (Por que vocês não conseguem cantar em grupo hoje?). Hermínio Bello de Carvalho[7] me contou que participou no Estádio São Januário, no Rio de Janeiro: com mais de mil crianças cantando juntas: "Atirei o pau no gato...". Por quê? Porque dava um nível que depois você não podia retroceder. Até para ouvir marchinha, você tinha educação musical, assim como para cantar, cantarolar, para assoviar uma melodia, porque quando você responde a uma exigência, o sujeito quer sempre mais.

Quando Mário de Andrade[8] descobriu, por exemplo, que cultura não era comércio, mas revelação da alma de um povo, com seus modos de interagir com a realidade, ele organizou, na Secretária de Cultura de São Paulo, todas as expressões culturais brasileiras e criou o parquinho infantil, porque criança tinha de ter lugar seguro, protegido, para brincar. Mário promoveu, naquela Secretaria de Cultura, um concurso de desenhos infantis e, 50 anos depois, refizeram a exposição chamando todos os participantes do concurso que estavam vivos: idosos, eles foram rever os desenhos que haviam feito quando crianças. Quando você encontra um adulto assim, quando você encontra gente assim, que responde à sua exigência dessa maneira, a pessoa faz história.

Hermínio fala, por exemplo, que toda boa música é perigosa, porque, depois que você tem um parâmetro, o sujeito tem liberdade de escolha. O sujeito não vai mais se conformar com coisa que não tenha qualidade. O sujeito vai entender que música, por exemplo, tem arranjo, tem uma estrutura, tem melodia, ritmo...

Não estou criticando ninguém: estou fazendo uma proposta na qual música não é só ritmo, é harmonia, melodia, é a palavra certa na hora certa, combinando com o arranjo etc. Quando você dá isso para alguém,

---

6 Heitor Villa-Lobos (1887-1959), compositor de música clássica e regente, nasceu no Rio de Janeiro.

7 Poeta, compositor e produtor cultural carioca. Nasceu em 1935 e produziu grandes discos de artistas como Clementina de Jesus, Pixinguinha, Rosa de Ouro (volume 1 e 2), Elizete Cardoso, dentre outros.

8 Mário Raul de Morais Andrade (1893-1945), escritor, musicólogo, folclorista, poeta, epistológrafo. Grande figura da cultura brasileira, organizou a semana de Arte Moderna de 22 e foi fundamental para o desenvolvimento da cultura nacional.

a pessoa não volta mais para um nível menor. Se você respondeu alguma exigência, ela sempre avança, ela não retrocede e é esse o mistério.

Se o jovem faz uma coisa sublime e depois está lá fazendo qualquer outra coisa que não seja tão sublime, eu aponto a liberdade: é o mistério da pessoa. Porque você não pode enquadrar o sujeito. Depois de um momento sublime, a gente poderia sair e começar a falar besteira e não se dar conta da beleza vista ou tratar aquela beleza com superficialidade. O que salva isso, mesmo nos altos e baixos? É que a pessoa vive de encontros e presenças: se você não está sozinho, compartilhe a beleza. Quando você compartilha, você não fica mais refém dos seus altos e baixos.

Gosto de João Gilberto, Lupicínio Rodrigues, Roberto Carlos, Gal Costa, Gilberto Gil, Noel Rosa, Cartola, Elza Soares, Maria Bethânia, Elis Regina, Clementina de Jesus, Caetano Veloso, Ary Barroso, Pixinguinha, Chico Buarque, Ray Charles e Robert Johnson. Por que esses músicos todos povoam a minha vida? E o João Carlos Petrini, o grande adulto da minha vida, ele sempre me olhou assim: nunca pré-determinou se o gosto que eu tinha era bom ou ruim. Quando encontro o outro, esse é meu desafio maior. Essa que é a educação do olhar, que é o ponto mais difícil. Você não pode olhar para o outro e já dizer.

Em companhia: quando você se reconhece portador dessa exigência, você fica junto de outros. Não cai na genialidade do ficar sozinho (aí, seria temerário). É um ponto de critério que você encontre e se junte a outras pessoas. Porque, senão, você fica como? Você fica um geniozinho e isso não te corresponde, você vai se perdendo e aí fica sozinho.

Uma coisa que te ajuda é ter pontos de referências, pessoas que junto com você compartilham aquelas coisas. Aí sim você pode ir, voltar, ir, voltar, porque sempre tem um lugar estável, um ponto de estabilidade.

Eu não tenho tendência a ser esteticista, eu gosto porque gosto. Se me toca, se eu percebo como algo belo, eu vou atrás. Escrevi dois livros pensando em uma provocação que Giussani me fez em 2004: dar as razões de todas as músicas que eu gosto, "por que gosto?". Em *Faixas Assombrosas* (Santos, 2013a) e em *Nascente da Beleza* (Santos, 2013b), fiz registros de mais de 650 faixas e 50 discos com minhas impressões sobre o que me toca e porque me toca, deixando alguns clássicos de fora por não me tocarem. Mas tem coisas que não são tão valorizadas e me tocam tão profundamente que eu não me concebo sem ter entrado em contato com aquela obra. Mas simplesmente por gosto estético eu não faria isso: faço por ser expressão de mim, uma expressão de minha vida. Você tem que falar de uma coisa que diz de você. Se você pertence efetivamente, se você tem um grupo de amigos, se você tem pessoas com quem pode compartilhar, não tenha medo. Colocar-se sempre é importante para a educação do teu olhar.

Certa vez, uma pessoa e eu discordamos: ele achava que a letra que um compositor fez para o baixista era uma letra bonita e eu achava feia; mas nos colocamos. Você não perde nada, muito pelo contrário, você ganha ao tomar posição diante do outro. Você não deve querer ser genial, desestruturado e sozinho. Você pode ser limitado, aprender com o outro e estar junto. Pode ser limitado: a beleza é que — dentro da limitação — acontece como algo novo, acontece quando estamos juntos. Se você é genial sozinho, acaba por não suportar, não aguenta: nós não fomos feitos para estar sozinhos. A exigência é tão grande que quando eu descubro uma coisa bonita, tenho de comunicar! E se você deu a chave, se você provocou, ajude o sujeito a se reconhecer. E não é só gosto estético. Tem de ter muito cuidado com isso porque é a vida.

Atenção à tradição

Tem de estar muito atento à tradição, não pode ser dissociado de uma tradição (Giussani, 2023). A tradição aqui pode ser entendida como um acúmulo civilizatório e cultural, que se renova a partir de algumas matrizes culturais comunais. Eu sou o que sou porque pertenço a uma linhagem fantástica, muito boa, de amigos, de pessoas, de estudiosos, de gente que deu a "cara a tapa" neste Brasil. Eu pertenço a muita gente; então, quando você está falando comigo, você não está falando com uma folha ao vento. Por quê? Porque me encontrei com muita gente, li muita gente, gostei; construí muita gente e fazem parte de mim.

Quando proponho alguma coisa levando em conta a experiência elementar, tenho que considerar isso: aqui você pertence, nós pertencemos à muita gente. Aliás, foi em uma aula no doutorado que ouvi de uma querida professora essa frase: "Autonomia é pertencer à muita gente" e nunca mais esqueci. Então, não se pode desprezar a tradição. Não se pode desprezar os que vieram antes, são fantásticos, são bons. Selecionem, gostem, não gostem: eles são importantes, eles abriram muitos caminhos para chegarmos até aqui.

Então, o respeito à tradição de cada povo, de cada pessoa é necessário. Cada um tem o direito de conhecer a própria tradição, a própria história. A gente não pode negar isso porque torna o outro mais crítico.

E tem de estar dentro da tradição. Por exemplo, num outro dia uma pessoa me propôs compor uma canção juntos. Eu nunca tinha feito: tinha mesmo pavor de compor. Mas a gente fez. Eu tinha dito: "Não, eu não sou capaz, eu não tenho cabeça". E ele: "Não, vamos tentar". E aí começamos a fazer algumas canções. Por quê? Porque quando você pertence, você pode se expressar. Você, quando pensar em compor, essa síntese vem à cabeça e sai no seu gesto, na sua forma de perceber o mundo, na sua forma de sentir o afeto, o trabalho, as relações e todas as coisas. E isso é a arte: nossa exigência vai aparecer na expressão de alguma coisa, quando nos se descobrimos vivos.

Então, é preciso prestar muita atenção e valorizar aquilo que nasce dos encontros entre nós. Pode ser mesmo um texto. Essa expressão favorece que cresça em nós aquilo para o qual nós fomos feitos.

Por exemplo, para ser professor tem de estar junto de um professor, tem de ouvir o que ele diz: nada acontece de geração espontânea; ter de estar ligado às pessoas e sem medo dos embates, porque tem vão ter embates também. A gente, nesse mundo, super protegido, não quer ter embates, mas eles são necessários porque nos faz crescer e ajudam muito.

Preste atenção nas grandes pessoas, porque elas não são envaidecidas; querem que você cresça. Uma forma de identificá-las é que elas querem que você cresça. E para isso, tem de estar junto.

Então, primeiro a tradição, depois a expressão e valorizar sempre essa exigência que você tem de ordem, de organização, harmonia, de beleza, de correspondência. Ordem é cosmos. Correspondência é exigência estruturante das nossas vidas. E quando você busca responder a essa exigência, você está se refazendo, você está achando o seu lugar no mundo.

Falar em experiência elementar leva a pensar e entender mais uma coisa que a gente tem medo: o destino. A gente tem muito medo do destino, de falar de destino. A gente tem muito medo de falar da beleza que há nas coisas...

Na verdade, de tudo isso, eu queria dizer é que toda prática pedagógica, todo interesse em trabalho educativo que leve em conta a cultura popular e a beleza, tem de ter um horizonte de olhar que não determine *a priori* o que é a pessoa.

Por exemplo, estar me dando conta de algumas coisas agora me ajuda, concretamente, a aprender como é a forma de olhar para alguém.

A gente pode ter o dinheiro, mas se não tem vida lá dentro; se não tem um olhar para essas pessoas de uma forma diferente, é complicado. Quem estuda desenvolvimento sabe que, para a criança crescer, para a criança dizer "eu", precisa de uma mãe que interaja constantemente com o olhar ali. Se a criança não tiver aquela "responsividade" do olhar, a criança não se constitui enquanto pessoa. Se a mãe não está ali cuidando, a criança não cresce. A mesma coisa somos nós: se não tivermos a possibilidade de sermos olhados enquanto pessoas...

No livro *O pequeno príncipe*, de Saint-Exupéry (1994, p. 72), há essa frase incontornável: "a gente sempre é responsável por alguém que cativa"[9]. A sua consciência pode fazer chegar muita coisa boa a muita gente se você for ajudado a não fazer a ruptura logo. E diz o compositor Gilberto Gil na música "Meio de campo", gravada por Elis Regina, no disco homônimo:

> Prezado amigo Afonsinho, eu continuo aqui mesmo aperfeiçoando o imperfeito, dando um tempo, dando um jeito, desprezando a perfeição. Que a perfeição é uma meta defendida pelo goleiro que joga na seleção. E eu não sou Pelé nem nada, se muito for, eu sou um Tostão. Fazer um gol nessa partida não é fácil, meu irmão. Entrou com bola e tudo! (Gil, 1973).

Ouço discos porque quero compartilhar da mesma humanidade dos cantores, cantoras e compositores. Estamos na mesma linha humana, somos colegas, companheiros. Todo bom livro, todo bom disco é um companheiro de caminho, é gente que está com você, na verdade. Tem alguém que o acompanha nesse percurso. É uma pessoa e as pessoas se comunicam, você pode não gostar, você pode brigar, você pode achar muito confuso, muito complexo, mas é uma pessoa. Então, por exemplo, eu achava o Mário de Andrade muito complexo e comecei a ler suas cartas e fui procurar o Hermínio no Rio de Janeiro para perguntar algumas coisas. Quem é a pessoa que mais sabe sobre o Mário no Brasil? Ele: "Ah!

9 "Os homens esqueceram essa verdade, disse a raposa. Mas tu não a deves esquecer. Tu te tornas eternamente responsável por aquilo que cativas. Tu és responsável pela rosa..." (Saint-Exupéry, 1994, p.72).

Tem uma professora em São Paulo". E, depois: "Quem é o melhor professor do Brasil?". "É Antônio Candido", aí o procurei e fui.

Temos de ler para entender essas coisas, e sempre ir em frente, seguindo a exigência. E tem de ter cuidado porque, no meio do caminho — como diz Drummond —, há pedras: pode aparecer algo não correspondente. E quando isso acontecer, tenha a sapiência de deixar ir, sem retorno.

Referências

BABO, L.; BARROSO, A. No Rancho fundo. In *Song book Ary Barroso* [CD], v. 1, 1994.

BUARQUE DE HOLLANDA, C. Sentimental. In GUERRA, R. *Ópera do Malandro* [filme em VHS]. Rio de Janeiro: Embrafilme, 1986.

GIL, G. *Esotérico. Um Banda Um* [álbum LP]. Rio de Janeiro: Warner, 1982.

GIL, G. *Meio-de-campo* [single]. Rio de Janeiro: Philips, 1973.

GIUSSANI, L. *Educar é um risco*: como criação de personalidade e de história: Tradução: Neófita Oliveira. São Paulo: Companhia ilimitada, 2019. Título original: *Il rischio educativo.*

GIUSSANI, L. *O senso religioso.* Tradução de Paulo Afonso E. Oliveira. São Paulo: Companhia ilimitada, 2023. Título original: *Il senso religioso.*

LARA REZENDE, O. Vista cansada. In WERNECK, H. (Org.). *Bom dia para nascer*: crônicas publicadas na Folha de São Paulo. São Paulo: Companhia das Letras, 2011, p. 121.

MORAES, V; BUARQUE DE HOLLANDA, C. *Gente humilde.* In BUARQUE DE HOLLANDA, C. n. 4 [Long Play] Rio de Janeiro: Philips, 1970.

PACHECO, E. *Pérolas Finas* [CD]. Camaçari: COPENE, 1999.

SAINT-EXUPÉRY, A. *O Pequeno Príncipe.* 42ª edição. Tradução: Dom Marcos Barbosa. Rio de Janeiro: Agir, 1994. Título original: *Le Petit Prince.*

SANTOS, J. E. F. *Faixas assombrosas*: a nascente da beleza nas canções populares. São Paulo: Scortecci, 2013a.

SANTOS, J. E. F. *Nascente da beleza*: história, arte, religiosidade e música na cultura popular brasileira. São Paulo: Scortecci, 2013b.

VELOSO, C. Tem das cores. In *Cores, nomes* [álbum]. Rio de Janeiro: Philips, 1982.

CAPÍTULO 14

Experiência elementar: implicações e horizontes para a Psicologia

Jenifer Cortes Demeterco

> *Nós temos uma exigência em nós, estrutural como a fome, só que a resposta não é uma materialidade, mas é um sentido* (Miguel Mahfoud).

Como tratar de experiência elementar sem me implicar na própria experiência de escrever sobre esse tema e sobre como este texto nasceu? Penso que não há posicionamento algum que não seja resposta a uma provocação da vida. Este texto emerge como ressonância de encontros: com a arte, a psicologia, a fenomenologia, com Miguel Mahfoud e, por sua via, com o pensamento de Luigi Giussani. Essas intersecções, vivenciadas desde os tempos da graduação, atravessam minhas escolhas pessoais e profissionais. Foi a partir delas que construí — e sigo construindo — minhas ideias, reconhecendo significados e sentidos.

Ler e escrever sobre experiência elementar, para mim, é um convite constante a uma nova forma de compreender a experiência, que repercute no modo de fazer e ensinar psicologia. Algumas ideias deste escrito foram forjadas, em especial, para a ocasião do lançamento da 2ª edição do livro *Experiência elementar em psicologia: aprendendo a reconhecer*, de Miguel Mahfoud (2022). Gostaria de compartilhar essas reflexões com as/os leitoras/es, e quem sabe elas ressoem em outros cantos e corações. Porém, é necessário sempre partir do princípio (com o perdão da redundância).

> As proposições originais de Luigi Giussani abriram novas perspectivas para compreender a complexidade da experiência humana. Com o conceito de Experiência Elementar, o autor descreve a estrutura básica da relação do ser humano com sua

> realidade: trata-se de um complexo de exigências e evidências com as quais o homem é lançado no confronto com tudo o que existe. [...] Qualquer afirmação de uma pessoa, desde a mais banal e quotidiana até a mais ponderada e plena de consequências, só pode ser feita tendo por base este núcleo de evidências e exigências originais" (Giussani, 1988, p. 20-21).

Para Giussani (1988), a experiência elementar é a estrutura originária da pessoa, constituída por exigências fundamentais. Isso nos oferece uma nova perspectiva: pelo exame da experiência, é possível saber quais são as exigências que mobilizam um determinado modo de ser, um modo de se colocar diante do outro e dos objetos de conhecimento. Se nos dedicarmos a entender quais são as exigências fundamentais para uma pessoa, podemos saber o que a mobiliza e, indo mais além, é possível conhecer o que mobiliza a história, a política e a sociedade, pois esse ser humano está lançado a um mundo onde os significados são, ao mesmo tempo, individuais e compartilhados.

O mundo da vida, segundo a concepção husserliana do termo, refere-se ao universo das experiências humanas, do qual emergem todas as significações possíveis. Zilles (2002) lembra que se trata de uma realidade multifacetada, construída pelo próprio ser humano, e que é, ao mesmo tempo, atravessada pela história, pela linguagem, pela cultura e pelos valores. Dessa forma, o mundo não é circunscrito à sua dimensão física, mas se configura como um campo de possibilidades para o sujeito.

Ainda que estejamos mergulhadas/os nesse campo pleno de possibilidades, Mahfoud (2022) esclarece que a ideia de "exigência" em Giussani não se limita a escolhas ou necessidades práticas, opções diversas que temos em determinadas situações. É algo mais profundo: é constituição. Temos exigência de ser. É desejo que pulsa. Temos exigência de sentido, e isso nos estrutura. Reconhecê-la demanda dedicação e abertura para compreender as exigências fundamentais do ser humano, como as de beleza, de justiça e de bem. Essas ideias são fundamentais para uma abordagem mais integral da pessoa. Não podemos tomá-la como um objeto como os outros objetos do mundo e do conhecimento; ela é uma existente, um projeto de si mesma, um vir-a-ser. Encará-la apenas como sujeito de performance, ignorando as exigências que a constituem, leva à desumanização.

Ao fundamentar-se na antropologia de Giussani, Miguel Mahfoud destaca implicações relevantes para a psicologia, ressaltando a importância de "aprender a reconhecer o essencial da experiência em seu dinamismo característico" (Mahfoud, 2022, p. 32). Esse processo, entretanto, não ocorre de forma imediata, mas envolve um aprendizado — ou mesmo um reaprendizado — que exige que nos coloquemos de forma diferente diante do objeto de conhecimento. Exige de nós um descentramento, um deslocamento, uma postura excêntrica. Exige de nós, sobretudo, a saída de uma atitude natural diante do mundo, que nos faz acreditar no mundo como algo dado e onde as naturalidades nos cegam, para uma postura fenomenológica, ou seja, uma suspensão temporária de nossos saberes sobre o mundo para poder ver o sentido nascendo (Zahavi, 2019). Trata-se, pois, de uma abertura para questionar os significados pré-formados e buscar sentidos que emergem na investigação e no diálogo com a realidade.

Sob essa perspectiva, e a partir da formulação de Giussani, Mahfoud (2022) descreve a experiência elementar como um:

> ímpeto original que está na base de todo gesto ou posicionamento humano, pelo qual a pessoa pode reconhecer suas exigências fundamentais (de felicidade e de justiça, por exemplo) e também reconhecer evidências fundamentais (como a própria existência e a de uma realidade que a transcende) (Mahfoud, 2022, p. 36).

Esse ímpeto se mostra como um núcleo orientador que, além de permitir à pessoa reconhecer suas necessidades mais vivas, também fornece critérios para avaliar e julgar a correspondência entre os próprios anseios e o que o mundo oferece. Assim, a experiência elementar torna-se o ponto de partida e o critério de discernimento para compreender a relação entre a pessoa e a realidade que se mostra a ela e na qual está imersa.

Para que se possa reconhecer a experiência, é necessário questionar: O que somos para além do que fazemos ou performamos? Quem é o outro para além de ser um "meio" para um fim? O modo de vida fundado na técnica, caro à sociedade contemporânea, acaba por prejudicar o desvelar do *sentido*. Nesse contexto, gostaria de mencionar o conceito de *sentido* de acordo com o filósofo francês Merleau-Ponty (2006), que se vincula à ideia de direcionamento. Tratar-se-ia, pois, de um movimento contínuo em direção ao que ainda não se tornou, do vir-a-ser. Essa dinâmica expressa uma relação de transcendência entre o sujeito e o mundo, na qual ambos se constituem mutuamente. Desse modo, o ser humano não apenas é lançado ao mundo, mas também mantém com ele uma relação intrínseca.

Apesar dessa relação inegavelmente fundante, a sociedade tecnocrática provoca uma forma desumanizada de relação: ao tomarmos os outros (e até a nós mesmos) como um "isso" — tal como descrito por Buber — um meio para um fim, experienciando de forma objetiva as situações e relações, o diálogo genuíno e verdadeiro, de interesse e valorização da alteridade fica impossibilitado. Para chegar à polaridade eu-tu, em que há interesse e afirmação do outro como pessoa, precisa haver disponibilidade: "Há diálogo genuíno — não importa se falado ou silencioso —, quando cada um dos participantes realmente tem em mente o outro ou os outros, em seu ser presente e único, e se volta para eles com a intenção de estabelecer uma relação mútua e viva entre ambos" (Buber, 1965, p. 19 apud Hycner, 1995, p. 68)[1].

Num contexto pleno de fugacidades, de "tempo apressado", que só considera a importância do agora, é necessário sustentar e admitir que o passado e o futuro recaem sobre o presente, fiando e conectando as linhas da vida e do mundo. Os sentidos da existência se configuram nos horizontes que nos cercam, impulsionando-nos a projetar nossas vidas a partir deles e em sua direção. É sobre a sustentação do passado que novas direções são possíveis. "Se não trouxéssemos algo do passado para vivermos o presente, viveríamos na pura reatividade" (Mahfoud, 2022, p. 189). Ignorar a continuidade entre presente e passado, presente e futuro, passado-presente-futuro, provoca um desenraizamento, explica Mahfoud (2022). Em relação ao passado, o desenraizamento, e em relação ao futuro, a perda de sentido. É como se houvesse uma ruptura, um recorte na temporalidade. Eu não sei de onde vim nem para onde continuo. Mas, sendo vir-a-ser constante, que sou eu então? E que é o outro?

Diante de uma vida apenas vivida no presente, que ignora o desdobramento e a continuidade do tempo, há esvaziamento das perguntas fundamentais: Quem somos? O que queremos? Qual é o sentido de nossa existência? Limitam-se a liberdade e a possibilidade de nos posicionarmos no mundo, e ainda sob um risco muito grande de alienação, da tomada de critérios a partir de referenciais externos e, em consequência, da perda de si mesmo (Mahfoud, 2022).

É justamente neste momento social, cultural e político que a discussão a respeito da experiência elementar se torna tão relevante. São

---

1 BUBER, M. *Between man and man*. Tradução: R. G. Smith. Nova York: Macmillan, 1965.

questionamentos e provocações que nos convidam a voltar a atenção ao essencial — que, às vezes, é invisível aos olhos — e examinar a experiência e a realidade com olhos de novidade, impulsionadas/os pelas perguntas mobilizadoras de vida.

Voltando-me ao campo que me é caro, colhi quatro aspectos relevantes na obra *Experiência elementar em psicologia: aprendendo a reconhecer* (Mahfoud, 2022), os quais considero fundamentais para a psicologia contemporânea: a importância da atenção à experiência; a dimensão relacional como constitutiva da pessoa; o reconhecimento das exigências humanas; e a questão da liberdade. É nesses aspectos que pretendo tocar no capítulo que escrevo.

Atenção à experiência

Sinto-me recém-nascido a cada momento
Para a completa novidade do mundo
(Fernando Pessoa).

Em um mundo e uma época marcados pela supremacia da técnica, pela valorização do fazer a qualquer custo, pela disseminação de opiniões frequentemente desprovidas de critérios pessoais e pela constante dispersão, que ousadia convidar à atenção, à espera! Para que ocorra o reconhecimento da experiência, torna-se indispensável voltar-se para ela com cuidado e presença.

Quando pensamos no papel da/do psicóloga/o, além de que atente à experiência, é essencial aprender e ensinar esse modo de atenção. Não se trata, entretanto, de um processo pedagógico tradicional, que muitas vezes contempla alguém na posição de autoridade e de um suposto saber, mas de uma postura que privilegia a presença genuína — um cuidado atento que deve emergir como parte integrante da relação.

É nesse sentido que se torna fundamental adotar uma postura atenta à experiência, permitindo-se observá-la em seu dinamismo, debruçar-se sobre ela, contemplá-la. Ao cultivar essa disponibilidade, torna-se possível perceber o movimento inerente à experiência e permitir que o próprio objeto nos revele o caminho para compreendê-lo. Trata-se, como Miguel Mahfoud (2022) aponta, de um encontro entre uma energia humana e uma presença. Isso seria uma postura "realista" diante da experiência. Para observá-la, é indispensável também a "razoabilidade" — a capacidade de perceber o real na totalidade de seus fatores —, e a "moralidade" — adoção de uma postura justa e adequada ao sujeito e ao objeto específicos. Esse reconhecimento permite compreender o dinamismo característico de cada experiência.

A atenção à experiência exige disponibilidade à contemplação e à relação. Como seres humanos, construímos significados intersubjetivamente, nunca afastados dos outros e do mundo. A dimensão relacional nos constitui. "Para ser, dependo", escreve Mahfoud (2022, p. 55). A vida humana é fundamentalmente dada na intersubjetividade. Para isso, precisamos nos deixar atravessar pelo que nos impacta, permitindo-nos responder ao que nos provoca e nos convida à abertura.

Essa forma de abordar a experiência se traduz em um chamado à responsabilidade: De que maneira nos colocamos na relação? Na contramão de nosso modo de vida atual, que busca se livrar do mal-estar e eliminar a qualquer custo a tensão que faz parte da vida, Mahfoud (2022) nos sinaliza a necessidade de permanecer na tensão da vivência compartilhada. Para isso, é fundamental estar em uma atitude de espera, de pergunta. E essa atitude precisa ser vivida, experimentada e ensinada.

> É no relacionamento que é possível a certeza, não na explicação lógica, não na prova, não na causa e efeito; é nessa afirmação do humano, afirmação do universal nos elementos concretos examinados (Mahfoud, 2022, p. 109).

A dimensão relacional como constitutiva da pessoa

Um sentir é do sentente, mas o outro é o do sentidor
(Guimarães Rosa).

É por meio da relação que se pode vislumbrar o novo, é do encontro com a alteridade que se dá a novidade. Eu, como sujeito, me apresento a outro, que ao mesmo tempo, se mostra a mim. Tomo a mim mesma como sujeito, ao passo que posso ser tomada pelo outro como objeto — essa é uma característica estruturante do ser humano. Nesse sentido, a experiência não pode ser reduzida a uma elaboração isolada. "Sem referências interpessoais, nossas energias para elaboração da experiência se tornariam dispersas" (Mahfoud, 2022, p. 128). A relação é condição para que possamos compreender aquilo que vivemos e dar sentido ao que experimentamos.

No campo da psicologia, a/o terapeuta propõe um tipo de vínculo distinto, no qual há verdadeira disponibilidade para o outro, interesse autêntico e valorização da alteridade. Como apontam Luczinski e Ancona-Lopez (2010), essa perspectiva se alinha ao pensamento de Martin Buber, que concebe a relação eu-tu como um encontro vivo e transformador. Essa relação não apenas permite a experiência autêntica, mas também a faz emergir, desde que haja uma presença verdadeira e significativa.

Apesar de ser palavra comum, "presença", em termos de psicologia, vai muito além da ideia de comparecer, de estar visível. Sob a perspectiva de uma psicoterapia dialógica, fundada no pensamento de Buber, a "presença" não se refere a algo de ordem técnica: "Ela é um reconhecimento do mistério e da permeabilidade de nossa existência" (Hycner, 1995, p. 113). Diz respeito a estar verdadeiramente disponível, aberta/o às novidades e surpresas que podem emergir no diálogo.

Essa abertura à relação pode ser ilustrada pela história de Diego, narrada por Eduardo Galeano:

> A função da arte.
> Diego não conhecia o mar. Seu pai, Santiago Kovadloff, levou-o para descobri-lo. Viajaram para o Sul. O mar estava do outro lado das dunas altas, esperando. Quando o menino e o pai enfim alcançaram aquelas alturas de areia, depois de muito caminhar, o mar estava diante de seus olhos. E foi tanta a imensidão e o fulgor do mar que Diego ficou mudo de beleza. Quando finalmente conseguiu falar, tremendo, gaguejando, pediu ao pai:
> — Me ajuda a olhar!
> (Galeano, 2018, p. 15)

O que significa essa presença do pai? De um outro que ajude e ensine a olhar? Que compartilhe e dê suporte para sustentar tamanha beleza? Essa é a grande provocação da vida. Para além de estar junto, buscando se colocar de modo empático — na tentativa de colher o objeto da experiência do outro (compreendê-la a partir do referencial dele) —, é necessário ser presença capaz de apontar o dinamismo e sinalizar a experiência. Esse processo nos permite enxergar o modo específico, único e original com que cada experiência se manifesta. E isso é o mais importante, pois nos conduz à compreensão e ao encontro de significados. Trata-se de um convite para olhar mais uma vez, mas olhar a partir de outra perspectiva, não usual, nova. No encontro autêntico, nasce o que Merleau-Ponty (2006) chama de "fala falante", a qual se contrapõe a uma "fala falada", que se mostra apenas como reprodução do mundo cultural, os pensamentos claros e transparentes. A "fala falante" é uma fala expressiva, nova e criadora, que emerge do contato verdadeiro com a alteridade, do diálogo com os outros e com o mundo.

O reconhecimento das exigências e a compreensão da experiência

Isso de querer
ser exatamente aquilo
que a gente é
ainda vai
nos levar além
(Paulo Leminski).

Em psicoterapia, provocamos um movimento em direção à expressividade da pessoa, dispondo-nos a, junto dela, estarmos presentes à espera do novo. Para além disso, Mahfoud (2022) aborda a necessidade de voltar-se para o reconhecimento das exigências, além da identificação dos sentimentos — algo que se tornou até mesmo um clichê em psicologia. A experiência elementar traz uma compreensão da pessoa e da experiência que vai além do que propõem algumas abordagens humanistas da psicologia, porque o que se busca é reconhecer o dinamismo humano das experiências para reconhecer as exigências (Mahfoud, 2022). E como é desafiador reconhecer exigências num mundo atravessado por relações utilitárias e pelo consumo! Num tempo tão marcado por critérios e orientações, algoritmos que manipulam e induzem nossas preferências, que atravessam a nossa experiência a todo o tempo, como chegar às exigências? Como reconhecê-las?

Giussani (1988) nos lembra que as exigências nos constituem. Mahfoud (2022), fundamentado nesse mesmo pensamento, faz uma crítica de que muitas vezes o que fazemos é apenas uma parte do percurso no reconhecimento da experiência. Acabamos nos limitando à identificação dos sentimentos — o que, por si só, já pode ser um processo difícil para muitas pessoas. A questão da exigência, no entanto, vai além. É preciso partir dos sentimentos para colher as exigências. É necessário ter coragem de ficar na tensão, com presença e atenção, de modo a colher o que está presente no sentimento, qual é a exigência que está ali.

Como supervisora universitária de estágio em clínica, observei estagiárias muito preocupadas com o fato de que as pessoas não falam de seus sentimentos. Muitas vezes, resta uma compreensão de que basta chegar ao sentimento e tudo se resolve. Mas vai além disso. O sentimento é importante, mas é preciso deixar que ele indique o caminho das exigências. Que exigência se revela nele? Por isso, há que se ter cuidado em não deixar que a ansiedade pela resolução extirpe o sentimento a qualquer custo, pois é preciso adentrá-lo para descobrir o seu sentido. É preciso confiar genuinamente no processo da/o consulente e em que, como pessoas, temos recursos para reconhecer o que nos corresponde, para reconhecer os critérios que são nossos. É necessário abertura para isso, para aderir à realidade e apreender o significado.

Ao mesmo tempo, nós, psicoterapeutas, precisamos nos deixar tocar — postura muitas vezes vista como arriscada. Implica que nos ofereçamos genuinamente à relação, que nos coloquemos ali com presença. O que é humano me afeta. Nesse sentido, acredito que a/o psicóloga/o deve ser capaz de acompanhar e contemplar. Permanecemos na dor não apenas para acolhê-la, mas para apontar o nível da experiência, para pontuar a exigência, e é aí que se dá o processo.

A pessoa, desse modo, pode reconhecer os próprios critérios, saindo da alienação de tomar apenas referências externas, e pode responder. O bonito, como Mahfoud (2022) nos lembra, é que não sabemos a resposta que será dada. É preciso estar disponível e confiante na potencialidade do outro, de que a pessoa pode se mobilizar de modos que lhe correspondam. Damos condições para que ela se posicione, mas não sabemos que resposta será essa. Isso é um mistério. Não somos nós que produzimos o posicionamento, apenas o esperamos. Quando há a percepção do eu, há um maravilhamento "que a pessoa vivencia quando se dá conta de que as exigências radicais são expressões do próprio ser" (Mahfoud, 2022, p. 74-75).

Para que isso aconteça, é essencial ter um olhar atento ao dinamismo da pessoa. Além disso, há um ponto que considero fundamental: compreender a exigência não como falta, mas como um impulso que nos move. Muitas vezes, a psicologia enfatiza a falta como algo dado, algo que define nossa existência de maneira restritiva. Mahfoud (2022), a partir da experiência elementar, propõe outra perspectiva: aquilo que desejamos não é apenas ausência, mas uma espera ativa pelo objeto. Sob essa perspectiva, na falta, há um desejo que pulsa, e esse pulsar é o mais importante. "Estamos diante de um problema fundamental. Considerar 'exigência' (ou desejo nesse sentido) ou 'falta' muda o que favorecemos como dinâmica do sujeito diante de sua vida" (Mahfoud, 2022, p. 71). Nossa perspectiva se modifica, a forma como enxergamos a experiência muda. Ao considerar a exigência, compreende-se que há possibilidade de se encontrar uma resposta. Não se trata de um encerramento da experiência, que diante da falta, nada se tenha a fazer; ao contrário, trata-se de uma espera: ter esperança, ficar à espera, confiar.

Nesse sentido, abandonar a esperança seria incoerência. Se abandonamos a esperança, deixamos de responder à exigência que somos, exigência de ser, e nos tornamos incapazes de caminhar de acordo com aquilo que nos é mais autêntico. Vive-se o esvaziamento — nós nos deparamos com um vazio que não se mostra como horizonte a ser desdobrado, criado, mas como falta, uma falta que não nos permite mobilizar e que, por isso, desumaniza.

Reconhecer as exigências e permitir que elas orientem nosso caminho não apenas dá sentido à experiência individual, mas também fortalece nossa capacidade de responder ao mundo de maneira mais autêntica e viva.

Liberdade como resposta à exigência que somos

Acho que o espírito da gente
é cavalo que escolhe estrada
(Guimarães Rosa).

A liberdade, tal como compreendida pelo viés da experiência elementar, é a nossa capacidade de aderir àquilo que reconhecemos como correspondente: "a liberdade, como experiência, formula-se mais pela sua resposta do que pelas condições em que você vive (e pode incluir os limites). Você poderia estar preso e fazer uma experiência de liberdade" (Mahfoud, 2022, p. 197).

Essa forma de compreender a liberdade traz contribuições marcantes. Sob o viés da experiência elementar, compreendemos que o mundo se apresenta como um fator determinante na forma como vivenciamos a experiência e não se nega o campo de determinação histórico-cultural, mas há a permissão de uma crítica a ele. Considera-se o imbricamento entre ser humano e mundo, de modo que a liberdade se manifesta como uma tomada de posição diante da realidade que nos interpela. Assim, a liberdade se dá como resposta àquilo que nos provoca. Ao me posicionar no mundo, entrelaçada/o e mergulhada/o nele, respondendo de acordo com o que sou, minha história pregressa e o que quero ser, eu vislumbro e ofereço ao próprio mundo outras possibilidades:

> [...] não se trata de não sermos determinados ou de não termos vínculos. A chance de sermos livres está em elaborarmos o mundo que temos para fazer um percurso realmente próprio, de forma tal a chegar a uma grande resposta às exigências (Mahfoud, 2022, p. 196).

Trata-se de fazer emergir o novo, instituir novos significados. Nesse sentido, é necessário formar para a liberdade, por meio de uma educação que nos permita responder — sermos responsivos e responsáveis. Precisamos de uma psicologia que nos instigue, que suscite questões e nos ensine a manter as perguntas abertas. É essencial abrirmo-nos à criatividade e às possibilidades que se abrem no mundo-da-vida.

Certa vez, um cliente comentou como o isolamento social vivido durante a pandemia o fez perder a habilidade de interagir e, diante de um futuro assustador ou da ausência de perspectivas, sentiu que perdeu também a capacidade de planejar e de projetar-se. Eu diria que perdeu, em alguma medida, a capacidade de esperar e de esperançar. Isso repercute como confusão em saber quem se é, o que se quer, o que lhe faz sentido, na dificuldade de vislumbrar horizontes. Nesse contexto, fez-se (e se faz) necessário estar com ele, na dimensão da alteridade, atenta à sua experiência. Enquanto não há reconhecimento da experiência elementar, o exercício da liberdade fica impossibilitado.

Por fim, a compreensão de liberdade em Giussani, sinaliza-nos Mahfoud (2022), como resposta à exigência que somos, como capacidade de aderir ao que reconhecemos como algo que nos corresponde, demonstra a necessidade de caminhar em direção a uma dinâmica mais autêntica. Como profissionais de saúde, somos convocadas/os a aprender a tomar posição diante da vida e a possibilitar que as pessoas também aprendam a tomar posição diante do que lhes faz sentido e sustentar suas buscas.

A experiência elementar, ao abordar valores fundamentais e nos levar a refletir sobre como concebemos o ser humano e a experiência, possibilita a construção de uma ética das relações interpessoais, sociais e políticas. Assim, garante nossa condição de sujeitos livres, autônomos e comprometidos com a comunidade e a humanidade.

Reflexão breve, mas não final

A experiência elementar sinaliza à esperança na psicologia, à possibilidade de uma forma de conhecer que considere a complexidade do humano, fazendo nascer um modo de se voltar a ele que nasce do próprio "objeto de conhecimento". Sinaliza à ousadia de convidar a ficar na experiência, de atentar a ela para descobrir dela os sentidos. Uma provocação à contemplação, à confiança; em que o descentramento vivido, quando se toca a experiência elementar, promove surpresa, novidade, congruência, possibilidade de posicionamentos de liberdade.

A psicologia precisa ser provocadora, suscitadora. Precisamos, pois, educar para a atenção, para manter as perguntas pulsantes. É preciso haver abertura para a capacidade de criar, para o imprevisto. E como isso se faz necessário na atualidade!

Como não poderia deixar de ser, é com arte que eu gostaria de interromper esta escrita. Em 2022, o cantor uruguaio Jorge Drexler lançou uma canção chamada *Bendito desconcierto* (Bendito, 2022). Na ocasião de um concerto, ouvi-o falar sobre como esse desconcerto vivido nos mantém em movimento na vida. Drexler canta sobre deixar brotar a flor no cimento (que me lembra a flor do asfalto de Drummond), sobre saber levar um coração faminto; poder tentar, falhar, dizer "sinto muito...". Por fim, um lindo trecho em que diz:

Tener
En fin
El receptor atento
Al eco
Que va
De cuerpo em cuerpo
Siempre es el mismo el ritual
Pero es nuevo el desconcierto
Bendito desconcierto

Que esse *Bendito desconcierto* que Giussani nos provoca, e ao qual Miguel nos convida, siga nos mantendo em movimento!

Referências

BENDITO Desconcierto. Intérprete: Jorge Drexler e Martin Buscaglia. Compositores: Jorge Drexler e Martin Buscaglia. In *Tinta y tiempo*. Intérprete: Jorge Drexler. Espanha: Sony Music, 2022. Faixa 9. Disponível em: Deezer. Acesso em: 31 jan. 2025.

GALEANO, E. *O livro dos abraços*. Tradução: Eric Nepomuceno. Porto Alegre: L&PM, 2018.

GIUSSANI, L. *O Senso religioso*. Tradução: Paulo Afonso E. Oliveira. São Paulo: Companhia Ilimitada, 1988.

HYCNER, R. *De pessoa a pessoa*: psicoterapia dialógica. Tradução: Elisa Plass Z. Gomes, Enila Chagas, Márcia Portella. São Paulo: Summus, 1995.

LUCZINSKI, G. F., ANCONA-LOPEZ, M. A psicologia fenomenológica e a filosofia de Buber: o encontro na clínica. *Estudos de Psicologia*. Campinas, n. 1, v. 27, p.175-182, 2010. Disponível em https://doi.org/10.1590/S0103-166X2010000100009 . Acesso em: 31 jan. 2025.

MAHFOUD, M. *Experiência elementar em Psicologia*: aprendendo a reconhecer. Belo Horizonte: Artesã, 2022.

MERLEAU-PONTY, M. *Fenomenologia da percepção*. 3. ed. São Paulo: Martins Fontes, 2006. (Obra original publicada em 1945)

ZAHAVI, D. *Fenomenologia para iniciantes*. Tradução: Marco Antonio Casanova. Rio de Janeiro: Via Verita, 2019.

ZILLES, U. A Fenomenologia husserliana como método radical. In HUSSERL, E. *A crise da humanidade europeia e a filosofia*. 2. ed. Porto Alegre: EDIPUCRS, 2002. p. 8-65.

Nota sobre os autores

Miguel Mahfoud (organizador)

Doutor em Psicologia Social pela Universidade de São Paulo. Realizou estudos de Pós-Doutorado na Pontifícia Universidade Lateranense (Roma). Professor Associado do Departamento de Psicologia da Faculdade de Filosofia e Ciências Humanas da Universidade Federal de Minas Gerais, de 1996 a 2016, onde permanece como membro Laboratório de Análise de Processos em Subjetividade (LAPS/UFMG). É editor-sênior da revista *Memorandum: memória e história em psicologia* e membro do Comitê editorial da coleção *Obras de Edith Stein*, da editora Paulus.

Bernardo Bonowitz

Formado em Letras Clássicas no Columbia College da Cidade de New York (Estados Unidos da América) em 1970. Primeiro abade do mosteiro trapista Nossa Senhora do Novo Mundo, em Campo do Tenente, Paraná. É conhecido internacionalmente por seus artigos e livros sobre Bernardo de Claraval, Thomas Merton, Armand-Jean le Bouthillier de Rancé. Traduziu estudos biográficos sobre Edith Stein. Faleceu em 19 de janeiro de 2025.

Carmen Lúcia Cardoso

Psicóloga. Livre-docência na área da Psicologia da Saúde pela Faculdade de Filosofia, Ciências e Letras de Ribeirão Preto da Universidade de São Paulo (FFCLRP-USP). Professora Associada do Departamento de Psicologia e orientadora junto ao Programa de Pós-Graduação em Psicologia da FFCLRP-USP. Coordenadora do Laboratório em Processos de Subjetivação em Saúde (LaProSUS/FFCLRP-USP).

Costantino Esposito

Professor de História da Filosofia e História da Metafísica na Universidade de Bari Aldo Moro (Itália) e no Instituto de Estudos Filosóficos da

USI, em Lugano (Suíça). Dedicou-se ao pensamento de Heidegger, Kant e Suárez, publicando numerosos ensaios na Itália e em diversos países. Dentre suas obras: *O fenômeno do ser: fenomenologia e ontologia em Heidegger, Heidegger: história e fenomenologia do possível, Introdução a Heidegger.* Traduziu *Disputas Metafísicas I-III*, de F. Suárez, *Crítica da Razão Pura*, de Kant, Palestras sobre Filosofia da Religião, de Kant. Outros temas de pesquisa: filosofia "barroca" (séculos XVI-XVII) e o discurso sobre o eu em Agostinho e Descartes. Desde 2001, é editor, com P. Porro, da revista *Quaestio: Yearbook of the History of Metaphysi.* Seu último livro *O niilismo de nosso tempo: uma crônica*, foi traduzido para várias línguas, inclusive para o português no Brasil, pela Loyola.

Danillo Lisboa

Psicólogo. Doutor em Psicologia pela Universidade de São Paulo (USP), com estágio doutoral na Università degli Studi di Verona. É Mestre em Ciências Humanas pela Universidade Federal dos Vales do Jequitinhonha e Mucuri (UFVJM) e pós-graduado em Coordenação do Grupo Comunitário de Saúde Mental pelo Hospital das Clínicas da Faculdade de Medicina da USP. Atua como supervisor clínico-institucional em Saúde Mental e diretor do Instituto Elementar de Saúde Mental e Desenvolvimento Humano.

Giancarlo Petrini

Graduado em Ciências Políticas pela Universidade de Perugia (Itália), e em Teologia pela Faculdade Nossa Senhora da Assunção (São Paulo). É Mestre e Doutor em Ciências Sociais pela PUC-SP. Foi diretor da Seção Brasileira do Pontifício Instituto Teológico João Paulo II para Estudos sobre Matrimônio e Família, em Salvador, de 1998 a 2015. Colaborou para a constituição do Programa de pós-graduação em Família na Sociedade Contemporânea na Universidade Católica de Salvador, onde é professor. Entre as muitas publicações em livros, lembra-se: *Relações e políticas familiares* (em parceria com Lúcia Moreira) e *Família no debate cultural e político contemporâneo* (em parceria com Marcelo C. Dias).

Jenifer Cortes Demeterco

Mestra em Psicologia pela Universidade Federal do Paraná. É graduada em Psicologia e Letras-Português pela mesma instituição. É especialista em Psicologia clínica: Gestalt-terapia e em Educação. Atua como psicoterapeuta de adolescentes e adultos e supervisora clínica. Seus temas de estudo e pesquisa giram em torno da Fenomenologia e da Arte, em especial, as contribuições desses campos para o trabalho clínico.

José Eduardo Ferreira Santos

Pedagogo pela Universidade Católica do Salvador. Mestre em Psicologia Universidade Federal da Bahia e Doutor em Saúde Pública pela Universidade Federal da Bahia. Fez estágio pós-doutoral em Cultura Contemporânea (PACC) na Universidade Federal do Rio de Janeiro), no Instituto de Psicologia da UFBA e no Programa de Pós-Graduação em Família na Sociedade Contemporânea da UCSal, pelo Programa Nacional de Pós-Doutorado da CAPES. Atualmente, cursa Pós-Doutorado no PROEXT- PG, no Programa de Educação e Contemporaneidade da Universidade do Estado da Bahia (UNEB). É curador e responsável, junto com Vilma Santos, pelo *Acervo da Laje*, que reúne obras artísticas e históricas do Subúrbio Ferroviário de Salvador e de toda a cidade.

Maria Camila Mahfoud Marcoccia

Psicóloga pela Pontifícia Universidade Católica de São Paulo (PUC--SP) (2007). Especialista em Psicologia Hospitalar pela Santa Casa de Misericórdia de São Paulo (2008). Tem aprimoramento em Psicologia Clínica Fenomenológica e Atendimento a pessoas enlutadas pela Pontifícia Universidade Católica de São Paulo (PUC SP) (2008). Mestre em Psicologia Clínica no Instituto de Psicologia da Universidade de São Paulo (USP), sob orientação da Profa. Dra. Tânia Maria José Aiello Vaisberg (2017). Atualmente, atua como psicóloga clínica.

Paulo Roberto de Andrada Pacheco

Formado em Psicologia pela Universidade Federal de Minas Gerais (2001) e Doutor pela Universidade de São Paulo (2004), realizou estágio de pesquisa junto à École des Hautes Études en Sciences Sociales (Paris) e, posteriormente, realizou pós-doutorado na Universidade Estadual de Campinas. Foi membro do Grupo de Pesquisa "Tempo, Memória, Pertencimento", do Instituto de Estudos Avançados, como secretário. Hoje, atua como psicoterapeuta, orientador vocacional, supervisor de profissionais de saúde mental e professor convidado em pós-graduações *lato sensu*. Tem experiência docente de 18 anos, na área de Psicologia, com ênfase em História das Ideias Psicológicas, Epistemologia e Fenomenologia.

Pierluigi Bernareggi

Doutor em Filosofia pela Università Cattolica del Sacro Cuore (Milão). Formou-se Teologia na Universidade Católica de Minas Gerais. Professor da Pontifícia Universidade Católica de Minas Gerais de 1965 a 1987. Participou ativamente da criação do Programa Municipal de Regularização de Favela (Profavela), promulgado em Belo Horizonte em 1983, sendo o seu primeiro coordenador. Foi um dos criadores da Central Metropolitana dos Sem Casa (CEMCASA) e do projeto do Bairro Metropolitano. Atuou na Pastoral de Vilas e Favelas da Arquidiocese de Belo Horizonte. Editou o livro *Doutrina Social da Igreja: apresentação sistemática das fontes*. Faleceu em 22 de janeiro de 2021.

Rodrigo Coppe Caldeira

Historiador e professor da Pontifícia Universidade Católica de Minas Gerais, onde coordena o Programa de Pós-Graduação em Ciências da Religião. Doutor em Ciências da Religião, realizou pós-doutorado em Filosofia Social pela Universidade de Varsóvia. É líder do LeRMOT (Laboratório de Estudos em Religião, Modernidade e Tradição) e atua nas áreas de história do catolicismo moderno e contemporâneo, secularização e tradições conservadoras e tradicionalistas.

Sergio Ishara

Médico psiquiatra. Doutor em Saúde Mental pela Faculdade de Medicina de Ribeirão Preto da Universidade de São Paulo (USP). Cofundador e coordenador do programa Grupo Comunitário de Saúde Mental. Coordenador clínico do Hospital Dia do Hospital das Clínicas da Faculdade de Medicina de Ribeirão Preto da Universidade de São Paulo (FMRP-USP).

Tania Aiello Vaisberg

Livre-docente em Psicopatologia pela Universidade de São Paulo, onde atua como docente pesquisadora desde 1975, inserindo-se atualmente como docente permanente do Programa de Pós-Graduação em Psicologia Escolar e do Desenvolvimento Humano. Foi orientadora, durante 17 anos, na PUC-Campinas e lecionou como professora visitante na Université de Paris-Nanterre. Ocupa a cadeira 12 da Academia Paulista de Psicologia e é membro efetivo do Espaço Potencial Winnicott do Instituto Sedes Sapientiae. Adotando a psicologia psicanalítica concreta como referencial, mantém interlocução próxima com Winnicott e Paulo Freire no estudo de sofrimentos sociais, com ênfase na abordagem da experiência vivida por mulheres-mães.

Construindo ideias
e conectando mentes

Este livro foi composto com tipografia Minion Pro
e impresso em papel Pólen 80g. em outubro de 2025.